世界哲学家书系

叔本华

SCHOPENHAUER

邓安庆　著

东北师范大学出版社
NORTHEAST NORMAL UNIVERSITY PRESS

图书在版编目（CIP）数据

叔本华 / 邓安庆著 . — 长春：东北师范大学出版
社，2020.1
（世界哲学家书系）
ISBN 978-7-5681-6677-5

Ⅰ . ①叔… Ⅱ . ①邓… Ⅲ . ①叔本华（
Schopenhauer, Arthur 1788-1860）—传记 Ⅳ .
① B516.41

中国版本图书馆 CIP 数据核字（2020）第 020442 号

责任编辑：包瑞峰　封面设计：丁　瑶
责任校对：易明镜　责任印制：许　冰

东北师范大学出版社出版发行
长春净月经济开发区金宝街 118 号（邮政编码：130117）
电话：0431-84568126
网址：http://www.nenup.com
厦门市竞成印刷有限公司
厦门市湖里区后坑前社 37 号
2020 年 6 月第 1 版　2020 年 6 月第 1 版第 1 次印刷
幅面尺寸：142mm×210mm　印张：11.25　字数 :234 千

定价：76.00 元

自序——人生的自我拯救何以可能？

（一）

从 20 世纪初王国维先生（1877—1927）把叔本华（Arthur Schopenhauer, 1788—1860）哲学介绍到中国来算起，整整一个世纪的时间已经飞逝而去了。在这漫长的岁月中，我们汉语学界除了少数几个人（王国维和陈铨）对这位伟大的哲人表示过无限的崇敬和热情的颂扬外，更多的是对他进行无端的指责和教条化的批判。

我们难道不应该冷静地扪心自问一下：我们到底对他的思想做过多少客观而细致的研究？我们是否真正地明了他的问题之精义何在呢？

谩骂式地批判一个人，比起真实地理解这个人，确实要容易得多，但重要的，恰恰在于理解。

就笔者粗浅的理解而言，叔本华属于对现代性思想前提和价值核心——理性——进行批判反思和激烈摧毁的文化先知之一，他过早地表达了二十世纪西方人对现代文化的不满情绪，开辟了整个后现代主义解构风潮的先河。然而，叔本华走的是一条与后现代主义截然不同的路，他对现代性的批判摧毁，是在重建基础上的摧毁，而不仅仅是一种专事摧毁的自娱式的解构游戏；形式上畅快淋漓，实质上显现出一种文化上的彻底虚无化的空洞和无聊。

就叔本华的摧毁而论，他延续了康德从科学认识论上对理性权能的限制，继承了浪漫主义对理性的拒斥，把现代文化赖以取代上帝之强权的理性之虚假的外衣层层剥去，使人们看到了赤裸裸的理性的真实无能和现代文化走向衰败的颓废根源。因而，在文化批判的前沿阵地，他对理性的批判摧毁功不可没，丰碑犹存，在启蒙运动之后，对欧洲文化思想界起到了再启蒙的作用。

就叔本华的重建而论，他以意志本体论重建了被康德所摧毁的形而上学，并把关于意志本体的形而上学同其伦理学结合起来，消解了近代理性主义哲学家们把"知识论"作为"第一哲学"的做法，破除了理性中心论，专门深思人生有无意义、生命能否得救这些带有浓厚宗教情绪的伦理价值问题。哲学不再是科学知识之原理的建构，而是对人生真谛的洞见和生存智慧的表述。正是在此语境中，叔本华的哲学唱出了一首令人折服却不愿领受的生命价值的悲歌。

可以说，叔本华哲学的真正结构就是在这种"摧毁"与"重建"的关联中确定的。如果说他对理性的"摧毁"具有明显的"后现代性"的话，那么他所"重建"的意志形而上学系统则又重蹈了现代性之"在场的形而上学"之覆辙。因为"意志"同"理性"一样，都是同一化的在场的价值中心。但所幸的是，叔本华并没有一味地去强化和固守意志本体的在场性，而是在意志肯定（在场）与否定（不在场）的生存事件中去思考个体的生存处境和自我拯救的可能性，尤其是强调要在意志否定的状况中改变个体的生存质量，寻求解救之道。因而，叔本华哲学的这种结构仍然具有一种合理的自我解构的后现代性意义。

（二）

从生存论意义上把握个体的生存处境和自我拯救的可能性，这是叔本华哲学的核心问题之所在，但叔本华之提出和解答这个问题的思路与同时代的其他哲学家是不一样的。晚期的谢林、施莱尔马赫以及基尔克果（S. Kierkegaard）等人在反驳黑格尔的思辨哲学和思辨神学时，都关注到了个体的生存质量和解救问题，但他们都是力图在基督教神学的领域内，寻求与上帝沟通并呼唤上帝之临在来解答这一问题，而叔本华则拒绝采取基督教神学的理路，仅从价值伦理学的角度，在世俗的此岸中寻求自我超越和解脱的方法。

世俗生活中的人，作为真实的感性的生存个体，欲望（Wollen）自然是其本质性的东西，尤其是在叔本华所处的物欲迅速膨胀的市场经济时代，他把欲望即意志（Wille）作为分析现实的人的生存处境的根本，有其十分合理的文化背景。作为有欲求的存在，自然表现出人本有的内在匮乏和有限。而生存需要的内在匮乏和有限，当然是令人痛苦的东西，因而痛苦也便是与生俱来的，因为人必须为了满足生存的渴求不断地奋斗和挣扎。而若欲求是一具体的目标，人挣扎一回，痛苦一次便可满足倒也罢了，但人的永不满足的贪欲，使得人生陷入无休无止的劳苦之中，永无最终的满足。即使有了相对的满足，不用在劳苦中挣扎，而无聊又把人推入更令人难以忍受的痛苦之中。挣扎和无聊作为人生的两个钟摆，这便是叔本华所描绘的意志肯定（生存欲求的满足就是意志的肯定）的生存处境。在此处境中，人生成为不堪忍受的重负。

若要改变这样的生存处境，只有否定意志才行，这是解救人生的唯一通道。但意志是人生的根本，是最内在的生命本能和最旺盛的生命源泉，而人又是匮乏而有限的个体，在拒绝了上帝援救之手的情况下，自我拯救何以可能呢？叔本华提出了两条解救之道：一为艺术，一为禁欲。

在叔本华看来，艺术之能解救人生，关键在于艺术这种观照（认识）事物的方式摆脱了为意志（欲求）服务的关系，它是从作为事物之完美范型的理念，而非从具体事物的功用上去直观事物，因此产生出一种纯粹超越功利和欲求的审美心境。人在这种审美心境之中，按照天才的、想象的、自由创造的规律，融身于审美对象的美境之中，心醉神迷地沉浸于纯粹的鉴赏，遗忘了自身的个体性和现实的生存处境，从而摆脱了俗世的痛苦和烦恼。艺术的创造和欣赏，都能把人从其处身的这个欲求世界中提拔出来，从时间之流中超升出来，在审美的瞬间，达到与完美的理念世界之共同的无限和永恒。艺术正是这样为沉重痛苦的人生献上了一朵美丽的花，这朵花点缀着生命的绿色，使人生具有了光彩和价值。

　　然而，叔本华又认为，艺术又不能真正地完全使人获得解救，因为人生的艺术之花只在审美的瞬间开放，它只把具有审美眼光的人从痛苦的生活中拉出来休息片刻，得到短暂的解脱，然后，随着审美游戏的中止，人还必须重新返回到生活的严肃中去，面对严峻的生存意志之陷阱。所以，艺术与其说是对人生的拯救，毋宁说是生命中一时的安慰。要真正地自我拯救，在叔本华看来，就必须彻底地否定自己的生存意志，走上禁欲主义的人生之路，达到清心寡欲、无我无求的涅槃境界。

　　这种境界，与其说是对痛苦的解脱，不如说是对痛苦的自觉自愿地承担。如何能够达到这一点呢？叔本华认为，这必须以一种深刻的哲学洞见为前提，即认识到意志是一切痛苦和罪恶的根源，是人深陷苦海的锁链，从而进一步明了由意志客体化所形成的我们置身其中的这个现象界是虚幻而无意义的，希望、欢乐、享受、幸福等等均是虚无缥缈的蒙骗人的摩耶之幕。只有达到了这种认识，生命的享受本身令人战栗，人才自愿地压制自己的生存意志，彻底否定意志的出现，自愿走上禁欲之路。这样的禁欲，是一种无我无欲无求的境界，以一种完全宁静、平和、超然和超脱的心境甘愿抛弃从前热烈追求过的一切，而欣然地迎接死亡的临近。如此拯救的结果，只能是生命中止、自我死亡、种族灭绝、世界不在，只剩下绝对的虚无。

(三)

如此拯救之道，令人恐怖，是每一个热爱生命的人坚决不能同意和拒绝接受的。就连叔本华本人也认为，这种禁欲主义的人生观只是就其内在的"真理"而言，是值得推荐的一种可能的理想的生存智慧，而不是他非要如此生活不可的践履模式，因此后人总是责怪他的"不真诚"，因为他自己从未想过要去过这样的彻底否定生存意志的禁欲生活。既然如此，这样的生存"智慧"，是否完全没有学术上的意义，只是空洞的欺人之谈呢？

从叔本华哲学所拥有的经久不衰的世界性影响而论，显然是不能做出如此简单的评判的。那么问题到底出在何处呢？

也许这正体现了理智与情感的磨难。从理智上，人们都能直观地感悟到叔本华对生存处境分析的深刻和真实，然而，从情感上人们又不愿接受那种违反人类自然本性的"智慧"。

也许这也是真理与价值的分离。叔本华哲学的"真"，是一种残酷得令人战栗的"真"，是一种要以自己的全部生存否定为代价才可接受的"真"，因而，现实的、不可脱俗的人，只得拒不承认这种"真"的价值，宁可漂浮在俗界任凭风吹浪打，一筹莫展……毕竟，"好死不如赖活着"是人们拒绝超越的自然本能。

其实，叔本华的这套理论最真实地反映出有限的残缺的个人在生存上进退维谷的处境：要么你承认自我的有限和无能，投入到上帝博爱宽广的怀抱，让这位彼岸天国的英雄把你救出苦海；要么你固守在个体世俗的此岸，任凭生存的苦水把你冲向虚无的黑洞而心甘情愿。

对一个既拒绝上帝的救援，又不能成为尼采式的"超人"的人来说，自我拯救自然是艰难的。

但是艰难得不得其果的探寻，绝不是毫无意义的荒谬，毕竟它在意识中多提供了一个反省的维度。不得其果而探寻，恰好是哲学得以存在的合法理由。

审美的、宗教的、禁欲的、社会革命的……种种拯救之道都只是哲学之思留下的文化踪迹。正是这些"踪迹"没有剥夺我们自由思想的权利，反而给我们无限的启示。

也许叔本华哲学的魅力正在这里。它没有以绝对真理的权威教条化地规定我们的生存之路，而是给予我们彻底否定的自由权利，在生活的艰难选择中获得承担生存之痛苦的勇气和力量。

目 录

第一章 叔本华的生平及著作

给哲学家写生平往往被看作是一件艰难而又不讨好的工作，因为许多哲学家常常是有思想而无生活，或者说，思想构成其生活的唯一内容。康德为这种艰难提供了典型的事例。但对叔本华而言，情况远非如此。无论是在哲学圈内还是在文化艺术圈内，人们只要谈起叔本华，那就不仅喜欢谈论他那阴沉而悲观的思想，而且也总是津津乐道于他的生活逸事，他那古怪、多疑、好胜的性格，富足、神秘但并不和睦的家庭以及他对同事、女人的刻薄和他一生中的种种不得志，所有这些无一不是人们感兴趣的话题。然而，在我们这里，读者不能期待我们把过多的笔墨用在单纯地描述他的各种趣闻逸事上。我们描述他的生活，意在发现以其哲学的抽象语言所凝固和沉淀下来的、构成其思想内容的独特"情绪"的源泉，我们描述他的家庭和他生活中的种种趣闻，意在暗示其独特个性的形成之路。

一、成长经历

阿图尔·叔本华（Authur Schopenhauer, 1788—1860）于 1788 年 2 月 22 日生于德国的但泽（Danzig, 今属波兰），这是一座古老的、商业特别发达的城市。当时但泽隶属于"汉萨"（Hansa）同盟，这是北欧诸城市为了共同的商业和政治利益而共同组成的同盟，参加同盟的城市最多时达一百六十多个。汉萨同盟不仅拥有武装和金库，而且有宣战、媾和及缔结条约之权。同盟的各城市均由大商人统治，有着十分辉煌的业绩。但是随着新航道的开辟，资本主义迅速向海外发展，到十七世纪汉萨同盟即逐渐解体，但泽不仅早已失去了其往昔的光辉，而且在叔本华出世之前，它连保持政治上独立自由的可能性也变得十分暗淡。普鲁士大军压境，但泽风雨飘摇，这也许就是大哲学家叔本华诞生前的不祥之兆吧。

就一般观念而言，阿图尔·叔本华是十分幸运的，因为他诞生在一个世代为商的富裕家庭。这个家族以其才干、勤俭和德行，几代下来积累了大量的财富，属于市民贵族（Patriziat）。到了阿图尔的父亲海因里希·弗洛里斯·叔本华（Heinrich Floris Schopenhauer, 1747—1805）这一代，他家已是地位显赫、誉满但泽、广有钱财的大商人之家了。

海因里希·弗洛里斯生性耿直，富有正义感。喜欢读鲁索（J. J. Rousseau, 1712—1778）和伏尔泰（Voltaire, 1694—1778）等启蒙思想家的著作，信奉民主自由的原则，特别对当时最先进的国家之一——英国的民主政治情有独钟，长期订阅《泰晤士报》(Times)，对普鲁士的专制制度深恶痛绝。据说，当年腓特烈大帝(Friedrich II，1712—1786)曾图谋把弗里敦但泽占为己有，为了讨好这个城市的头面人物，邀请他们进入他的皇家内阁。腓特烈大帝很喜欢海因里希·弗洛里斯，邀请他去柏林定居，并为他提供了一个有利可图的职位。这本是海因里希·弗洛里斯攀龙附凤，离开岌岌可危的但泽的极好机会，但海因里希·弗洛里斯毫不犹豫地拒绝了这个差事，他不会从一个觊觎着自己城市的盗贼那里接受恩惠。

后来，海因里希·弗洛里斯最担心的事发生了，普鲁士军队真的要入侵但泽了。普鲁士国王任命劳默尔(Raumer)为司令官，这位将军也曾向海因里希·弗洛里斯表示过"美意"而被后者严词拒绝了。如今，但泽市绵延数世纪的自由将在这位将军的手下毁于一旦！在普鲁士军队进驻之前，海因里希·弗洛里斯便被迫与年轻漂亮的妻子约翰娜一起，带着五岁的儿子阿图尔迁徙（或者说逃亡！）到了汉堡。

阿图尔·叔本华的母亲约翰娜生性活泼，喜爱交际，又极富才情，她比她的丈夫年轻二十岁。年龄的悬殊虽然不是这对夫妻情感的障碍，但却是往后两人不和的隐性根源。这对夫妻的性格差异和行为方式的差异对阿图尔·叔本华性格的形成产生了很大的不良影响，从这方面说，阿图尔诞生在这个家庭又是命定地"不幸的"。

实际上，约翰娜对于自己的婚姻从一开始就不是很"认真"的，她既没有任何考虑的时间，也没有显示一下少女的娇羞就立即接受了海因里希·弗洛里斯·叔本华的求婚，因而有人说她的婚姻是金钱地位诱惑的结果，是不无道理的，但这不是后人责怪约翰娜的理由。对每一位年轻漂亮的少女而言，自然都完全可以荣耀地接受婚姻给她带来的一切金钱和享受。而问题的关键在于，约翰娜在尽情享受生活的同时，却未能仔细地考虑一下她在这个家庭中——作为老夫少妻和年轻的母亲——所处的角色地位以及她应该为这个家庭所尽的责任是什么。她过多地注重自己的消遣和自由自在的个性的发挥，而未能注意她作为妻子对丈夫温情的爱和作为母亲对儿女无私的呵护所具有的价值。她有着太多的浪漫色彩，总是倾心于聆听大海的无尽无休的涛声，喜欢奔跑在鲜花遍地、芳草萋萋的田园风光中，更对贵族有闲阶层的社交热情倍加，但就是不愿落入到现实之中。她虽然也和所有年轻的母亲那样喜欢自己的宝贝儿子，但只是把儿子当作打发孤寂无聊的时光的活的玩偶。而当儿子需要耗费她的精力，需要放弃她自己的娱乐时，她就把儿子看成了她的陷阱，看作捆住她手脚的绳索了。这便是后来她们母子终生不和的根源。

阿图尔·叔本华就生长在这样一个特殊的家庭之中，父母双方都在孜孜追求自己的事业，父亲把全部精力放在经商上，而母亲则把时间打发到交际和文学创作中。这本来是一个令人羡慕的家庭，如果这个家庭也能同时让幼小的叔本华感受到相互信赖的温馨的话。但叔本华缺乏的就是这种温馨的感受，他从父亲那里接受了坚强自信、开拓进取、自负清醒的强烈自我意识和现实感，但由于这种高傲的自我意识缺乏爱的温情的补偿，缺乏对生命的基本肯定和对外在东西的和谐亲切感，使得他对一切有生命的东西都投去陌生的目光。可以说，叔本华的哲学归根结底就来自这种陌生的目光。他无法感受到生命是温馨、是一股暖流。

对外界的陌生感，首先就来自叔本华家生活场所的变更和交往人物的频繁众多。自小叔本华就随同父母离开了生活了五年的但泽，来到了陌生的汉堡。在这里，他们的家是一座巨大而华丽的宅第。这座建筑物的后半部是仓库、办公室和地下储藏室。宅院的后面还有一条运河流过，货艇就在那里停泊，蜿蜒曲折的环廊围绕着开阔的内院，环廊上精雕细刻着各种美丽的图案。房前小院铺设着大理石。前半部分是起居室、客厅、十个房间、四个陈列室、四间卧室，此外还有一个大厅，配以名贵的拼花地板和石膏花饰，门窗玻璃也是一件件的艺术品。在这个富丽堂皇的大厅里，叔本华家常常举办上百人参加的大型聚会。在这里，他们家要接待无数的商人自不必说，他的母亲因对法国革命的同情，常常也为接待那些高贵的法国流亡者而自豪，比如说，她曾因著名文学家斯达尔夫人①的丈夫斯达尔·荷尔施坦因 (Staël Holstein) 男爵的光临而受宠若惊。这样，叔本华从小就对汉堡这样的寓所没有"家"的感觉，他所见到的是一张又一张

① 斯达尔夫人 (Madame de Staël，1766—1817)，法国著名女作家，积极浪漫主义的前驱，她赞扬鲁索的思想，在小说中描写妇女渴求从家庭生活中获得解放。还写有《论德意志》一书，向法国读者介绍德国浪漫主义，对法国浪漫主义有一定影响。她同歌德、席勒、费希特、奥古斯特·施莱格尔都有交往，施莱格尔甚至陪同她周游列国。

陌生的、匆匆忙忙的"过客"。他的母亲对把自己家变成一个高朋满座、觥筹交错、轻歌曼舞、高谈阔论的社交中心感到十分的满意和高兴，但这种豪华的享受、宾客盈门、欢声笑语的社交场面给小小的阿图尔·叔本华留下的只是孤独、寂寞和恐惧。他由一个保姆照看着，他后来回忆起当时的感觉是这样的："那时我才六岁，晚上散步归来的父母，忽然发现我完全处于一种绝望的状态，因为那时我突发奇想，以为他们永远抛弃了我。"

汉堡的有产阶级认为孩子到了八岁才到"可教"的年龄，只有这时，父亲才来插手儿子的事务，说出决定孩子命运前途的强有力的话语。海因里希·弗洛里斯·叔本华也不例外，在阿图尔八岁时，他对儿子做出了这样一个决定：成为一个能干的商人，同时还是一个具有远见卓识、风度高雅的绅士。

目标既已确定，剩下的就是方法了。为了把阿图尔培养成一个闯荡五湖四海的大商人，海因里希·弗洛里斯认为不通晓几门外语，几乎是不可能的。除语言的基本功之外，就是社交的能力。海因里希·弗洛里斯与其他的父亲不一样，他不愿把孩子送往当地的学校去学习那些所谓的基本知识，而是要让孩子自己去读"世界大书"。因此，当1797年叔本华的妹妹阿德勒·叔本华出生后，父亲就把这个儿子带到了离巴黎不远的法国小镇勒阿弗尔 (Le Havre)，把他放在这里他生意上的一个朋友——格雷戈里·德·布莱西马亚 (Gregoires de Blesimaire)——家里学习法语。叔本华在这里生活了两年，虽然远离父母，但他觉得"度过了他童年时代最为快活的时光"。他后来在回忆中认为"在那海边的亲切的小城，我真正地为生活所吸引"，"在这里，我曾快乐地生活过，我在梦中常常见到这个小城"。叔本华之所以对勒阿弗尔产生这么好的印象，除了他享受到主人家给他周到的照顾和保护以及他同小主人的亲密友谊外，在这里还能充分展示他的个性和丰富的想象力。这个小城是塞纳河 (Seine) 的入海处，那海风的亲抚，海鸥的鸣叫，以及在港口晃动的桅杆，都使他有种宾至如归的感觉。当然，在这里，叔本华所感觉到的，还不仅仅是大海潮汐的涨落，还有那世界历史的潮汐。

这是欧洲战云密布的时期。1798 年，勒阿弗尔有一段时间还成为"正式战争"的焦点。波拿巴·拿破仑 (Bonaparte Napoleon) 在其政变的前一年，正积极准备与英国重新开战，整个小城的各造船厂都在叮叮当当地为拿破仑制造装载大炮、运输部队的船只。后来拿破仑又要进攻汉堡，继而又传出惊人的消息：波拿巴将军已在埃及登陆……1799 年春，英国成功地说服了奥地利、俄国和那不勒斯，共同结成了反法同盟，在意大利和瑞士重新展开了战斗。所有这一切，对阿图尔来说都像是彩色画书，他表示出了勃勃的兴致。一切都那么贴近，但贴近得并没有什么危险；一切又都那么真实，但真实得令人难以置信。

父母双亲着实为儿子担忧，于是要他回到汉堡来。这一命令自然使阿图尔相当难过，但父命难违，他只得忍着眼泪和格雷戈里一家告别。父母没有来接他，在无人陪同的情况下，这个不足十二周岁的阿图尔就独自一人，漂洋过海回到了汉堡，这成了他以后极为自豪的一次单独的冒险航行。

刚刚回汉堡，父亲就把阿图尔送进了龙格（Johann Heinrich Christian Runge，生卒不详）创办的私人学校。该校培养的是未来的商人，因此在这里要学的是对商人有用的东西，并要学习使人成为有教养的人所需的地理、历史、宗教和拉丁文等。不过，对拉丁文，该校仅让学生们略知一二就完了，主要是为了使学生们能给人一点有教养的印象。但对于古代文学该校则完全不管。对后来要成为大哲学家的叔本华来说，本该有足够的理由抱怨这所学校的，但他没有。他反而对该校的龙格老师大加赞赏，说他是"一位卓越的人士"。因为龙格博士既有符合汉堡精神的虔信主义信仰，又有注重实际的务实精神。对叔本华留下好的印象的是，他反对死记硬背，反对体罚学生，主张与学生交朋友，上课时又能循循善诱，引人入胜。即使是宗教课，龙格也不讲神秘的内省，不讲教条和启示，而是讲有着自然神论意味的道德学说。比如说，告诉这些富家子弟如何在生活和娱乐中不要傲慢无理、咄咄逼人、失之于宽以待人的准则，如何防止不道德的发生，如何节制克俭等等。

在这段历时四年的学习生涯中，叔本华是幸福的，白天读书上课，晚上参加舞会。像其他小伙伴一样，叔本华也专找"好人家"的女儿跳舞。但叔本华学习十分用功，如饥似渴，在家中不停地翻阅父亲的藏书，小小年纪就读了伏尔泰和鲁索的作品，也读过了德国和英国最为优秀的作家的作品。当然他也设法将父亲锁在柜子里的那些缠绵悱恻、儿女情长的言情小说弄到手了，但终于有一天在他手不释卷、挑灯夜读的时候被父亲当场"捉住"。他这种不加选择、贪婪看书的状况引起了母亲的忧虑。母亲劝他要珍惜自己的时间与精力，警告他看文学作品"不要过分"。

这时，叔本华似已意识到，从商从政均不是他所向往的生活，他要做个大学者。因此，他一再向父亲陈说他转到文科中学去学习的愿望，但遭到了父亲坚决地拒绝。经商做生意，这是叔本华家族的传统，父亲怎会轻易地让尚未成年的儿子打破这一传统呢？！

那时学生意绝非易事，要做七年的学徒，然后在某一公司做三年的"店伙"。在这当中必须吃住在东家家里，晚上不得出门，要为东家服务，尽可能多给东家带来经济利益。如果学徒违背了合同，父母还得受罚。这种经商历程，对叔本华而言犹如梦魇一般。

龙格博士在关键时候帮了叔本华一把。他出于教育上的敏感，支持叔本华当学者的愿望，试图说服他的父亲，证明阿图尔有成为大学者的天分。

到了 1802 年底，父亲的态度有所转变，但始终担心的是，儿子选择的是一条充满艰辛的路，学者与贫穷总结不解之缘之观念令他不能随便答应儿子的请求。父亲为儿子的前途和幸福不能不苦思冥想，他曾想给儿子花高价买个有薪俸的牧师职位，但终因价钱太高未能成交。后来父亲终于想出了一个看似"妥协"的办法，让儿子自己选择自己的前途：要么留在汉堡，上他的人文中学，学他的拉丁文，走他的学者之路；要么陪父母一起旅游，去法国、英国、瑞士，周游欧洲。假如愿意旅游，那以后就得放弃上大学的打算，回汉堡必须学习经商。

让刚满十五岁的儿子面临这种两难抉择，这不能不说是父亲以商人的精明煞费苦心想出的一条"权宜之计"，意在告诉儿子鱼和熊掌不可兼得：要做学者就得放弃旅游的乐趣，学者的幸福要以牺牲感官的享受为代价；如果放弃学者之路而尽享旅游之乐，那就得把自己的将来卖给柜台，成为精明的商人。

叔本华毕竟是个只有十五岁的孩子，周游欧洲的诱惑力实在太大了，况且儿童时期勒阿弗尔的美好印象还不时地在脑海中飘荡，大海的波涛、塞纳河的景色、海鸥的鸣叫、蓝色的天空，这一切都足以让人心荡漾。叔本华终于像他父亲预料的那样选择了旅游。

1803 年 5 月，叔本华一家乘上自家的马车，带着自家的仆人，扬鞭上路，开始了环欧旅游。他们一家的足迹踏过了不来梅、阿姆斯特丹、鹿特丹、伦敦、巴黎、波尔多、苏黎世、维也纳等欧洲名城。他们到处受到上流社会的热情接待，每到一地，都要参观名胜古迹。在不来梅，叔本华第一次见识了铅窖中腐烂的尸体。在魏斯特法伦，叔本华看到了"黑色的荒野"、脏兮兮的村庄、衣履不整的村民、成群的乞丐，并第一次品尝到难以下咽的饭菜。与此形成鲜明对比的，是遍地鲜花的荷兰。在阿姆斯特丹，宽阔的街道、整洁如新的房舍、华丽壮观的市政厅，对叔本华都留下了深刻的印象。在一家瓷器店里，叔本华第一次见到一尊弥勒佛像，令他十分欣喜。后来他在《旅行日记》中记下了此时的心情："看到它那么友好地向你点头微笑，即使心情再恶劣，你也会同样地笑起来。"叔本华以后崇尚印度佛教，说不定与这个弥勒佛像有着某种联系。

在荷兰的中部城市阿默斯福特（Amersfoort），叔本华一家就已得知英法两国重新开始了激战，但战乱也未能影响他们去旅英的兴趣。在伦敦王宫的温莎花园里，叔本华亲眼看见了国王和王后散步的情形。正如成年叔本华对女性没有什么好印象一样，在这时，他也觉得"国王是个很漂亮的老头儿，而王后却丑得很"。如果仅仅是对这一个王后做此评价，倒完全有可能符合事实，但后来叔本华在维也纳见到那里的皇帝和皇后，也得出同样的结论，这却不能不说，在幼小的叔本华心灵中，对女性就已有了根深蒂固的成见。

在巴黎一家剧院的包厢里，叔本华第一次见到了拿破仑，后来他又一次见到拿破仑在检阅部队的场景，场景虽然十分壮观，但叔本华对创造世界的英雄人物的业绩，则总是抱怀疑的态度。他们给人民留下了什么呢？是废墟一片，是尸体狼藉的沙场。

叔本华一家不顾炮火连天的战事，尽情享受旅游的乐趣，白天游览风景名胜，夜晚则进剧院看戏，饱览各地风土人情。尤其是伦敦，当时堪称世界第一大都市，美不胜收。既有世界上最大的家具商场，也有演出莎士比亚戏剧的大剧院，还有每个星期都能见到处决犯人的场面。特别使叔本华高兴的是，父母去苏格兰游历期间，他已获准在温布尔登教会学校学英语。但进校学习后的情况使叔本华大为不满，因为该校教师对于宗教有着固执的信仰，要求也极为严格，估计叔本华不知为何事而受到过斥责，使他精神上受到很大的刺激，这就奠定了他后来仇恨英国人并不断地在作品中对之进行嘲笑谩骂的基础。不过，三个月时间的学习，也使叔本华得到了英国语言文字的正确知识，他把大部分时间均放在学习英语上，课外的消遣，只有体育活动和吹笛子。

1804 年夏天，历时一年多的旅行终于结束了。这是他的父亲为把他培养成为一名商人所采取的一种特殊的教育方式。这种旅游不光是走马观花式的游山玩水，而是对世界的一次直接观察，世界像一本大书，把它的五彩缤纷、风土人情、历史名胜一一地"表象"在叔本华纯真的眼前。小小的年纪，对于比利时、荷兰、英国、法国、瑞士、奥地利，当然还有德国就有了直观的感性的印象，像伦敦、巴黎、维也纳、阿姆斯特丹等十五六个欧洲名城，在年少的叔本华心灵中，再也不是抽象的名字，而是和风景、名胜、历史与现实紧密联系在一起的具体经历和想象，这些都给这位未来哲学家的世界图景留下了深刻的烙印，同时也养成了叔本华独立观察世界的习惯。从英国和法国所学到的语言知识也为他洞明世界的本质，提供了有用的工具。这一切，他的父亲从商人角度认为所必需的条件，都被儿子后来转变成为哲学家的素质了。叔本华自己是这样来评价这次旅游的收获的：

> 我清楚地认识到，这次旅行花去了我近两年的青春岁月……正是在我长大成人的年月，在这样的人生阶段，人的灵魂对任何种类的印象都是敞开的，求知欲最强，也最好奇，我的精神并没有像一般人那样为空洞的话语所充塞，而本身对事物又没有正确而确切的知识，并以

此方式使理性原先的锐利变钝、变得疲软。相反，我是通过观察接近了事物，了解了事物，因而学习到，事物是什么，事物是怎样的……特别使我感到高兴的是，这样一种成长过程使我早年就习惯于不满足于事物的单纯的名称，而要去观察和考察事物自身，并将观察来的对事物的认识决定性地摆在那滔滔不绝的言辞面前，因而以后我从没有陷于对于事物只取话语的危险。②

当代著名的法兰克福学派社会学家和哲学家马克斯·霍克海默（Max Horkheimer，1885—1973）也曾高度评价叔本华少年时的游历对于他成为哲学家的意义。因为这不仅养成了他观察及独立思考的方法，以及不为前人话语所惑、不满足于现成结论的怀疑精神，而且对其他国家的熟悉、精通多种外国语，也使得叔本华的作品内容丰富而生动。

叔本华在旅游中成长起来，而正在这时（1804 年）德国哲学的启明星——康德（Immanuel Kant，1724—1804）却逝世了。虽然叔本华对此还一无所知，但这并不影响他日后成为康德哲学的继承者。

---

② 叔本华：《信函总汇》（德文版），第 650 页，转引自袁志英编著《叔本华传》，世界图书出版公司，1994 年，第 53 页。

二、投身商务

随着旅游的结束，叔本华的心情愈来愈显烦躁，因为他必须履行自己的诺言，投身商界，放弃学者之路。这虽是他极不愿为之事，但他尊敬其父，他觉得必须服从父亲的安排。

在他们旅游的终点柏林，父亲告别了他们母子俩，回到汉堡经商，而叔本华和母亲则一同往但泽进发。母亲回但泽是要回娘家看看，而叔本华回但泽，是要接受基督教坚信礼，并在卡布隆先生那里学做生意。

第二年春天，叔本华终于从广阔的旅游天地回到了狭小的商务办公室，在他眼前，再也不是那如画如歌的美景，而是流水账和汇票。叔本华也慢慢进入父亲的世界，帮助处理汉堡的商务。但此时，他们的生意颇不顺手，父亲的身体和精神大不如从前，记忆力也迅速衰退，甚至在1804年冬天还因患上黄疸而四肢无力。这位曾经雄姿英发、潇洒挺拔的汉子，如今是疲惫不堪，疾病缠身。旅行耗尽了他的精力，也影响了买卖。拿破仑的大陆封锁政策也切断了他的商业联系。这种局面无疑是给了本来就不愿经商的叔本华当头一棒。

与父亲的情况相反，年轻的母亲却风姿依旧，对生活充满着勃勃的兴致，依然是那么乐观，那么热衷于在社交中打发无聊的岁月。

可是，一个意外的事件突然降临了。叔本华的父亲海因里希·弗洛里斯·叔本华于 1805 年 4 月 20 日从存放杂物的阁楼上摔下来而死于非命。后来有人说，他是从顶楼的窗户跳进运河自杀的。对于其真实的死因我们不敢随便猜测，叔本华母子二人在很长时间里，对此也是含糊其词。在讣告中，约翰娜·叔本华声称"我的丈夫由于不幸的偶然事件而亡故"，而叔本华自己在其十五年之后写的自传里是这样说的："我亲爱的好父亲由于突如其来的出血而猝死。"父亲的死因很长时间是母子间的禁区，可是 1819 年母子最后宣布断绝关系时，叔本华则明白无误地责备母亲应对父亲的自杀负责。

至于母亲到底应负何种责任，外人的确难以评说。父母间年龄悬殊，性格差别，生活态度不同而造成的家庭冲突，是很难以一个现成的道德标准来评出谁好谁坏的。在父亲生病期间，母亲并没有为此而牺牲自己的生活乐趣，去体贴和精心照顾丈夫，从叔本华爱父的立场出发，他是有理由怨恨其母的。而他母亲本身由于热爱生活，要享受生活，不愿卷入丈夫那抑郁不欢的旋涡之中，她要为家庭带来生气，带来娱乐，带来活力，并想以此来使丈夫感到舒畅，就此而言，别人也着实难以责怪她到底哪里错了。

只不过，父子都对母亲不领情，这恐怕就是不成标准的标准了。母子间不和的深层根源乃是性格。叔本华从父亲那里继承了抑郁的气质，与母亲那种开朗欢快的性格的确形成了鲜明的对照。父亲的死，使得母子的冲突更加剧烈，彼此都难以忍受对方。这对双方的命运也带来了重新设计和规划的转机。

叔本华悲悼父亲的死亡，为了纪念对父亲的感情，他仍尊重父亲的意志，仍然从事商务活动。因为一方面，在人生十七岁的年龄失去了最崇敬的父亲，使他心力交瘁，不可能有别的选择；另一方面，父亲尸骨未寒就要取消他的决定，也令叔本华良心不安。所以，尽管他内心十分厌倦商业，但也不得不继续硬着头皮周转于商务往来之中。然而，他精神上的压迫，不仅使他陷入悲观的情绪之中，而且简直比任何时候都感到绝望。这一回，当母亲得知其痛苦的情形时，却对他表示了深厚的同情。她同魏玛的朋友商量，他们都认为现在改行，还不算太晚。于是她立刻写信给儿子，鼓励叔本华重新规划自己的生活。这个意外的好消息，使叔本华感动得泪流满面。

约翰娜·叔本华本人也要彻底改变自己的生活。在丈夫去世后的四个月，她卖掉了那个坐落在新万德拉姆街的豪华住所，并开始了结商业上的事务。这是一个影响深远的决定，它不仅决定了叔本华的前途，而且也使自己以巨大的热情投入到新的生活中去了。1806年，她迁居文人荟萃的魏玛，想在精神和文化的奥林匹斯一展她那被压抑了的社交才能。

三、求学时期

1807年5月底，叔本华彻底结束了商务活动，告别了汉堡，来到了哥达（Gotha）完全中学。这就是六十八年之后马克思（Karl Marx, 1818—1883）发表《哥达纲领批判》中的哥达。这所中学具有很高的声望，它几乎和大学相当，有许多著名的知识分子在此校任教，学生来自全国各地。这里有很好的书店，有图书馆。但哥达是个像魏玛一样的小城，这使得叔本华常常以大资产阶级出身的子弟的骄傲来俯视这个小城市民的生活。对于学习，叔本华自然是满怀热情，极其用功的。除了学习普通的功课外，其母亲还专门为他请了私人教师补习希腊文和拉丁文。他的学习进步相当快，教授们对他的德语作文非常赞赏，预料他会成为一个古典文学的学者。

因此，叔本华很快在该校成了"知名人士"，他比其他同学年纪稍大，常与贵族显要往来，出手阔绰，这使得许多同学对他怀有敬佩之情。叔本华这时的自我感觉也相当好，他不仅感到自己社会地位上的优越，而且也有着智力上的优势。但正是这种优越感，使得叔本华在哥达中学竟把有些老师也不放在眼里，甚至写了一首讽刺诗，在同学中朗读，引起一场哄笑。这虽然是个"恶作剧"，但引起了校方及老师们的愤怒，校长中止了为叔本华私人授课。这一事件成了叔本华离开哥达的原因。

但叔本华的母亲并不希望，甚至内心害怕儿子回到身边来。她从这件事中严肃地指出了儿子性格上的缺点："你不是恶人，也不是没有思想和教养……不过你还是令人不轻松，令人难以忍受。我觉得和你生活在一起很困难，你的所有的好品性都由于你的超级聪明而变得暗淡无光，并使它们对这个世界没有什么益处。只因为你在任何事情上比任何人更易于发怒，你到处挑错，只是不找找自己的错；在任何方面都要争强好胜，都要控制全局，可你无法控制自己。这样你便招致众人的怨恨，因为没有人乐意别人以这样强硬的方式来改正自己，来教训自己，至少不愿意被像你这样一个微不足道的人教训。没有人忍受得了你的责备，尽管他有很多应予以责备的弱点。"

约翰娜对儿子缺点的剖析真是毫不留情，可谓一针见血。即使是成为大哲学家之后的叔本华，从他对德国前辈哲学家的尖锐批判中，我们也可以明显地感受到叔本华性格中这些令人难以忍受的性格缺点。这种性格同时也反映出他和母亲之间两种完全不同的人生信念的对立：母亲性情活泼，对生活抱乐观态度，喜欢在同他人友好交往中寻求友谊和快乐；而儿子则相反，喜欢寂寞，性情郁郁寡欢，对人生感觉黯淡，不可救药地悲观，对别人不能容忍，因而也讨厌社交。母亲喜欢在交谈中享受默契带来的和谐的愉悦，而儿子则偏爱在和谐的气氛中挑起问题进行争辩。以至于母子俩难以"和平共处"。

约翰娜在丈夫死后迅速摆脱了过去生活的羁绊和阴影，在魏玛建立了自己理想的生活世界。她在自己家中办起的沙龙，成为魏玛名人荟萃之地。大文豪、魏玛宫廷枢密顾问歌德（Johann Wolfgang von Goethe，1749—1832）是沙龙的常客，洪堡兄弟也来参加他们的聚会。他们在这里谈文学、评戏剧，但浪漫主义却始终未被歌德及这个沙龙所接受，歌德称浪漫派是"病态的"。当然这并不包括另一浪漫派的人物布伦塔诺（Clemens Brentano，1778—1842）和阿尔尼姆

（L. A. V. Arnim，　1781—1831），他们受到歌德很高的评价，也是常来聚会的人物。但叔本华在汉堡时就发现了浪漫派的魅力，他为浪漫派那种轻柔的梦幻般的经验而沉醉。这经常成为他和母亲之间唇枪舌剑地激烈争吵的内容。

　　因此，对于叔本华要来魏玛，约翰娜打心里就不愿意，她唯恐儿子破坏了自己的生活，因此开始时建议叔本华到魏玛附近的阿尔腾堡（Altenburg）完全中学就读，后来叔本华执意要来魏玛，她不得不首先严格而细致地规定了母子俩相处的规则，要儿子承认是她家的"客人"，只做个可爱的、受欢迎的客人，而不准干涉家里的事务，不准多插嘴等，才准许儿子在家中同住。请看下面这些"互不干涉内政"的条约吧："每天你中午一点钟来，待到三点钟，然后我这一天就不再见你了。在我有客人聚会的日子里，如果愿意你可以来参加。有两个晚上我们可以共进晚餐，如果你在吃饭的时候不以伤害人的争论来使我讨厌的话。你对这个愚蠢世界和人类的悲惨叫苦连天也总使我寝不安枕，噩梦不断，而我喜欢睡个好觉。在中午的时候你什么都可以对我说，……而在其他时间就要自己管好自己了。我不能以牺牲我的欢乐为代价来引发你的欢乐，……请你不要反对我的意见，在任何情况下我都不放弃我的计划。……一周看三次戏，参加两次社交活动；你可以得到足够的休养，你也会结识年轻的女性，……好了，你已经知道了我的愿望，我希望你能完全按照我的愿望行事。你要得到我作为母亲的照顾、我的母爱，使我满足你的愿望，那请你不要和我作对，这对你不会有什么帮助的。"

对中国人来说，是不可能理解一个母亲对儿子做出这种近乎残忍的规则的。在这样的母子关系中，也难怪叔本华对世界会产生那么悲观绝望的看法。在母亲这里都得不到一点温柔体贴的爱，他到那里去感受生活的暖流和温馨呢？

可怜的叔本华完全接受了母亲的条件，因为这时他毕竟还只有十九岁，虽然他在意识中早已独立，然而在内心也仍然像别的青年一样，是需要母亲、依赖母亲的。他搬进了一个小小的住所，埋头于功课之中，自学准备上大学。尽管母亲沙龙里的人是川流不息，而叔本华却没有真正地参加进去，两年中歌德竟没有同他说过一句话，这足以见出这个家庭及客人们对这位"公子"忽视到了何等程度！

在魏玛生活了两年，1809年2月22日，叔本华庆祝了他的二十一岁生日。这时他真正算是成年了，母亲将他应得的一份遗产交给了他，共有两万塔勒，如果存入银行的话，每年可得一千塔勒的利息。叔本华光靠利息就能生活得很不错。另外，叔本华的生日礼物是获许参加这一年的大型化装舞会。这一"礼物"使叔本华一反常态地异常兴奋，因为魏玛歌剧院明星、有名的美人，又加上是公爵的情人卡罗琳娜·雅格蔓（karolina Jagemann）也参加舞会。据说，叔本华对此美人很动心，觉得如果雅格蔓是街上敲打石块的女工，他准会把她带回家。只可惜她不仅未能成为这样的女工，而且被封为伯爵夫人。

1809年秋，叔本华离开了母亲来到哥廷根大学学习。这是一所历史悠久、学术声望很高的学府，最初于1735年由英王乔治二世所建，该校以自然科学见长。哈勒（Albrecht von Haller, 1708—1777）因在医学、植物学、外科学、人体解剖学、生理学等学科上的成就和杰出的工作，使哥廷根大学成了"现代"科学的中心。高斯（Carl Friedrich Gauβ，1777—1855）在这里讲授数学。叔本华在此校注册的是医学系，他要在此学到自然科学的最新知识。在这个学校里，叔本华那咄咄逼人的"辩论"口才得到了充分发挥，大家喜欢听他神谕式的宣讲。但辩论时，他总是"锋芒毕露，态度生硬"。这个学校的学生大都是出身名门世家，优越感极强，他们和叔本华在辩论时表现的"好斗"相反，经常和当地的居民，特别是年轻的帮工发生冲突，有时甚至斗殴。叔本华为防不测，手枪一直不离床头，这可算是哲学家生活中的奇事了。

到了第三学期，叔本华内心那按捺不住的对哲学的兴趣又重新萌发出来了。在自认为对哲学有所了解之后，他毅然改变了原先的计划，放弃医学而专攻哲学。在此，我们不禁想起在魏玛时年迈的维兰特（Christoph Martin Wieland，1733—1813）对叔本华的告诫："不要学习不切实际的学科。"而叔本华精辟的回答却令维老颇有感触。叔本华说："生活是件苦事，我打算以对生活本身的深思来打发生活。"

以对生活本身的深思来打发生活的苦役，可能是许多哲学家的人生态度和生存状况。然而，叔本华遇到的第一位哲学老师舒尔茨（Gottlob Ernst Schulze，生卒不详）把叔本华引向的却不是现实的生活本身，而是远离生活现实的柏拉图和康德的先验哲学。舒尔茨的这一引导，使得叔本华后来的哲学始终是以柏拉图（Plato，前 427—前 347）和康德为坐标，把柏拉图的"理念论"和康德的"自在之物"加以糅合改造成了"意志本体论"。

在哥廷根，叔本华对康德的作品有了相当的了解，并阅读了亚里士多德（Aristotes，前 384—前 322）和谢林（Schelling，1775—1854）的著作，这对他以后的哲学创造确立了思想史的素材。但由于当时费希特（Fichte，1862—1914）是公认的康德哲学的权威阐释者和继承人，因此他期待着认识"这个真正的哲学家和伟大的天才"。

在费希特的哲学召唤之下，叔本华在哥廷根大学读过四个学期之后，于 1811 年夏天迁到新建的柏林大学就读。

吸引着叔本华来柏林的，不仅是费希特，实际上还有浪漫主义神学家、哲学家施莱尔马赫（Friedrich Ernst Daniel Schleiermacher，1768—1834，他还是柏拉图著作的德文翻译者和解释者），以及当时德国最为著名的古希腊语文学家沃尔夫（Friedrich August Wolf，1759—1824），歌德也曾向沃尔夫请教过有关方面的问题。

柏林大学的建立是普鲁士政府通过反省对抗拿破仑的惨败之结果，他们认为普鲁士的失败主要是败在"人的头脑"，因而改革首先要从人的头脑入手，"以精神的力量来补偿肉体的损失"，于是任命伟大的教育家威廉·冯·洪堡来筹造柏林大学。洪堡雄心勃勃，要使大学成为培养人文主义精神的基地，要造就胸襟开阔、目光远大、领导世界新潮流的人才。因此，大学特别重视人文科学。语文学、哲学和神学是该校最重要的科目。为此，洪堡从全国网罗了一大批第一流的学者来校任教。在叔本华到达柏林的前几个星期，费希特当选为校长。

　　叔本华是带着他母亲让歌德写的推荐信来的，歌德的信既未写给洪堡（他也是叔本华母亲沙龙里的客人和朋友），也未写给费希特，而是写给沃尔夫，后来叔本华同沃尔夫之间关系密切，可能与此有关。

　　叔本华是慕费希特的大名而来柏林的，因而费希特的哲学课是他首选的课程。他甚至觉得，谁要想在哲学上保持时代的高度，就一定要听费希特的。所以，他开始对费希特评价颇高，认为他是个"才华横溢的人"。但听了几次课之后，叔本华却感到莫大的失望，他讨厌费希特那种约束着情感和热情的纯粹思辨，尤其是费希特"傲慢的态度"引起了同样傲慢的叔本华的憎恶。傲慢者是不能容忍别人的傲慢的。另外，素来喜欢言语清楚明白、易懂流畅的叔本华也受不了费希特哲学语言的晦涩。所以，在他听完了费希特第十个讲座之后，已经变得"不耐烦了"。他有时埋怨费希特讲得不清楚，而当费希特讲得很清楚时，他又嫌他太啰唆。

　　不过，虽然叔本华现在是如此厌烦费希特，但并未影响他继续去听费希特的课，只是听课的目的完全不同了。从前听他的课，是为了领略当时哲学的精华，而现在却是为了一心一意找他的错，来同他争辩。在他的笔记中，人们发现充满着对费希特尖酸刻薄的批评。费希特讲的是《知识学的原理》，而他却写成"知识学的空虚"。因为这两个字在德语里音同字不同，他以此来讽刺费希特。后来叔本华在他的成名作《作为意志和表象的世界》中，反复说费希特是"吹牛者"，是"冒牌哲学"，是"康德的丑角"，这些评价都始于他的笔记。他说，"费希特的冒牌哲学""虽然只有那么一点儿真实价值和内在含义，可根本上只是一种花招；然而这个学说却是以最严肃的道貌，约束着情感的语调和激动的热情陈述出来的；它又能以雄辩的反驳击退低能的敌人，所以它能放出光芒，好像它真是了不起似的"③。

从这段引文来看，叔本华对费希特的批评的确像许多研究者所说的，是他内心不服别人、好胜矜骄的证明，但不能仅仅归结于此。他俩人的哲学虽然都以康德为出发点，但他俩人的哲学气质悬殊太大，一个是理智的、道德的、玄论的，一个是情绪的、审美的和晓畅的，因而致使他们赖以认同的根本价值本体不一样，这才是叔本华厌烦费希特的内在根由。

施莱尔马赫是第二位引起叔本华兴趣的名人，但叔本华孤傲的个性容不下别人。他在第一眼看到施莱尔马赫的面貌时，就打心眼不喜欢这个人。因此，听他的课，叔本华同样感到失望，在第一讲中两人就合不来。施莱尔马赫说："哲学和宗教，同有对于上帝的知识。"叔本华批评道："哲学必须先有上帝的观念，但是事实却正好相反。哲学必须先要按其自然发展，客观地取得或拒绝上帝的观念。"施莱尔马赫主张："哲学和宗教不能单独存在，没有宗教意识的人不能成为一个哲学家。另一方面，信仰宗教的人，必须研究哲

---

③ 叔本华：《作为意志和表象的世界》，（中文版）北京商务印书馆，第 64 页；（德文版）莱比锡，1859 年，第 68 页。

学的基础。"叔本华说:"没有一个信仰宗教的人,能够达到哲学那样深远,他根本不需要哲学。没有一个真正哲学思辨的人是宗教的,他有路线领导,他的路途是危险的;但是是不受拘束的。"同他说费希特是冒牌哲学家一样,他也说施莱尔马赫是"一个戴假面具的人",两人根本无法取得一致。所以,叔本华在柏林大学期间,对两位原来崇敬的名人,从未有过私交。

正当叔本华埋头于哲学的寂寞领地,殚思竭虑地同费希特的《知识学》和施莱尔马赫的《宗教论》交锋时,拿破仑五十万大军的铁蹄正把柏林搅得鸡犬不宁,有民族正义感的爱国志士都在为祖国的解放和战争而贡献自己的智慧和才能。费希特不仅以自己的影响力直接号召所有的社会力量参加对法战争,而且自告奋勇地做随军的布道者,在普鲁士的军营中奔波操劳,并最终在随后不久的 1814 年 1 月死于伤员从前线带来的伤寒病。施莱尔马赫虽然曾因"爱国有罪"而被当局查问过,而在 1813 年 3 月普鲁士正式对拿破仑宣战后,毫无顾忌地发表热情奔放、虔诚激烈的爱国主义演说,使每个聆听的人无不深受感染。

当别的哲学家走出书斋披挂上阵时,只有叔本华对战争的喧闹无动于衷,冷静地继续着自己的哲学沉思。他觉得他的哲学高于一切,他"生来就不适于用拳头来为人类服务,而应用头脑服务于人类"。他甚至把哲学视为他的"祖国",因而可以把现实的祖国的生死存亡置之脑后。而在柏林的守军撤退一空、柏林处于一夕数惊的境地时,我们这位怯懦的哲学家终于再也无法守住他那自私而怪僻的宁静,只有向魏玛方向落荒而逃！在这种也许是很不"光彩"④的情形下结束了柏林大学的学习。

四、博士论文和代表作

叔本华路经魏玛，来到鲁多尔施塔特（Rudolstadt），下榻于一家乡村旅店，专心致志地撰写《论充足理由律的四重根》。经过整整三个月的奋笔疾书，叔本华于1813年9月完成了这篇博士论文。

叔本华原想到柏林去进行论文答辩，但由于撒克逊成了主战场，从鲁多尔施塔特到柏林去的路已被切断。他便灵机一动，打算就近在耶拿大学进行答辩，于是给耶拿大学哲学系主任写信并寄去了答辩的费用。

由于在耶拿，谁都知道他的母亲是歌德的朋友，因此叔本华受到了特别的优待，相当顺利地于10月2日通过了论文答辩，三天后便取得了哲学博士的头衔。

后来，叔本华在其成名作《作为意志和表象的世界》中，一再地提到这篇博士论文是理解他的思想的准备和入门

---

④ 叔本华的这种行为对当时的"爱国主义"者来说，是不光彩的。但要指出的是，当时德国的知识界对于"爱国主义"的态度是很不相同的。像歌德对于当时的爱国主义喧嚣就持一种十分冷静的态度，他甚至反对他的儿子奔赴前线去打拿破仑。因为他对拿破仑推动世界历史进步有着深刻的理解。歌德和叔本华在爱国主义问题上，观点是接近的。

书。那么，现在就让我们简要地介绍一下该篇论文的主要思想。

这篇博士论文共分八章。第一章是"引论"，介绍了探索"充足理由律"的重要性，以及该项研究的方法及其运用。所谓充足理由律，就是说任何事物都有其为什么存在的理由或根据⑤。叔本华认为，它之所以重要，就在于充足理由律堪称整个科学的基础，每门科学都在寻求事物原因的解释，寻找根据，而科学所揭示的原因或根据形成了一个相互联系的整体，把这个系统的各个部分连接起来的就是充足理由律。科学的概念就是从它们的根据出发一个跟一个地衍生出来的。由于我们先验地假定一切事物的存在或不存在都具有理由或根据，才使我们在任何地方都要追问"为什么"，正是这一追问，才有了科学，才有了哲学。

在第二章，叔本华概述了历史上重要的哲学思想家关于充足理由律的重要观点。

叔本华说，对于充足理由律，虽然柏拉图和亚里士多德经常把它作为不言自明的真理而提起，但他们谁都没有正式地把它表达为一个主要的根本法则。尽管如此，人们仍可把亚里士多德看作最早论述了充足理由律的人。在其《后分析篇》中，亚氏说："只有在我们知道了事物赖以生存的原因，而且只有这一原因才使该事物存在，否则就是不可能的时候，我们才完全理解了一个事物。"在其《形而上学》

---

⑤ 在德语中，"理由"（Grund）也有"基础"和"根据"的意思，所以，叔本华的"充足理由律"也有的译为"充分根据律"。

中，亚里士多德还把原因分类：质料因、形式因、动力因和目的因就是后来被经院哲学家普遍使用的四类原因。叔本华认为，亚里士多德的划分既不深刻又不准确，其根本原因在于混淆了两种不同意义上的理由律：一种是验证和认识一个事物的存在；另一种是验证和认识事物为什么存在。前者要说明的是对于前提（reason）的认识，后者要说明的则是对原因（cause）的认识。古人在寻找一个前提作为结论的依据和追问一个真实事件产生的原因之间，未能正确地加以区分，导致了所有近代哲学思想家在此问题上的混乱。叔本华较为详细地分析了笛卡尔、斯宾诺莎、莱布尼茨、沃尔夫、休谟、康德、谢林等人在此问题上的功过是非。

在第三章，叔本华简要地总结了旧证明的不足和新证明的要点。并指出，在以往的哲学中对充足理由律有两种截然不同的应用，经常陷入错误和混乱的泥潭，这两个应用是：一个应用于判断，如果判断成立，那么这个判断必具有一个前提；另一个应用于物质客体的变化，物质客体的变化必恒有一个原因。然而，这两种应用不可能包含人们追问为什么的所有情况，并且只要在思想上没有明确地区分这两种应用，就总是在前提和原因之间出错。所以叔本华后来批判唯物论哲学把物质作为世界的本原，当作是产生万物的"原因"正是犯了这个错误。他进一步认为，充足理由律的根是一切表象在有规则的整体联系中的相互依存，这种整体联系是先天决定了的。他按照统一律和分解律，把这些相互关系区分为四种，因而称之为"充足理由律的四重根"。

第四章篇幅最大，标题为《论主体的第一类客体，以及在这类客体中起支配作用的充足理由律的形式》。所谓"主体的第一类客体"，是指外界事物刺激我们的感官而让我们感知到的"经验实在"，关于这类可能存在的"客体"，叔本华称之为"直观的、完整的和经验的"：之所以是"第一类"，指的是它们是通过我们的直接经验，在我们的感知中直接呈现的；之所以是"主体"的"客体"，原因在于叔本华的这一根本思想——他的哲学是立足于"表象"的，事物之所以存在，是因为有我们的"表象"，在"表象"之外没有"主体"和"客体"的分离和对立，它们存则共存、亡则俱灭。成为"客体"同成为"表象"是一回事，而"表象"总是"表象者"即"主体"的表象。

这些经验实在，即表象中的客体，其存在的形式是时间和空间。对时空中存在的经验实在——康德意义上的感性世界——我们都要问一个为什么，亦即问其变化的根由，这就是因果性的问题，叔本华称之为变化根，亦即变化⑥的充足理由律。这便是在第一类客体中起支配作用的充足理由律的形式。成了变化的充足理由律，就我们所说的客体状态的出现和消失都在时间之流中运动，形成经验实在的复合体而言，所有在我们表象的整个范围内呈现自身的客体就可以联系在一起，即只要有一先前的状态存在，从中就可必然地产生出一新的状态来，这便是因果律。

第五章是论述主体的第二类客体以及充足理由律在其中

---

⑥ 在德语中"变化"和"生成"是同一个词"werden"，因此有人译成"变化根"，有人译成"生成根"。

起支配作用的形式。第一类"客体"是"直观表象"，形成经验实在，第二类"客体"则是"抽象表象"，形成概念世界。这是由人的认识、反思、判断和理性组成的精神文化世界。对于一切判断（认识和概念）我们也要问一个为什么，亦即问这个判断的根据（前提）何在；我们在这里问的不是为什么是这样的，而是要问为何你认为是这样的，也就是说，我们问的是认识的根据或前提，叔本华将此称之为认识之根，或者叫作认识的充足理由律。在这一章，叔本华结合认识的充足理由律研究了经验真理、逻辑真理、先验真理、超逻辑真理以及理性问题。

第六章研究主体的第三类客体以及充足理由律在这类客体中起支配作用的形式。第三类客体既不是直接表象，也不是抽象表象，而是所谓彻底表象的形式部分，即先天赋予我们的对内外感官形式——空间和时间——的纯粹直观，其所构成的"客体"是有关几何和算术的领域。在此领域，人们所要问的既不是变化的理由，也不是认识的根据，而是诸如为什么数字"1"之后才是数字"2"？或者说，为什么圆的直径和圆周上的一点构成的三角形有一个直角？对于这些在空间中的位置和时间中的继起之相互关系，不可能靠知性和理性的纯粹概念来把握，只有先天的纯粹直观可使我们理解它们。对于时空各部分参照这两种关联（位置和继起）据以相互限定的规律，叔本华称之为存在的充足理由律，这就是在第三类"客体"中起支配作用的充足理由律的形式。

第七章论主体的第四类客体以及充足理由律在其中起支配作用的形式。第四类客体是内感觉的直接客体，即认识主体的客体，叔本华称之为意志主体。在叔氏看来，事物之被认识的条件就是成为认识主体的客体或表象，但因主体本身永远不能成为客体或表象——主体永远同客体相对——所以认识主体本身永远不能被认识；但是，从另一方面来看，由于任何认识就其本性而言，都预先假定了一个认识者和被认识的对象，那么，在我们体内被认识的东西，不是认识者，而是意志的行使者，即意志主体。意志主体之作为第四类客体实乃人的行为领域，对人的行为，即人所做的一切要问个为什么，就是要问这样做的动机是什么，即问为什么要这样做的原因，这就是人的行为的根据，叔本华后来称之为内在的因果律。在这里，因果律以动机的方式表现意志行为必然性，而且以个体的认识能力、经验、个体性格为基础，同自然界中起作用的因果律大不相同⑦。

第八章是"总述和结论"，叔本华首先申明，上述充足理由律的四重根源的前后顺序并不是系统化的，而只是为了使论述更加清楚明了而这样安排的。他说，如果按照系统化的安排，则顺序应该是这样的：首先是存在的充足理由律；接着是在时间和空间中存在的根据，即变化的充足理由律；之后则是人的动机律，即内在的因果律；最后是认识的充足理由律。

与充足理由律的四种形式相一致，存在着四种必然性：

1. 逻辑必然性，根据认识的充足理由律，一旦我们承认了前提，那么我们必然绝对地承认其结论。

---

⑦ 具体内容可参阅本书第五章中的"意志自由论"那一节。

2. 物理必然性，根据因果律，只要出现原因，结果肯定毫无疑问地顺之而来。

3. 数学必然性，根据存在的充足理由律，在正确的几何定理中所陈述的任何一种关系，都确实是该定理之确定的关系，而且每一个正确计算都是不可辩驳的。

4. 道德必然性，根据这种必然性，每一个人，甚至每只动物，只要产生一个动机，就得被迫去做符合个体与生俱来且不可改变的特征的事情。因此，现在由这一原因而来的行为就像所有其他的结果一样不可避免，虽然这里较之其他情况更难预测其结果是什么。

叔本华最后总结道，充足理由律之一般意义，究其大概可以概括为：每一无论于何时存在的事物，都是由于别物的存在它才存在。从所有的事物作为表象论，都要服从这四种根据，但是，这四重形式的充足理由律是先天的，即它的根仍在我们的理智中，因此它必然不适用于全部存在物，包括理智，它也不能应用于世界本身，即在这个世界呈现自身的自在之物。既然只有这四类明确划分的客体，即使我们设想可能出现第五种客体，这种情况下我们同样不得不设定充足理由律还将以一种不同的形式在这类客体中出现。就是说，我们依然不能指望有一个"绝对的根据""一般的根据"以适合于所有的事物包括自在之物、理性本身等等。这就确立了充足理由律只以主体为其条件，主体自身不在充足理由律之中的思想。因为世界干脆就是表象，以表象论，它需要认识的主体作为它实际存在的支柱。

这篇论文，虽然离建立他的意志本体论哲学体系还差一段距离，但在一些主要思想上奠定了其后来哲学的基础。的确像叔本华自己所说的那样，可以看作是其后期代表作的入门书和准备，不了解现在的思想，就很难深入理解其后来哲学的发展。

取得博士学位后，叔本华回到了魏玛。这时他的母亲出版了《对1803年、1804年和1805年的旅行回忆》，受到了社会上的肯定和好评。1817年她发表的《穿过法国南部的旅行》成为1818年的畅销书。此后，便一发不可收拾，长篇小说一部紧接着一部地问世，后来，布罗克豪斯共为她出版了廿卷的文集。在此十年之间，她一直是德国最著名的女作家，被称为斯达尔夫人第二。

叔本华回到家里，令他不能容忍的是，他母亲这时有了新的男友，因此他经常给他母亲的这位男友难堪，母子间的唇枪舌剑就是不可避免的了。

当母亲拿到儿子的博士论文时，讽刺他说："你这是为药剂师写的吧？"

儿子不甘示弱："在堆放杂物的房间里，你的作品再也塞不下一本的时候，人们也会读它的。"

母亲："你的东西印出来后，全部会如此。"

就在这种不断的冲突和争吵中，叔本华在家里待了约半年的时光，终于在1814年的5月，被母亲下了"逐客令"，宣告母子关系完全破裂。从此之后，母子之间除了有一些带有恶言的书信往来外，再也未曾相见。

外面战乱未止，被逐出家门的叔本华到哪里去寻找他的立足之地呢？

在旅游的记忆中，他找到了德累斯顿 (Dresden)。这里的气候、建筑、风景、艺术瑰宝和宏大的图书馆，都对他很有吸引力。只是，这里没有大学。但这对叔本华又有什么关系呢？反正在他高傲的心中，自认为他从在世的哲学家那里再也学不到什么东西了。

遗憾的是，当叔本华来到德累斯顿时，昔日干净而富裕的景象不见了，战争留下的是满目的荒凉。大街上到处可见饿死的马尸，饥饿的人们在面包房前动刀动枪，伤寒肆虐流行，街道上，医院里每天都有上百人死去。这一切，虽然并没有影响到叔本华全身心地投入到写作中去，但肯定对他的悲观主义世界观的定型有着重要的影响。

在德累斯顿，叔本华没有朋友，举目无亲，当他一头栽进写作中时，他耐得住寂寞，但当他松弛一下时，却免不了那种形影相吊的孤独。有时他也想在社交中去排遣这种孤独，可是，他又生性多疑，缺乏信任别人的勇气，处处设防着别人，唯恐自己受到伤害，唯恐在社交中失去"自我"，结果便是越来越无朋友。这种性格怎能不导致内心的悲凉呢？

正是带着这种寂寞、孤独和悲凉的心情，叔本华经过四年的苦战，终于在 1818 年完成了他那部奠定其哲学家地位的巨著《作为意志和表象的世界》(Die Welt als Wille und Vorstellung)。这一年正好是他的"而立之年"。

这部著作的内容正如它的书名所标示的那样，是以"世界"为对象的，但这个"世界"不是科学所揭示的世界，而是透过叔本华阴郁的眼光所折射出来的"世界"。叔本华的眼光虽不像林黛玉那样见落花而落泪，但他自小就好沉思悲惨的事物。他要弄清楚世界为什么充满着不幸，他要探究人世间痛苦、无聊、荒诞和矛盾的根源，他要追问人生到底有无意义，要阐发人生的哲理和生存的智慧。因此，这部论"世界"的书，实质上是通过洞明世界的本质来解说人生的处境，因而是一部人生观的著作。

这部著作是立足于"看"的哲学。"世界是我的表象"是开篇第一句话。叔本华认为，这句话是个"直观"的真理，是对于任何一个生活着和认识着的生物都有效的真理。这句话的基本意思是说，世界是相对于"表象者"而存在的。人们不会认识什么脱离表象而存在的太阳和地球，太阳和地球是否存在，怎样存在，只是作为表象，因为永远只是眼睛"看"太阳，只是手感触着地球。在此意义上，这句话就只是贝克莱"存在就是被感知"的翻版。叔本华自己也明确地承认这句话同贝克莱的渊源关系："贝克莱是断然把它说出来的第一人。[8]"但叔本华是否就只停留在贝克莱"唯我论"世界观的水平上呢？只要我们从词源学上分析一下德文"表象"（Vorstellung）一词的含义及其叔本华对它的运用，就可知道，把叔本华放在贝克莱唯我论意义上来理解是表面的、肤浅的。在第三章我们对此将做进一步地分析。

世界只是我的表象，这只是世界的一面，但若固执于这一面，就是错误的，因为除此之外，还有一个更为重要的真

---

[8] 叔本华：《作为意志和表象的世界》，（中文版）北京商务印书馆，第 26 页；（德文版）莱比锡，1859 年，第 34 页。

理，便是"世界是我的意志"。表象是康德意义上的现象世界，而意志则是自在之物，是世界的本体和本质。在康德那里，我们所能认识的是现象世界，是自在之物呈现给我们的样子，至于自在之物本身是不可知的。叔本华不满于康德的不可知论，他直截了当地说，"自在之物就是意志"。意志即求生存的意志，或生命意志，是冲动、本能、奋进和欲求，是初始的、先在的、自因的，既没有终止的界限，也没有最后的目的。意志不是事物的种类，更不是个别的事物，但意志的客体化，直接地实现为事物的理念（种族），并由此间接地表现为事物的现象（个体），整个世界均是意志的逐级客体化。所以，叔本华构成了意志本体论的形上学理论。

《作为意志和表象的世界》就是分别从表象和意志两个方面来考察世界的本质，来洞悉人生的真谛，并从与意志的关系中去发现艺术的秘密和求得人生的哲理。这部洋洋大观的著作，共分四篇，第一篇题为《世界作为表象初论》；第二篇题为《世界作为意志初论》；第三篇题为《世界作为表象再论》；第四篇题为《世界作为意志再论》。由此读者便可初步获知，叔本华的这部宏著，结构简明，条理清晰。

在《世界作为表象初论》这一篇内，叔本华考察的是服从充足理由律的表象，也即经验和科学的客体。他认为表象也有着必然的、不可分的两个半面，一半是客体，其形式为时间和空间，通过这种形式产生出杂多性；另一半是主体，它不在时空中，因为主体在任何一个进行表象的生物中都是完整的、未分裂的。叔本华立足于表象、即主客体密不可分的相互关系，考察了直观表象、抽象表象；也即考察了经验客体和概念认识世界。基本上沿着康德哲学理论理性和实践理性的思路，研究了认识从表象到理性思维的过程，只不过叔本华把理性思维——即形成概念的能力——看作是表象的表象。在表象的最高顶点上，达到了理念。而又因表象和事物形成的一致性，同理念相对应的客体即为自在之物，即为意志；因而从此便转向康德意义上的实践理性的分析。但叔本华不同于康德，他认为实践理性的出现完全不同于、也不依赖于行为的伦理价值。所以，研究人的行为，也即作为人这个意志的现象也是受着类似的因果律支配的。实践理性并不探讨行为的伦理道德属性，而要探究人生的哲理，探讨如何摆脱人生的痛苦，如何解救之大智慧。叔本华尽力把斯多葛派的伦理学作为符合其思想的一个例证来阐释，即认为伦理学不讨论道德学说，而以指出如何在内心的平和和心神的恬静中摆脱痛苦为目的。这样一来，"表象初论"就结束于对斯多噶伦理学精神的批判阐述。

在第二篇《世界作为意志初论》里，叔本华考察了意志逐级客体化的道路。世界上的所有事物，包括人的身体和行为都是意志的客体化表象。意志客体化最低的一级表现为最普遍的自然力、如重力、固体性、液体性、弹性、电气、磁力、化学属性和各种物性，它们都是意志的直接表出。在意志客体化较高的级别里出现了显著的个性，尤其在人，出现了个别性格的巨大差别，即完整的人格。但要走到这一步，要经历漫长的过程。对无机界和植物界来说，虽然联结意志现象的纽带已不再是简单的刺激，但意志仍然是盲目的冲动。在这里，意志没有别的援助，以一种决不失误的妥当性和规律性在起作用；这是意志最简单、最微弱的客体化，因为它没有借助于任何工具。甚至在动物界，意志仍像在整个无机自然界一样，表现为原始的"力"，在昏暗无光的、冥顽的躁动中无知地奋斗，贪婪地相互争夺物质、空间和时间，你争我夺，胜败无常。不过在动物世界，已经开始有直观的表象，开始有假象和幻觉，开始有行为的动机了，虽然动物的直观只与现在，而不与过去和未来相联系。只有意志达到了其客体化的最高程度，出现了会思维的人脑，理性认识之光才追随着意志的冲动，照亮了意志的行程；这时世界就不仅仅是作为盲目的意志而存在，而且同时出现了作为表象的世界，世界分化了自身，成为认识主体的客体了。在这里，认识只是从意志自身产生的一种辅助工具，和身体的任何器官一样，是维系个体存在和种族存在的器械之一。作为这种工具，认识也是属于意志客体化较高级别的本质的。不过，由理性认识所产生的真实或虚妄的动机使意志的表出变得非常复杂。叔本华认为，作为意志的客体化的世界，每一级别都在和另一级别进行着生存竞争，即使是恒存的物质，也在这种竞争中不断地变换着其存在的形式，生命意志则始终一贯地相互残杀，一直到人类，级别愈高，竞争愈烈，斗争愈是残酷。人类制服了其他一切物种，而在人与人之间，在人自己的生活中，意志的分裂和冲突更是暴露到最可怕的程度。这就为他随后说明世界的本质是痛苦，人生的本质是挣扎做好了准备。

通过意志客体化的说明，叔本华在第二篇里得出的是这样的结论：虽然作为意志客体化的现象（或表象）有着巨大的差异性和多样性，而且其相互之间有无穷无尽的斗争，但意志作为自在之物不包括在这种杂多和变换之中，不服从充足理由律的任何形式。意志的同一性、一元性意味着诸种事物及其现象在本质上是一致的、相似的。自然和人类是同一个东西的不同变相，所有的变化都有一个共同的旋律。就这样，叔本华完成了其意志本体论的建构，对世界，包括自然、人类和精神认识都做了唯意志论的解释：世界一方面完全是现象，但另一面又完全是意志，现象（表象）世界是意志的客体化。

在第三篇《世界作为表象再论》里，叔本华论述了独立于充足理由律以外的表象，即柏拉图的理念——艺术的客体。这部分集中探讨了艺术表象的本质，即美的本质，以及各类艺术表象的特点和发展规律等。

在叔本华看来，艺术是一种特殊的认识，而认识则是为意志服务的，因而艺术同意志之间具有直接的关联。在论证艺术的本质特点时，叔本华实际上是坚持一种很传统的见解，即艺术本质上是对事物、现象中内蕴的永恒不变的本质、精神、神韵和内在生命力的表现，只是这些东西在叔本华的哲学中被称之为意志，因而艺术也就是考察意志之恰如其分的客体化，但艺术的考察方式不服从于充足理由律，而服从于天才的考察方式，以此区别于科学认识。叔本华同时接受了美在"形式"说，因而艺术对意志的考察和表出，不在于个体意志之现象上的内容，而是柏拉图式的理念。理念是范型，上可代表意志，涵括意志本体，下可沟通意志与现象的分立，由其与表象的亲合性进入现象界。因而叔本华得出了艺术的唯一源泉是理念的认识和表出这一结论，对各门艺术的具体考察也是依循着对理念这一意志客体化的不同级别展开的。

第四篇《世界作为意志再论》是叔本华哲学的核心和本质，它考察的是人的行为，即康德称之为实践哲学的东西，也就是一般"伦理学"的内容。康德伦理学以"理性"为基础建立起道德形而上学，提出普遍应该的道德原则。而叔本华的伦理学则以意志为基础，他不想提出任何"无条件的应该"，不谋求建立什么行为规范和道德责任，因为他认为意志不但是自由的，而且是万能的。从意志出来的不仅是它的行为，而且还有它的世界。意志是怎样的，它的行为就是怎样的，它的世界就是怎样的。因此，叔本华的伦理学意在同意志的内在关联中分析人的行为的内在本质，在人与世界的关系中洞察人生有无价值、是得救还是沉沦的人生哲理。

具体说来，叔本华认为，人类是求生意志的最完善的客体化，是一切生物中需求最多的生物，在此意义上，人是意志的最完满的肯定者。但是，当人的生命现象为人的生命意志所肯定时，即被意志所控制和决定时，缺陷、痛苦和不幸就构成了人生的本质，因为意志是不尽的欲求，盲目而又不可抑制，满足了一个欲求，另一个更大的欲求又马上袭来，人生因这种时时刻刻不可满足的欲求成为不堪忍受的重负。即使一时满足了，获得了片刻幸福的幻觉，人又陷入无聊之中。人生的悲惨，不仅因人生受痛苦和无聊的任意抛掷，而且人生要受个体化原理的支配。人作为意志现象的个体，受普遍的充足理由律的支配，每个人都为自己的生存而挣扎和奋斗，自私自利普遍的是人的行为准则，人类社会就成为人与人之间互相竞争，彼此吞食以苟延残喘的场所。憎恶、仇恨、暴力和恶罪就充斥于这个世界。这便是叔本华描述的肯定生存意志所出现的可怕的人生场面。

从此，叔本华的伦理学就走到了与其意志本体相矛盾和对立的方向上了：按其意志本体论，意志是世界唯一真实的存在和本质，它要不断地肯定自身，逐级使自身达到最完善的客体化；而按其伦理学，因意志的肯定是令世界痛苦、人生悲惨的根源，所以必须否定生存意志！

在叔本华看来，只有当人超脱了认识为意志服务的关系，看穿了个体化原理，看穿了现象界的虚幻和痛苦的本质（即看穿了"摩耶之幕"），才能实现对生存意志的否定。艺术和审美是走向意志否定的第一步。要彻底否定生命意志，光靠艺术和审美还不行（因为这只能提供暂时的解脱），还必须走上禁欲之路：首先是要不近女色，因为这样就可预示意志将同生命一同终止，种族不再绵延；其次是要自愿受苦。在此情况下，人要不断地同灵魂搏斗，压制意志，忏悔人生，斋戒绝食，以无限的耐心和顺从承受羞辱和痛苦，获得完全的清心寡欲。叔本华最后得出虚无主义的结论：随着自愿地放弃、随着意志的否定，客体性的一级一级的形式都取消了，意志的整个现象都取消了，现象的普遍形式（时间、空间和因果律）都取消了，这个世界的最后的基本形式——主体和客体——也取消了；没有意志，没有表象，没有世界，只剩下空无了。

以上便是叔本华主要著作《作为意志和表象的世界》一书的基本思想。对于这部著作，叔本华自始至终充满着自信，认为它表达出了哲学家们一直在追寻、但从未被真正发现和明确表达出来的真理。尤其是在该书首次交付出版时，他的这种大功告成的自豪感，的确是溢于言表的。在第一版序言中，他甚至开玩笑地说，即使不读该书的人，也可以把这本"相当漂亮"的书装饰他的图书室，也可以送给博学的女友放在她的梳妆台或茶桌上去，似乎全世界都在以急切的期盼等着聆听他的教诲似的。然后告诫读者：人生是短促的，真理的影响是深远悠久的，让我们谈真理吧。

正是带着这种自豪和自信，又加上他那份急于登上哲学舞台的焦急心理，在书尚未印出之前，叔本华就以他的怪僻和无理同当时最有远见的出版商布罗克豪斯关系破裂了。

这部书记载着叔本华毕生的思想，这部书的命运同样也就是叔本华自己的命运。书出版以后，学术界几乎毫无反响，社会上也没有像叔本华在序言中预想的那样，人们会把他的书买去装饰图书馆或放在女友的梳妆台上。整个一年半的时间里总共只卖掉了一百四十部，其余全部报废。这种出乎意料的局面，对叔本华来说的确是个沉重的打击，为此他十分伤心。

无论叔本华的性格怎样的怪僻，但在他身上有种唯有真正的哲人才有的可贵的质量，这就是对媚俗、虚伪和恶劣的东西的厌恶和毫不留情的批判，始终以孤傲的双眼冷静地追寻真理的光辉，哪怕要为此而承受冷遇、寂寞、贫穷和不幸，也在所不惜，仍然会靠着内在的炽烈的热情奔波在通往真理的泥泞小径上。靠着这种执着，叔本华在被世界拒绝的、不被世人理解、接受和同情的岁月，仍未对自己工作的价值失去信心。过了二十五年之后，《作为意志和表象的世界》第二版出来时，这种被世人冷淡的处境还是没有改变。在第二版序言里，虽然叔本华平静地说，他不是为了同时代的人们，也不是为了同祖国的人民，而是为了人类，为了不受时间局限的真理而献出这部著作的，并且同样自信，如同任何一种美好的事物常有的命运一样，该书的价值要迟迟才被发觉。从以后哲学的发展和叔本华对十九世纪下半叶和二十世纪的全世界范围的广泛影响来看，他当时的预见是完全正确的。但就当时德国的情况而言，人们之接受叔本华仍然比他在第二版序言里的预言晚了整整十年。说来也怪，人们一直不理会他的《作为意志和表象的世界》，但当叔本华于 1851 年出版了他最后的一部著作《附录和补遗》时，人们却注意到这部并无什么新观点的著作，许多人觉得这部著作说出了他们的心声，于是便去找他那部在三十多年前就已出版的代表作来读，这时才恍然大悟，原来早在 1818 年，叔本华就说出了三十多年后他们所想说的话。这样一来，《作为意志和表象的世界》就热销起来了，叔本华在人们的心目中也一下子就高大起来，成为人们顶礼膜拜的偶像。

　　当然也有不少著作说是英国人首先发现了叔本华，这在某种程度上也是对的，因为在 1853 年，英国报纸《威斯特敏斯特和外国季评》（*Westminster and Foreign Quarterly Review*）有篇文章这样介绍了叔本华：

我们英国的读者只有为数很少的人知道阿图尔·叔本华的名字；知道以下事实的人则更少：属于这个名字的充满神秘色彩的人物四十年来一直为推翻自康德死后大学教授所营造的德国哲学的整个体系而工作着。此乃声学定律的一个奇异的明证：大炮发射很久之后才听到它的轰鸣——而今我们才听到那隆隆的炮声。⑨

这篇使叔本华"红杏出墙"的文章，立即由德国《福斯报》"外转内销"，促成了他在德国的"名声大噪"，这当然足以给这位六十有四、白发苍苍的哲人抑郁已久的心灵以极大地抚慰了。但是，在叔本华能享受到晚年的盛名之前，他还必须忍受很长时间的坎坷与不幸。

五、生存的坎坷和晚年的盛名

叔本华在完成了代表作后便去意大利旅游了。当他在威尼斯尽情地欣赏自然风光和艺术作品时，他妹妹告诉他，他原来在德累斯顿让一个婢女怀有身孕，而此时，这个婢女生下了一个女孩。这虽不是爱情的结晶，但却使叔本华初为人父了（这也是叔本华唯一的一个女儿吧）。当他得知这个消息时，他当然并不想承认这个女儿，只不过他请妹妹在此事

---

⑨ 转引自袁志英编著：《抑郁的心灵之光 叔本华传》，世界图书出版公司，1994 年，第 1 页。

上能帮助他照料这母女俩，他自己也答应给这母女二人以经济上的支持。可惜的是，在 1819 年夏末，这个出生不久的女孩便夭折了。因此叔本华根本就未见过这个女儿，在他心中也就并未留下什么遗憾或难受什么的。但在此后不久的一件事，对叔本华家来说，可谓是大难临头了。叔本华妈妈和妹妹的全部财产，他自己三分之一的财产均存在但泽姆尔（Muhl）的银行里，而这家银行却停止了支付，濒临破产。在商量如何处理他们在银行的财产问题上，叔本华在给妹妹的信中附带着一封给他妈妈的信，以尖刻的语言气得他妈差点儿跳窗自杀，"恨不得当初把他吊死"。但叔本华凭着他几年的生意经验，财产百分之百地得到了保持，而他母亲和妹妹的财产却损失了四分之三。这件事导致他妹妹——他唯一的亲人——也断绝了同他的往来。

叔本华之所以能从事哲学，靠的就是父亲留给他的这笔遗产，而这唯一的生活保障却差点毁于银行的破产，这便使得叔本华产生了在大学里谋个职位的想法。一来可以糊口，二来可以让当代的学生领略其独一无二的睿智，他自己也可同哲学的时代精神进行挑战了。他早就厌烦康德之后主宰着德国哲学舞台的三员大将：费希特、谢林和黑格尔，并在其代表作里对三者的思想进行了尖锐地批判甚至谩骂。

叔本华选择了柏林大学，想去那里同黑格尔一比高低。他人尚未去柏林，就已向哲学系主任提出申请，将其哲学讲座纳入了课程表，甚至建议把他上课的时间安排在黑格尔上课的同一时间，大有与其唱对台戏、一决雌雄的架势。

平心而论，作为哲学教师，叔本华有许多优点是黑格尔所不具备的。从外在条件看，黑格尔未老先衰的外表，既没有给人印象深刻的威严，也缺乏吸引人的魅力。他一口施瓦本的乡音，很难让人相信他的思想能征服世界。在上课时，黑格尔既没有口若悬河的辩才，单调的语言更缺乏机智和风趣。但叔本华凭这些就自认为他能战胜黑格尔，也显示出他那"初生牛犊"的幼稚。因为黑格尔有其独到的见解，凭其逻辑的力量和人们对理性的确信，再加上官方的提倡，此时正是大红大紫的哲学之王；而你叔本华不过是个名不见经传的怪才，怎能斗得赢黑格尔呢？

结果正是如此。第一个学期，叔本华一上讲台，便宣称自己是从"折磨人的手中"将奄奄一息的哲学"解放"出来的斗士，但有谁能相信呢？结果叔本华只抓住了五个听众，而听黑格尔课的学生却有二百多人。以后的情况也都与此类似，听叔本华讲座的学生只有那么几个，而隔壁大礼堂里黑格尔的讲座座位却全部爆满！这对叔本华来说，无疑是场生存的灾难。

中国有句古话，叫"祸不单行"，这也应验到叔本华头上来了。除了在讲课上同黑格尔较量的失败外，在柏林，叔本华又有了一场和女裁缝玛奎特（Marquet）争讼数年的官司。

事情是这样的：1821 年 8 月 12 日，叔本华在家中等待着同他此时的恋人，一个风流的女演员卡罗琳娜·里希特（Caroline Richter）幽会，而他的女邻居，四十七岁的裁缝玛奎特正和她的女友们待在叔本华的前厅里说笑，叔本华不想让这些多嘴而好奇的妇人看见自己的约会，便要那几个女人离开，玛奎特却拒不肯走，叔本华便气愤地抱着她的身子将她拖了出去，并顺手将她的东西扔出了门外。玛奎特拼命反抗，使尽全身的气力大喊大叫，叔本华又第二次将她甩了出去，她倒在了地上……

玛奎特上告到地方法院，说叔本华把她打倒在地并用脚踢她，使她晕倒在地。地方法院经调查判被告叔本华赔偿二十个塔勒。玛奎特对此不服，说她半个身子全部麻木、胳膊也难以举起，又上诉到高级法院，要叔本华付给她赡养费，还要支付养伤费，还要求把这个"打人凶犯"抓去坐牢。高级法院准告，于1825年将叔本华存入柏林银行的钱款没收。叔本华提出抗诉，驳回了每年支付赡养费的要求。官司来来去去，共折腾了五年，最终的判决是：在女裁缝受到殴打和身体跌倒蒙受损失而尚未恢复期间，叔本华每个季度支付玛奎特十五个塔勒。此后玛奎特还活了二十年，叔本华气愤地说，"她真是够聪明的"，"她的臂膀从来没有停止过抖动"。

除了这场倒霉的官司外，叔本华同前面提到的女演员卡罗琳娜·里希特的关系，也是他在柏林期间的挫折之一。叔本华在1821年认识她时，她才十九岁，在柏林郊区的一家剧院里当合唱队员。叔本华是剧院的常客，工作中的种种不得志，驱使着他想在女人身上找到某种排遣单身汉寂寞的精神支柱。可惜的是，不幸的哲人找错了对象。卡罗琳娜在剧院里充当的是一个争风吃醋的情妇的角色，在生活中凭借她极为漂亮的脸蛋而到处乱放"爱情之箭"。叔本华既为她的美丽而热情奔放，同时又得忍受嫉妒之苦。在叔本华离开柏林去游览意大利的十个月当中，她却为别人生下一个儿子。这虽然令叔本华极度痛苦，却并没有使叔本华同她一刀两断。叔本华在1831年甚至还想带着卡罗琳娜离开柏林，俩人一起去法兰克福生活，因卡罗琳娜坚持要带上她的儿子才使叔本华无比的失望。叔本华曾考虑过同她结婚，但卡罗琳娜胸部的疼痛又令叔本华怀疑她得了肺病，常常畏而远之。叔本华内心又不能完全割舍心中对她的牵挂，甚至担心别的男人"乘虚而入"，正是在这种犹豫不决的心情之下，一直保持着"情人"的关系。卡罗琳娜一方面不断地接受叔本华经济上的资助，一方面也不断地运用虚虚实实的手法激起叔本华心中的妒火。在这种不正常的情感关系中，叔本华得到的，绝对不会是"精神支柱"，读者从后来叔本华的《论女人》的散文里对女人仇视的笔端，定能发现准确的答案。

在柏林的最后一年，叔本华还做了一件颇为滑稽的事：四十三岁的叔本华拿着一串葡萄向一位名叫弗洛拉·魏斯的少女求婚，少女甚觉恶心，将葡萄扔进了河里。叔本华向少女表白自己如何有钱，但这不但未能使少女有半点动心，反而增加了她的反感和厌恶。叔本华甚至找到女孩的父亲陈说，这位与叔本华年龄不差上下的父亲听后大吃一惊，说"她还是个孩子！"

总之，柏林十一年的生活，对叔本华而言，事事不顺，事事失败。1831年，叔本华为逃避霍乱而离开了柏林。实际上，即使没有那场霍乱，他同样也会逃离柏林的！

大凡每一位天才，尤其是天才的哲学家，因其敏锐超前的思想，总不能被社会接受，所以在内心深处常常感觉到无限的寂寞。倘若人心真能平静地甘于超出世俗社会的寂寞倒也罢了，但是，每一个人，包括天才在内，实际上是无法真正脱离社会的，他要在这个世俗社会里生存，再孤傲脱俗的心灵，也都会渴望得到社会的认可与接纳。正是这种深藏着的渴求，使得天才的心很容易受到刺激，受到冲动，这也许正是导致天才们痛苦与不幸的源泉。叔本华的痛苦是天才的痛苦，他的不幸，也是天才哲学家常有的不幸。俗人们的幸福，靠的就是酣睡在实实在在的生活之梦中，而唯独天才和哲人总想挣扎着清醒过来，睁大眼睛要看穿生活的真貌，揭示世态的炎凉，单纯而圣洁的心如何能够不带痛苦地面对现实的真相呢？！

在叔本华享受到晚年成功的盛名之前，大概只有两件事是真正令他喜悦并常常津津乐道的，一是他以其博士论文得到了歌德的赏识，二是他的《论意志自由》(*Über die Freiheit des Willens*) 于 1839 年 1 月 26 日获得都隆海姆皇家挪威科学学会 (Königlich Norwegis-chen Societät der Wissenschaften, zu Drontheim) 悬赏征文的冠军。

歌德虽然是叔本华母亲文学沙龙中的常客，但他赏识叔本华是因为对叔本华博士论文产生了兴趣。虽然歌德的思想和叔本华的不同，但他发现了叔本华能够成就一番事业的潜力。在一次集会上，几个女孩见到年轻的哲学博士叔本华严肃沉思的样子，就开他的玩笑，歌德听到后便责备道："不要取笑这位少年，到时候他会比我们都厉害。"歌德比叔本华大三十九岁，又是著名的大文豪和宫廷官员，地位显赫，但他常常平等地同叔本华谈哲学和艺术，当时歌德还邀请叔本华一起研究色彩学。这种交往，使叔本华有了备受尊重的感觉，内心十分高兴，在思想和学业上也受益匪浅。叔本华甚至说过，"歌德重新教育了我"。但叔本华虽然佩服歌德，歌德虽然尊敬叔本华，然而要歌德接受叔本华的哲学系统，当然是不可能的，他那乐观的生活态度与后者决然不同。叔本华自己也太骄傲，总疑心歌德没有彻底研究他后来的作品。就是对歌德的色彩学理论，他也提出诸多的异议，并另辟蹊径，独立研究。于1816年出版了他自己的《论视觉与色彩》一书。歌德对此当然很不满意，他对叔本华的个性有充分的把握，自然不会因此而中断同叔本华的友谊。叔本华比起歌德的宽容来，可谓是尖刻的，他不仅批评歌德的某些主张，而且还严格地批评歌德的宫廷生活，认为歌德不应把他最好的时间精力消耗在无谓的面子上，倘若肯过寂寞内省的生活，歌德的思想一定更深沉广大等等。他们两人度过了许多夜晚，共同讨论伦理美学问题。但随着叔本华思想的成熟与其个性和怪僻不可遏止地显露，歌德对他慢慢地只保留着相当客气的往来，而不再是亲密的莫逆之交。叔本华的代表作《作为意志和表象的世界》一出版，马上就送给了歌德，而歌德也认真地阅读，并给叔本华的妹妹而不是叔本华本人谈到了他对该书所做的较高评价。这也是当时唯一能安慰叔本华的声音。歌德承认叔本华"有个伟大的头脑"，但不赞成他的悲观态度。在叔本华的纪念册上，歌德曾给叔本华这样两句"忠告"：假如你要喜欢人生，你必须给世界以价值。

现在，我们再来简要地介绍一下常令叔本华津津乐道的第二件事：他的获奖论文。该论文是应挪威皇家科学学会的征文而写的，征文的题目是：Numliberum hominum arbitriume sui ipsius conscientia demonstrari potest？译成汉语即是：自我意识能够证明人类意志的自由吗？叔本华的《论意志自由》共分五章：第一章讨论自由的定义。他把自由区分为三种类型：天然的自由（die physische Freiheit），理智的自由（die intellektuelle Freiheit）和道德的自由（die moralische Freiheit）；第二章讨论"在自我意识之前的意志"（Der Wille vor dem Selbstbewuβtseyn）；第三章讨论"在他物意识前的意志"（Der Wille vor dem Bewuβtseyn anderer Dinge）；第四章扼要阐述了先驱思想家关于意志自由的观点，他提到的人物有马丁·路德（Luther，1483—1546）、亚里士多德（Aristotles，公元前384—公元前322）、西塞罗（M. T. Cicero，公元前106—公元前43）、奥古斯丁（Augustinue，354—430）、休谟（Hume，1711—1776）、斯宾诺莎（Spinoza，1632—1677），康德（Kant，1724—1804）、谢林（Schelling，1775—1854）等等；在第五章叔本华归纳了他关于意志自由的观点。自由的天然意义即各种物质障碍的消失或不存在，自由的天空、自由的展望等等均是此等意义。但自由最习见于人们思想中的意义，乃是动物类族（animalischer Wesen）的宾辞（Prädikat），其特征是，它们的运动系出自它们的意志，是任意的（willkürlich）并因此而被称之为自由的（frei）。天然的自由是否定的、消极意义上的自由，意志的自由乃是积极意义上的自由。叔本华严格按照康德关于本体和现象的二元论，认为意志虽然是自由的，但这仅就其是超越于现象之外的本体而言的，反之，在现象之内，自由之表现为人的一种经验性格（Der empirische Charakter），如整个人，作为经验的客体，乃为一单纯的现象。性格之为性格，具有固持而不变的性质，是每种行为当中必然的因素。所以，意志的表象即现象，受制于时间、空间及因果律，是不自由的，唯有意志的本体才有超绝的自由。叔本华的结论是：自由是先验的（transscendental），并以马勒布朗什（Malebranche，1638—1715）的一句名言：la libertéest un m ystère（自由是一神秘）结束了全文。

这篇文章的获奖并未表明世界已理解了叔本华。在二十世纪四十年代，叔本华的崇拜者只有屈指可数的几位，而且这几位均不是哲学本行，而只是业余的哲学爱好者。叔本华命运的转机，实际上不是依靠其思想的传播，而是欧洲社会形势的变化。叔本华生活在动乱和革命的时代，资本主义世界的矛盾日益尖锐化，"共产主义的幽灵"也在欧洲徘徊。笼罩着革命时代的时代精神起初可以说仍然是"理性"的精神，人们渴望建立合乎理性的社会秩序和世界秩序，希望看到黑格尔预言的世界历史会同绝对理性一道前进能够实现。然而，1848 年欧洲革命的失败，彻底摧毁了人们对理性的确信，德国的精神界弥漫着一片悲观失望的气氛，曾经为民主和自由而战斗的人，如今垂头丧气，一派非理性的现实使人们看不到光明的前途。在这种情况之下，人们便发现叔本华的悲观主义哲学说出了他们的心声，纷纷到叔本华这里来寻找精神的慰藉。像格奥尔格·赫尔威（Georg Herwegh，1817—1875）就是一个很好的例证。他的名诗《党》曾发表在马克思的《莱茵报》上，被海涅（H. Heine, 1797—1856）赞誉为"铁云雀"。1848 年他参加了巴登的军事起义，起义失败后他逃往瑞士，便沉醉于叔本华的哲学之中。他还把叔本华推荐给大音乐家理查德·瓦格纳（Richard Wagner, 1813—1883），后者也立即在叔本华哲学中找到了知音。

叔本华最幸福的日子是他最后的十年生活，这缘于人们对他于 1851 年出版的《论文集》的兴趣与重视。这本《论文集》本是为了帮助阐明其主要著作，然而比他主要著作还发生更大的影响，这令两鬓斑白的叔本华异常地惊喜，说："我这最后一个儿子的产生，完成了我对世界的使命。"他现在唯一的愿望就是多活几年，能够长命百岁，能够亲眼多看看他所揭示的"真理"征服世界的盛况。

叔本华的名声越来越大，身居闹市，门庭雀跃，拜访朝圣者川流不息。18 58 年他七十大寿还引起了新闻界的注意。1859 年著名的雕刻家伊丽莎白·内依（Elisabeth Ney, 生卒不详）为他塑像，极为成功。他自己很高兴地看到了他的声誉在大踏步地上升，书报杂志上凡涉及他的人格或著作的片言只字，他都一一记录在案，决不放过。有消息说一位在亚洲的书商从巴塔维亚（Batavia）收到了他的著作的全部订货，他为此喜不自胜："终于到了亚洲！"1856 年他给白克尔的信中说："我的哲学越来越站稳了脚跟。"他的声望与时间"成几何级数的比例"增长。洋洋自得之情溢于言表。

来拜访他的人，不仅仅是德国人，还有俄国人和瑞典人，甚至还有太太们。对这位生平看不起女人、恨女人的哲学家来说，太太们的造访，每每使他不安，但内心仍然感觉快乐。到 1860 年，各地给叔本华的信更是雪片似的飞来，其中也有歌德的儿媳，他妹妹生前的好友奥蒂丽·封·歌德的信，她祝贺叔本华"成为十九世纪伟大的哲学家"。

就在叔本华行将就木之际，世界终于理解和接受了他，他也不再敌视这个世界，而是慈眉善目、友好亲切地待人处事。他的身体还很健康，每天坚持散步，步伐还相当轻快，阅读也无须戴眼镜，每天还吹吹笛子，只是听觉越来越差。这一切都未能给予叔本华一个他即将离开人世的暗示，反而引起他久活的希望。可是，不幸得很，正是在 1860 年的 9 月，叔本华得了肺炎，虽然并没有病容和衰老的现象，但 9 月 20 日，叔本华起身的时候，忽然感觉一阵剧烈的痉挛，跌了一跤，伤着了前额。这并没有毁坏他的精神，晚间他也能安眠。第二天早上，他照常起来洗冷水浴，进早餐。他的仆人照他的吩咐，把窗户打开，让新鲜空气进来，就出房去了。一会儿医生进房，发现叔本华已经死了，倚在沙发的一角。就像他的生活一样，他孤独地死了，没有人为他送终，没有人为他哭泣。但同他的生活不一样，他的死没有痛苦，他死得迅速而柔和。寂寞地生，寂寞地死，但对这位"死人"而言，生和死实际上并未分离，他生活着，对每个人都是陌生的，形同"死人"，而他死了，世界却熟悉了他，千千万万的研究者们日夜都在同他进行心灵上的沟通和思想上的对话，谁又能说，叔本华不是永远活在人们的心中，不是一位"活着的"并影响着我们思想的"当代人"呢？这也许正是他所获得的寂寞的报酬吧。

　　这一位奇特的天才，人格是那样风竣，行为却又是那样主观和怪僻，他艰苦奋斗的生涯，无不是他智慧的源泉。他一生的坎坷，都是为了追求到人生的真理。不读他的传记，决不能满足我们景仰的愿望，但仅读一两本传记，而不读叔本华的著作，不了解他的思想，自然更对不住他一生的辛劳。

第二章　叔本华哲学产生的文化渊源

　　初看叔本华，似乎他怪得不可理喻：一位无论是就其物质生活还是文化生活都相当优裕而又悠闲的人，却偏要写出厚厚的书来论证人生即痛苦，劝人厌世而禁欲；一位生活在对理性（Vernuft）充满着迷恋而崇拜之时代的有教养的人，却非要把理性从神圣的祭坛上拉下来，像泼妇一样，不仅对它，而且对崇拜它的人破口大骂；一位极端厌恶功利和媚俗的伟大哲学家，却总在小女子面前表白自己如何如何的有钱，……独立地看，叔本华就像从上天掉下来的奇迹，从外星落下的一块陨石。然而，当我们走近他，深入到他心灵的内在深处，我们却不难明白他以哲学的话语表达出来的独特的情绪，在他的著作中，我们也能分辨出相隔无数世纪的历史的回响，我们更能从其对整个文化之危机的过早的预感中，领略出其时代精神的演变。

　　叔本华从小就跟着父母周游世界，接受英法文化的教育，这不仅使他对多国文明，而且对多样的文化（文学、哲学、科学和各类艺术）都有直观的领悟。他不仅对欧洲文明有深厚的教养，而且对希腊文化，对东方的宗教和神秘主义有着发自内心的向往。这些都是使他成为一个不受时代局限的、世界级伟大哲学家的必不可少的外在条件。但就对其哲学思想形成的直接影响而论，叔本华自己一直心存感激的，第一是眼前的这个直观世界，第二是康德哲学、印度教的神圣典籍和柏拉图哲学[①]。但是，"直观的世界"本身并不具有任何自明性意义，它是怎样的，往往都是哲学家解释的结果，带着哲学家本人的独特情绪，凝结着哲学家本人的理论形式。叔本华之所以把"直观世界"放在给予他以最强烈印象的第一项，目的只在抬高他自己，强调其哲学自身的独创性："区别哲学家的真伪，就在于此：真正的哲学家，他的疑难是从观察世界产生的；冒牌的哲学家则相反，他的疑难是从一本书中，从一个现成的体系中产生的。"[②] 我们当然决不会否认这一点，独具慧眼直观世界是一个人成为哲学家的起码条件。但是，我们同时看到，一种哲学不仅需要直观的眼光和直观的素材，使这种"直观"构成"哲学的"往往还需"理论的形式"。而就此"理论的形式"而言，我们似乎在整个西方哲学史中尚未发现有第二个人像叔本华那样同康德有着那么惊人的类似；《作为意志和表象的世界》其结构、其分析的思路及进程，可以说同康德的《纯粹理性批判》有着实质上的对应，我们又怎能完全否认叔本华的哲学不是"从一本书中，从一个现成的体系中产生的呢"？

当然，叔本华哲学的内容和情绪是与康德大异其趣甚至

---

① 叔本华：《作为意志和表象的世界》，（中文版）北京商务印书馆，第 567 页；（德文版）莱比锡，1859 年，第 533 页。

② 叔本华：《作为意志和表象的世界》，（中文版）北京商务印书馆，第 65 页；（德文版）莱比锡，1859 年，第 68 页。

相反的，这便不得不涉及文化精神对一种哲学的影响。正是吸取了各种不同的文化精神，才最终形成了叔本华哲学的内在情绪和内容，才形成了他对"直观世界"的那样一种独特的领悟和理解。因此，从文化渊源的考察来讲，我们必须采取和叔本华相反的路线，即不从对直观世界的观察到哲学理论的路线，而从对文化精神的吸收与融合到"世界观"之形成的路线。

就文化精神而言，笔者以为，如下的五种均构成了叔本华哲学的起点和渊源，是研究者必须予以探究的，这就是：康德哲学的基本精神；《奥义书》的基本精神；柏拉图的基本精神；浪漫主义精神；基督教精神。

一、康德哲学的基本精神

康德哲学与叔本华哲学具有不解之缘，不理解康德，不熟知康德哲学的结构、术语和论证方式，就根本无法进入叔本华的哲学，这是每一个读过叔本华的代表作《作为意志和表象的世界》的人都有的切身体会。

然而，康德哲学的基本精神是启蒙运动的科学理性精神[3]，叔本华哲学却是强烈地反理性的，康德哲学又是如何

③　关于康德哲学的科学理性精神以及整个德国的启蒙理性精神之特点，笔者曾作过较为详细的论述。参阅拙著《谢林》第一章："启蒙与浪漫：谢林哲学的文化沃土"，台北东大图书公司，1995年。

成为叔本华青睐的对象的呢？或者说，康德哲学的"什么"构成了叔本华哲学的起点呢？

首先，我们可以预先肯定的一个经验事实是：叔本华是以康德的理性主义作为批判的对象和模板来展开自己的哲学思想的，这不仅仅表现于他撰写的一篇长长的专论《康德哲学批判》里，而且在他自己的几乎每一部著作中，他都是从批判康德的理性主义来针锋相对地阐述自己的非理性主义思想。

在此，笔者只需指出《论道德的基础》一书就够了。在这部著作里，叔本华先是批判康德伦理学的价值本体：实践理性，以其非理性的生命意志取而代之；随后对康德的出于纯粹理性的三条道德律令展开批判，指出伦理学不应该告诉人们"应该"如何如何。他认为，只有大人对小孩、或文明的民族对未开化的初民才总说"应该"，对于有教养的人，伦理学只需引导他们认清宇宙人生的本质，揭示出人生的智慧，明晰各种行为的伦理意义就够了。再后又对康德的责任论和良心、至善、幸福、德性等等道德观念逐步进行了批判清理。他以同情取代理性作为道德的基础，完成了从理性主义伦理学向反理性主义伦理观念的转变。

然而，另一个事实在于，叔本华虽然反理性，但他最痛恨的理性主义哲学家不是康德，而是黑格尔、谢林等，那为什么叔本华在反理性时不以黑格尔和谢林的哲学为靶子，而非要以康德为靶子呢？原因在于，康德的哲学中有许多思想正可作为他的思想"前提"来使用，有许多叔本华认可的"伟大成就"。正如他自己在《作为意志和表象的世界》第一版序言中所说的那样："尽管我在很大限度内是从伟大的康德的成就出发的，但也正是由于认真研读他的著作使我发现了其中一些重大的错误。为了使他那学说中纯真的、卓越的部分经过清洗而便于作为论证的前提，便于应用起见，我不得不分别指出这些错误，说明它们的不当。"

现在，我们来看看，康德的哪些"伟大成就"便于叔本华作为其论证的"前提"呢？

叔本华指出了康德哲学的三大功绩：

第一，区分了现象和自在之物；

第二，区分了道德和认识，指出只有道德才直接触及自在之物；

第三，彻底摧毁了经院哲学。

正是这三大功绩，使叔本华对康德感到深深的崇敬和谢忱。现在，我们简要地分析一下上述三点对于叔本华哲学的影响。

康德关于现象和自在之物的区分，是其哲学的一大特色，没有这一区分，就没有康德哲学。而对于这一区分的意义历来就有着不同的评价。对康德持批评态度的最早的德国哲学家 F. 雅可比（Friedrich Heinrich Jacobi， 1743—1819）曾提出过一个非常中肯的看法，他说："自在之物是这样一个概念，没有它，不能走进康德的体系，然而有了它，又不能走出康德的体系。"④ 由于这一区分，康德把世界二元化了。现象界是科学认识所能把握的世界，它服从时间、空间

---

④ 《雅可比全集》第 2 卷，莱比锡，1912 年，第 304 页。

和因果律等理性（知性）先验范畴的规范，但自在之物，本体界永远是理性、知识无法把握和认识的。理性虽然总有去认识它的"欲望"，但缺乏认识它的工具，倘若把只能适用于现象界的知性先验范畴运用于本体界，则就会出现"理性的僭越"，产生"先验的幻象"。所以，在康德的哲学中，自在之物只是个"界限"概念，用以防止理性的超验使用，只具有消极的用途。康德对理性的这样一种限制，纠正了启蒙运动对于理性能力的盲目乐观自信，但同时也为他之后的非理性运动的兴起——浪漫主义即从情感、信仰、天才的直觉、审美的幻想等非理性的能力来弥补理性的不足，以期接近那个不可接近的超验本体——创造了条件。

康德之后的德国哲学家们都不满足于世界的这种二元分裂，他们想追求一个和谐统一的世界，因此均把消解这个自在之物、克服现象和本体的对立为己任。费希特直接想从实践理性出发，通过自我的本原创造性而接近超验的本体；谢林和黑格尔则依赖于"绝对理性"来超越"相对理性"，即知性的无能。而叔本华则恰好从康德对"理性"能力的限制上发现了理性的不足，直接把自在之物看作是非理性的意志，把"现象"看作是主体的"表象"来展开其反理性的唯意志论哲学。在叔本华的眼里，"现象"是不具有自身本质的"假象"，是柏拉图意义上的"阴影世界"，是印度教的"摩耶之幕"，而本质在于统一而不可分的意志，康德关于现象和自在之物的这一区分，就正好为其论证他心目中形成的这些模糊的印象，他对世界之"直观"的意向提供了"理论论证"的"形式"。他虽然是个憎恨体系的人，但为了使他的"富有哲学意味的情绪"，使他的"直观"意向获得哲学上的明确性，他则借用了康德理论形式的"匀整的结构"："表象"与康德的"现象"相对应，"意志"与康德的"本体"相等同，并进一步将"意志"个体化于表象世界中，从而建立起一个完备的意志一元论的形而上学体系。因此，维伯（A. Webber）和伯瑞（R. Perry）在他们的《哲学史》一书中，将叔本华当作直接接受康德批判哲学所启发的形而上学运动的最后一位代表，只是他走的是一条与康德"先验形而上学"相反的"经验形而上学"或"实践形而上学"的道路，但借鉴的是康德形而上学论证的"理论形式"。

另外，必须指出的是，叔本华指出的康德的第三大功绩，即对经院哲学的摧毁，为叔本华留下了从事哲学的基本精神：怀疑、否定和自由探索的精神。

叔本华认为，经院哲学表面上是证明和粉饰宗教规定的主要信条，实际上作为一种实在主义，是把自己的哲学建立在某种预定的、已给予的、假设的前提之上，从而使自己的整个哲学具有一种论证性。在叔本华眼中，不但唯物主义是实在主义的，就是"思辨的神学以及与之相联的唯理主义心理学"也是实在主义的，因为他们都使自己的哲学"符合一个如此而预先假定的、已给予的概念"，不论把这个概念称作"物质""绝对精神"，还是"上帝"。叔本华说，"思辨神学"的特点就是"要不停地讲它绝对不能知道的东西"。他说，这种理论的要害，从理论上看，是把观念当成了"自在的、绝对存在着的"实在或本体，因此才对自己的前提毫不怀疑。从这种哲学的危害看，它压抑了人们的自由研究精神，强迫人把自己的精神活动服从于一个外在的假定的真理。叔本华认为，从奥古斯丁到康德之前的所有哲学家几乎都可以算作经院哲学家，只有布鲁诺（Giordano Bruno, 1548—1600）和斯宾诺莎（Baruch Spinoza, 1632—1677）除外。因此，他所推崇的哲学精神，是这样一种唯心主义精神：即从理论上认为眼前的这个世界具有非实在性，是那种独立不依、从自己出发、拒不接受任何外在的、已给予的前提的批判哲学精神。康德的哲学从先验的立场拒绝承认经验世界的实在性，同时从怀疑的、批判的精神出发，"指出所有那些据说已是多次被证明了的信条是不可证明的"，因而完全符合叔本华心目中的哲学精神。正是这种怀疑的、批判的、否定的、自由探索的精神，是叔本华一开始确立自己的哲学时就从康德那里继承而来的，开创自己哲学的基本精神。当这一精神不再与西方传统的知识论相结合，而是与人生有无价值这一更具根本性的问题相结合时，叔本华就突破了康德哲学对他的限制，创立了自己全新的哲学系统。只是，在他完成这一创造之前，还必须吸收其他文化精神的养料，尤其是印度教典的精神。

二、《奥义书》的基本精神

叔本华于 1814 年在德累斯顿撰写《作为意志和表象的世界》期间，结识了著名的东方语言学家梅叶（Friedrich

Majer)，开始钻研都柏朗（Anquetil Duperro）从梵文原著的波斯文译本再转译成拉丁文的《奥义书》。这部印度教典不仅使叔本华的作品弥漫着一种华美而淡雅、宁静而超脱的气度，而且最后确定了叔本华的禁欲主义生活观。不理解《奥义书》的基本精神，就难以进入叔本华的哲学。

《奥义书》属于印度古老的"吠陀"文学的最后一类。所谓"吠陀"，按字义即指知识，最卓越的知识，神圣的或天启的知识。"奥义书"一般解作"秘密的知识"，是一些以散文体写成的文学作品，大概成书的年代先于佛陀，即早于公元前六世纪。现留存下来的有十三种《奥义书》，如《广林奥义》《歌者奥义》被认为是在哲学上最重要的。但《奥义书》还不是后来意义上的哲学论著，它们是由各种不同题材的作品汇编而成的，其中就哲学思想而言，也是各种不同观点的混杂，突出地表现出东方神秘主义的特点。

具体说来，《奥义书》所表达的是这样一种唯心主义哲学：它把"梵"理解为"最高的实在"，把"自我"理解为"纯意识""纯知者"。而理解万事万物，包括理解"梵"，实质上是通过"自我"去理解，或者说就是理解"自我"，凡知道"自我"者，就知道一切，凡撇开"自我"而去了解，只会是无知，因为："哦，确实的，不是因为爱丈夫而丈夫可爱，是因为爱'自我'而丈夫可爱；哦，确实的，不是因为爱妻子而妻子可爱，是因为爱'自我'而妻子可爱……，哦，确实的，不是因为爱财富而财富可爱，是因为爱'自我'而财富可爱。"随之而来，"自我"就成了一切东西背后的最高实在。

这种观点和德国思辨的知识论（费希特）具有某种类似性，但它之所以能对叔本华产生影响，是因为它的论证没有费心于有意识的推理，而是按唯心主义者称之为神秘直觉的方式表达的，而且它包含着为叔本华所欣赏的这样一种哲学观点的萌芽：它不仅有力量摈弃和否定所有的人类知识学科，而且有力量摈弃和否定世界及生命本身的真实性。因为这种哲学唯独承认"自我"是真实的，它不能被理解为任何其他东西，把它理解为任何其他东西，理解为"这个"或"那个"的任何企图，都会跌入无知和黑暗的深渊。这样，"自我"就变成了完全否定的东西，即它不是这个，不是那个，是纯粹的"空无"，唯有作为纯粹的"空无"，才是完全的"清心"，才是映照万物的"镜子"，所以"梵"也就成为完全的"空"了。

这种纯粹否定的感觉也必然像叔本华的内心那样对于梦与死有种独特的偏好。《奥义书》的唯心主义者正是这样的，他们认为梦是部分地摆脱尘世的束缚，而当一个人沉入无梦的熟睡状态，这种摆脱就更为彻底。没有梦、没有愿望的熟睡状态，才是"纯我"或"梵"的状态。

在这种哲学里，还有一个甚合叔本华心意的观点，即死亡代表终极的哲学智慧[5]。这种死不是那种没有得到解脱即具有愿望或执着的人的死，这种人注定还要再生，而是那种没有了愿望的人的死，他摆脱了一切外界的东西，甚至意

---

⑤ 〔印度〕德·恰托巴底亚耶：《印度哲学》第十八节：《奥义书的唯心主义》，北京商务印书馆，1980 年。

识也完全缩进了自身：解脱了的灵魂本是"梵"又复归于"梵"，世界本于"空"又复归于"空"。这样一种纯粹虚无主义和禁欲主义的精神正是叔本华以他的哲学语言竭力要阐明的所谓的人生智慧。

三、柏拉图哲学的基本精神

叔本华对柏拉图一直怀着崇敬之情，当他称呼柏拉图时，往往都不会忘记在前面加上"神圣的"（Divine）这个形容词。之所以如此，是因为他一直把柏拉图当作一个像他自己一样的"真正的哲学家"，认为"人所以成为一个哲学家，总是（由于）他自求解脱一种疑难。这疑难就是柏拉图的惊异怀疑，他又称之为一个富有哲学意味的情绪"。

柏拉图对于叔本华的影响是多方面的。从理论层面说，是柏拉图关于"理念世界"和"阴影世界"的区分。他认为，我们感觉到的一切事物都是不断流动变化的，因而是转瞬即逝的不真实的东西，只有所谓的"理念"才是永恒不变的，因而才是真实的。个别的人是不真实的，因为他在生死之间，而人的理念是真实的；个别的马是虚幻的，而马的理念则是实在的；在一切具体事物之背后，都存在着该事物的理念，它是一切事物的"原型"（Urbild），一切具体事物只是摹仿这个原型的"摹本"（Gegenbild），因而只是其"理念"的不完善的影子或阴影。完善的"理念"构成了"不完善"的"具体事物"（摹本）追求的目标。叔本华关于意志和表象的区分是直接来源于柏拉图的理念的，只不过，在柏拉图，理念是多样的，每个具体事物都有其自身的理念，所有这些理念构成了一个"理念王国"或"理念世界"；统率一切理念的最高理念是"善"的理念。而在叔本华，作为本体、原型、本质的，唯有一个意志，它是不可分的，自然事物和动物、人类身上所体现的，不是不同的意志，而是同一个意志。这个意志本身既不是善的，也不是恶的，而是盲目的冲动，是欲求，是生命的内在驱力。在柏拉图，具体事物作为"阴影"、作为"不完善"的摹本以完善的原型为目标，而在叔本华这里，这种"不完满"被解释、"缺乏"，而这种"缺乏"产生"需要"，产生"欲求"，转而从一种消极的"不完满"变换成一种咄咄逼人的积极力量。

如果说，柏拉图的这种理论构架或形式可以从它的德国变体——康德关于本体和现象的区分——中间接地吸收，而无须直接地接纳的话，那么，柏拉图哲学的那种优美的散文，明白晓畅的对话，则是叔本华在康德语言的那种晦涩不明、"辉煌的枯燥性"中所找不到的。叔本华欣赏的哲学语言正是柏拉图的这种清楚明白的优美。所以他对柏拉图始终是恭恭敬敬，而对康德，一俟表明他是以其为前提（以示他未"忘恩负义"）后，马上便是严厉的批判。他始终追寻的，是柏拉图的那种艺术的、审美的、情感的言说方式："因此，我们可以把艺术直称为独立于根据律之外观察事物的方式，恰和遵循根据律的考察（方式）相对称；后者乃是经验和科学的道路。后一种考察方式可以比作一根无尽的、与地面平行的横线，而前一种可以比作任意一点切断这根横线的垂直线。遵循根据律的是理性的考察方式，是在实际生活和科学中唯一有效而有益的考察方式。前者是亚里士多德的考察方式，后者总起来说，是柏拉图的考察方式。"⑥

有了柏拉图和康德提供的理论形式构架，有了《奥义书》提供的虚无主义、禁欲主义内容，有了东方神秘主义和柏拉图式的直觉的、感悟的、审美的、诗性的表达方式，叔本华的哲学大厦就可完工落成了，他正是把所有这一切，结合到他自己独创的意志一元论中，才形成了一个全新的哲学系统。行文至此，似乎可以结束我们这一节的考察了，但尚有一个问题似乎并未得到阐明，那就是，到底是什么因素促成叔本华如此地去吸收传统的文化精神，到底是什么因素使他的目光只关注"直观世界"中的痛苦、不幸和悲剧呢？除了在上一章我们略加分析的家庭的、性格的和社会的因素外，浪漫主义和基督教对他的影响是我们在此不得不分析的。

四、浪漫主义的基本精神

浪漫主义有两个最显著的外在特点，一是对科学理性的怀疑和失望，一是对社会现实的强烈不满。就前者而言，是针对着西方近代机械性、数学化、定量化的思维方式而发出

---

⑥ 叔本华：《作为意志和表象的世界》，（中文版）北京商务印书馆，第 259 页；（德文版）莱比锡，1859 年，第 252 页。

的抗议。因为近代科学首先是牛顿的机械力学得到了完备的发展，这时的科学家和哲学家都是擅长逻辑并为数学确立基础的那些人，如法国的笛卡尔（Rene Descartes, 1596—1650）是解析几何的发明人，他把几何学的论证方式引入到哲学中来；德国的莱布尼茨是微积分的创始人。这样一来，用机械力学的观点，用数学式、定量式的严密逻辑思维方式去解释一切，要求认识具有清楚明白的准确性，就成为这时科学理性的主要特征。这种科学理性，诚如叔本华所说，在致力于科学知识方面是有效而有益的，因为科学知识必须具有客观性、准确性、明晰性，但它在解决人生价值方面却是有害而无效的，因为它排除了人的主观情感，忽略了信仰、意志的作用，掩盖了自然人生中的诗性根源，把世界看成枯燥、呆板而机械的东西。浪漫主义者都是充满灵性的天才，他们欣赏的是诗意、是美、是神话般的神秘，而不是单调乏味的逻辑和数学。

就现实生活而言，叔本华的时代，或者说整个浪漫主义兴起的时代，充满着对社会理性化的普遍失望。阶级之间的残酷斗争，战争的血腥场面，赤裸裸的利益纷争，这一切让人无法对理性寄予理想。资本主义的商品化生产，把宗教的虔诚、骑士的热情、小市民的伤感统统淹没在利己主义的冰水之中，人类温情脉脉的自然情感都被冷酷无情的现金交易代替了，人的尊严也变成了交换价值。因此，浪漫主义者普遍感受到这是一场文化的危机，也即信仰、价值的危机。他们均以忧郁的、感伤的眼神来审视身边的"丑恶"现实，试图以德国先验唯心主义来证明这个"现实"并不真实，不具有"实在性"，存在的只是我们心中先验的"理想"⑦。

这种浪漫主义情怀或精神，的确与叔本华的性情十分吻合。在他郁郁寡欢的少年时代，他就似乎见不到乐观的理性光辉，宁肯相信是魔鬼而不是上帝创造了这个世界！在他幼稚的心灵里，就体验到了浪漫主义者同样的孤独、恐惧和黑暗：

在风雨如晦的夜里，

我醒来怀着巨大的恐惧，

暴风雨的呼啸惊天动地，

穿过庭院，穿越厅堂，将塔楼冲击；

……

没有一线的微明，哪怕最弱的光辉，

将这深沉的夜传送过去。

黑夜坚不可摧，

即使太阳也无法使它软化，

它密不透明地躺在那儿。

我想，再也不会有太阳出来，

这一想法使我大惧，

我觉得可怕，孤独，无人闻问。⑧

---

⑦ 唯心主义，也即"理想主义"。德国早期浪漫主义以谢林的先验唯心主义为哲学基础，正是试图在先验的立场上证明外在现实的非真实性和非实在性。可参阅谢林的《先验唯心论体系》对"唯心主义"的说明。

⑧ 叔本华：《早期手稿》，第5页，转引自袁志英编著：《抑郁的

为了摆脱心灵的困境，叔本华阅读了浪漫派的许多作品，像蒂克 (Ludwig Tieck, 1773—1853) 和瓦肯罗德 (Wilhelm Heinrich Wackenroder, 1773—1798) 合著的《一个爱好艺术的僧侣的衷心倾诉》以及施莱格尔 (Friedrich Schelegel, 1772— 1829) 的作品。然而，阅读浪漫派的作品非但没有让叔本华走出心灵的困境，反而，浪漫派对诗和艺术的狂热崇拜，对爱情宗教的巨大热忱深深地吸引和影响了他。

浪漫主义神学家施莱尔马赫曾说："不是那种相信《圣经》的人有宗教，而是那种不需要《圣经》而能自己创制《圣经》的人有宗教。"浪漫主义创制的正是这种艺术和爱情的宗教，它没有启示和道德的外壳，甚至也没有父亲权威的外壳，它只需在自己天才想象力的梦境之中，便可获得一种真正神性的智慧，得到美感上的享受和灵魂的解救。浪漫主义对于叔本华犹如一个濒临危险的人抓住了一根救命的稻草，它让想象力的翅膀翱翔于神话般的梦境里。但欢乐是短暂的，解救是当下的，"丑恶"而媚俗的现实毕竟还是犹如"坚不可摧的"漫长黑夜，直挺挺地躺在人们的面前。因而，浪漫主义的艺术救赎，正如瓦肯罗德一针见血地指出的那样：它"生发自虚无，而又寂灭于虚无，它升起又沉落，人们也不知道这是为了什么。"

我们在叔本华的美学和艺术论中，均可找得到浪漫主义对他的实在的影响，他一方面重视艺术对人生的拯救作用，

心灵之光 叔本华传》，世界图书出版公司，1994 年，第 61—62 页。

而这种拯救又不得不陷入人生痛苦的无底深渊。另一方面，叔本华也以自己独创的理论，积极推进了浪漫主义。可以说，他毕生都在致力于把希腊文化和浪漫主义精神融合起来，让浮士德和海伦结婚，就是这种调和的象征。他的音乐哲学不仅启示了贝多芬（Ludwig von Beethoven，1770—1827），让音乐传达出较之一切智慧和哲学都高的神性启示，而且也对瓦格纳（Richard Wagner，1813—1883）的歌剧创作产生了重大影响。

要真正领会叔本华哲学的精神，不了解他同浪漫主义的关系是不可能准确的。

五、基督教的基本精神

叔本华的哲学同基督教精神的关系，长期以来都未受到研究者们应有的关注，这大概同叔本华在言语和行为上常常表现出对基督教的不恭、怀疑甚至否定有关。他从小就不愿承认世界是由一个全善的上帝创造的，因为在叔本华的眼中，世界充满着罪恶、不公、痛苦和不幸，因而他更宁可相信世界是由魔鬼创造的。但是，倘若人们仅仅依据叔本华对于基督教的不恭、怀疑，甚至否定就断定他的哲学完全与基督教精神无关，那也将是完全错误的。因为叔本华探讨的核心问题毕竟还是人生的救赎问题，这样的问题总是多多少少地和一些宗教观念或宗教情绪相联系。而与叔本华生活于其中的基督教文化精神有联系则无疑是不可避免的。

叔本华的人生拯救学说是围绕着生存意志的肯定和否定这一主线展开的。而对熟悉基督教典籍的"明眼人"来说，很容易看出，这一主线正是取之于基督教。这就是说，叔本华从亚当（Adam）身上看到了生命意志之肯定的象征，而从耶稣基督身上领悟到了生命意志之否定的启示。

叔本华自己明确地说："不是依根据律看，不是朝个体看，而是朝人的理念，在理念的统一性中看，基督教的教义在亚当身上找到了大自然的象征，即生命意志之肯定的象征。"⑨亚当是欲望的代表，他首先和夏娃一起，经不住蛇的诱惑，吃了"智慧果"。之后，他又以其"羞耻感"，发现了"性"，一个不同于自身的赤身裸体的女性。对每一个并非生下来就受到上帝恩惠的人来说，性的追求就成为欲望的一大内容。因而，与其说人类始祖违背禁令犯下"原罪"，倒不如说，欲望本身就是原罪，意志本身就是原罪。这是叔本华对基督教原罪观念所做的一大转换。叔本华需要这样的一个原罪观念，以便对人类生活于其中的这个悲惨的世界做出真实地说明：因意志构成人的内在本质，意志本身就像一个永不满足、张着大口的饥饿之神，它不断地去追求，不断地挣扎而永无止境，所以，人生的这种痛苦本质并非人自身的偶然过失造成的，而是由自己的原罪（意志、欲望）造成的。若想获得解救，也用不着仰赖上天的恩赐，而唯有依靠自己对生命意志的彻底否定。

---

⑨ 叔本华：《作为意志和表象的世界》，（中文版）北京商务印书馆，第 555 页；（德文版）莱比锡，1859 年，第 518 页。

　　正如生命意志的肯定是从亚当的象征中得到的一样，生命意志的否定是从耶稣基督的启示中得出的。耶稣的行为和种种训诫均是告诉人们要限制和否定自己的欲望和意志。冲进欲望的世界，是亚当从上帝的恩典堕落下来，人生变成了充满痛苦和不幸的失乐园。而基督耶稣是亚当的回头，是沿着亚当堕落的方向攀登超升，是对欲求和意志的否定。亚当的堕落使人离开了上帝这个源头，而基督的超升力图把人重新带回到上帝的近旁。亚当和耶稣实质上并非是两个不同的人，而是同一个人，只是他们行为的方向改变了：亚当是生命意志的肯定，冲进欲望的世界，耶稣是生命意志的否定，他要摆脱这个欲望的世界。

　　以原罪观念为核心，我们便在亚当和耶稣，同意志的肯定和否定之间找到了对应关系。在此应该申明的是，这种对应绝不是某个研究者牵强附会地解释的结果，而是叔本华的本意所在。他自己明确地说：

　　罪的来源还是要追溯到犯罪者的意志。这个犯罪者据说就是亚当；而我们所有的人又都在亚当中生存。亚当不幸，我们所有的人也在亚当中不幸。——实际上原罪（意志的肯定）和解脱（意志的否定）之说就是构成基督教之核心的巨大真理，而其他的一大半只是毛皮、外壳或附件。据此，人们就该永远在普遍性中理解耶稣基督，就该作为生命意志之否定的象征或人格化来理解（他）。[10]

不仅如此，叔本华自己还明确地说，他的伦理学虽然在措辞上是崭新的，闻所未闻的，但在本质上是和"真正基督教的信条完全一致的"。因此，在理解叔本华哲学时，忽略它同基督教精神的联系将是行不通的。但另一方面，我们也要充分注意到，他对于基督教的态度。就是说，叔本华虽然承认他的人生拯救之学说同基督教的核心精神有着完全的一致性，但这并未使他对基督教本身抱有好感，问题出在何处呢？这就是叔本华对待基督教的态度问题。

叔本华说，一种宗教是不是有益的宗教，就看它承不承认自己的寓言性质。因为寓言比逻辑化的语言更能接近真理。但基督教恰恰是对历史的记载，偏离了宗教本来的"寓言性"。按照这个标准，叔本华更倾心于印度佛教，因为佛教具有寓言性质。他对基督教精神的理解与取舍，后来也是从佛教出发的。

叔本华区分了《旧约》和《新约》，认为《旧约》的生存否定是因为人无法摆脱外在的必然性，即法则的统治，这种宗教属专制有神论。而《新约》的生存否定实际上是自愿受苦，这便同佛教的禁欲主义相通。这种区分的结果，使叔本华以一种比路德（Martin Luther, 1483—1546）更为激进的

---

[10] 叔本华：《作为意志和表象的世界》，（中文版）北京商务印书馆，第556页；（德文版）莱比锡，1859年，第520页。

自主精神追求人的自我解脱，上帝在人的自我解脱中不再具有意义。因为我们的"原罪"及"堕落"均是因我们的意志而生，我们的世界是充满着欲望、痛苦、生老病死的世界。魔鬼不再是附属，而是这世界的王。对于耶稣基督，叔本华不把祂看成是万能的上帝，而把祂看成是集悲剧、仁爱和生存否定于一身的受难的形象："至于基督教的救主，那就是一个更为卓越的形象了。祂，充满着这个深刻形象的生命，拥有最高的、诗意的真理和最重大的（人生）意义，在具备完美的德性、神圣性、崇高性的同时，又在无比的受难状况中矗立在我们面前。"由此可见，叔本华称赞耶稣，不是因为祂体现出了神的种种超绝性，而恰恰是因为祂成为否定生命意志的、在尘世生活中自甘受难的人格化代表。

　　叔本华对待上帝和宗教的态度是矛盾的，尽管他力图做的是以佛教的涅槃之境和禁欲主义来理解基督教的精神，但是从总的方面说，他的矛盾是整个西方从十九世纪到二十世纪都在经历的一种不可避免的矛盾：即一方面要摆脱上帝，另一方面又力图给上帝找个位置。正如大陆学者陈家琪教授所说，叔本华"还根本看不到上帝的新位置应该安放在哪里，因此才在惶恐不安中紧紧抓住昔日宗教的象征意义不放，以慰藉自己那颗孤独的心"⑪。

　　总之，叔本华哲学同基督教的关系仍然是一个值得深究

---

⑪ 陈家琪：《悲剧、怜悯、生存否定——叔本华的悲观主义及其美学、伦理学批判》《德国哲学　第 3 辑》，北京大学出版社，1987 年。

的课题，它促使我们以更广阔的文化视野和宗教情绪去反省我们赖以生存和思考的这个世界，以及我们自己的生命在这个世界中的处境及其救赎等问题。

综上所述，叔本华哲学立足于从"理论形式"和思想内容（情绪）上对康德哲学进行改造，并容纳吸收了上述五种文化精神，最终糅合成以意志本体论为理论框架的一元论哲学，把乐观的理性主义演变成为悲观的反理性主义。

第三章 叔本华的哲学观和世界观

哲学观是对哲学自身的性质、任务、目的和方法等最基本的特征的认识和规定，在当代被称之为"元哲学"（Metaphilosophie）。了解一位哲学家的"元哲学"，是理解其整个哲学思想的关键。世界观是哲学观具体内容的展开，是对作为哲学根本任务的关于世界本质的阐明，并通过阐明世界的本质来确定人与世界的关系，洞明人生的真谛、生命的价值与意义。

本章从哲学观和世界观方面，从总体上探究叔本华哲学的基本思想和其思想的内在关联。

一、叔本华的哲学观

叔本华的哲学观散见于他的著作之中，他并没有集中地论述他的哲学观。但为了对于他的哲学观首先有个清楚的了解，以便随后我们更能有效而准确地去把握他的哲学思想，我们现在把他散论的哲学观概括起来，从哲学的根本任务、哲学思考的方式、从事哲学的条件、哲学与科学的关系等方面对他的哲学观进行系统化地重建。

（一）哲学是什么？

　　哲学家在常人看来总是问一些莫名其妙的问题。之所以莫名其妙，不是因为问题太深奥，而是因为问题太简单。对于不懂哲学的人，问问哲学是什么并不稀奇，而对于哲学家，总去问哲学是什么，就让人摸不清底细。但是，几乎每一个巨哲，都会提出这个问题，缘由何在呢？

　　柏拉图曾说，哲学起于惊讶。惊讶于什么呢？惊讶于"自明的东西"。海德格尔（M. Heidegger，1889—1976）说，只有"自明的东西"应当成为并且始终成为"哲学家的事业"。"哲学是什么"对哲学家来说，本该是最为"自明的东西"了，就像生物学家之于"生物是什么"，植物学家之于"植物是什么"一样，本是用不着问的问题，但哲学家却非要如此问不可，当然自有其深刻的理由。这一理由只有到了现代，才由海德格尔在其《哲学是什么？》一文中透露出真相，他说，询问哲学是什么，就是"设法把这个问题引向一条有明确方向的路，以确保我们不会在那些个人喜好或充满偶然的关于哲学的设想中随意游荡。"①有此明言，我们现在便可审视一下叔本华想把我们引向一条什么样的哲学之路了。叔本华对哲学的方向和道路的确规定得既清晰又明确，他说：

①　海德格尔著《哲学是什么？》载于《德国哲学1995》，中国人民大学出版社，1996年，第57页。

哲学必须是关于整个世界之本质的一个抽象陈述，既关于世界的全部，又关于其一切部分。②

这就是说，叔本华把哲学限定在陈述世界的本质这一方向和道路上，但他同时认为，哲学对世界本质的陈述，既要包含世界的整体，又要涉及一切个别部分，要在普遍中思维个别事物所具有的差异。当然，叔本华尚未意识到后辈海德格尔所说的"存在论的差异"（Ontologische Differenz），他所指的"差异"实乃个别事物在现象界的存在差异。他要求哲学对世界本质的陈述要能概括出这种差异，这当然只有最抽象、最普遍的陈述才能办得到。他认为，世界是什么，固然可以说是每个人无须别人的帮助就可认识到的问题，每个人依据自己的表象就可以说，世界是水，是火，是土，是气，等等，这在一定限度内也是对的，因为人就是认识的主体，而世界是相对于主体而存在的。但是，这些陈述，这些认识是直观的认识，是具体中的认识，它具体得根本不能含盖世界其他个别的部分。要能达到这一点，就必须在抽象中复制这些认识，把先后出现的，变动不居的经验直观，把非抽象、不明晰的知识上升为一种抽象的、明晰的、经久的知识。他认为这才是哲学的任务。

在这里，叔本华把哲学对世界本质的陈述看作是一个抽象的认识过程，即柏拉图所说的在多中认一，在一中认多。

② 叔本华：《作为意志和表象的世界》，（中文版）北京商务印书馆，第131页；（德文版）莱比锡，1859年，第130页。

哲学作为极普遍的判断之总和，以完整的世界本身为其认识根据，不遗漏任何点滴，把世界完整地复述出来。他十分欣赏培根（Francis Bacon, 1561—1626）关于哲学的任务是忠实地描述世界的观点：

> 最忠实地复述着这世界自己的声音，世界规定了多少，就恰如其分地说出多少；不是别的而只是这世界的阴影和反映，不加上一点自己的东西，而仅只是复述和回声；只有这，才是真的哲学。（《关于广义的科学》第二卷，第13页）

由此可见，叔本华对哲学抱着一种十分朴素的信念，他忘记了康德对旧形而上学的批判。康德区分本体和现象的目的，旨在证明诸如"世界的本质"这类形而上学问题，不是认识或知识问题，而是信仰的问题。人类理性只是对现象界有知识、有判断；认识的概念不能超越于现象界而应用到本体之上。叔本华在这里却恰恰是把关于世界的本质是什么这一本体论问题，当作认识问题，知识问题，要求"将世界所有纷纭复杂的事物，按其本质，用少数的抽象概念概括起来，提交给知识"。如果没有康德，我们也许根本不能发现叔本华这些似是而非的说法的虚妄性，但正是康德以其恢宏而严密的论证，告诉了人们，对于世界本质是什么这类本体论问题，我们根本就没有概念能去概括它，我们所能拥有的"知性纯粹概念"都只能运用于现象界，而不能运用于本体界。因此，按叔本华的这种要求，从知识论出发，用少数抽象概念来概括世界的本质，只能是一个错误的做法，达不到他所说的哲学是对世界的完整复述的任务。

整个一部西方哲学发展史，可以简略地说，就是围绕着世界本质问题，形成本体论、知识论和表达论（即语言哲学）而展开的。古希腊哲学家高尔吉亚（Gorgias，约公元前483—前375）以否定方式表达出的问题，暗示了西方哲学从古至今发展的这三大阶段。他说，（1）没有什么东西存在；（2）即使有什么东西存在，也不能认识；（3）即使那东西可被认识，这认识也不能传达给别人。而在叔本华这里，本体问题、知识问题和表达问题却是无区分、无批判分析地混淆在一起的，他自己没有意识到这些会成为问题，自以为关于世界的本质问题可以通过哲学上天才的认识方式，以抽象的概念加以概括，从而又进一步认为，只要认识到了的问题，即世界的本质，会毫无困难地表达（陈述）出来，且不带一点自己的主观附加，原原本本地加以复述。到底如何能够达到这一点，如何避免传统哲学在解决本体论问题上的困境以至错误，我们还需更进一步地对叔本华关于哲学的思维方式加以审视。

（二）哲学的思维方式

哲学要做到原原本本地认识和复述世界的本质，必须采取一种独特的思维方式才有可能，叔本华对于这一点有着清醒的意识，他认为，既然哲学的任务是要说明世界的本质是什么，而不是要问世界从何而来，那么哲学本质上就要对世界采取一种纯观察的态度，是对世界本质的一种纯粹描述。

这种说法，十分接近于胡塞尔 (Edmund Hussel, 1859—1938) 现象学的观念和方法。因为在叔本华这里，所谓的"纯观察"指的即是一种"本质直观"，而所谓的"纯粹描述"，也是指把直观到的内容表述出来。叔本华说过这样一段话：

> 在纯哲学上考察世界的方式，也就是教我们认识世界的本质从而使我们超然于现象的考察方式，正是不问世界的从何而来、往何处去，以及为什么，而是无论在何时何地只问世界是什么的考察方式。这就是说这个考察方式不是从任何一种关系出发的，不是把事物当作生长衰老看的考察方式。一句话，这不是从四种理由律的任何一形态来考察事物的方式；相反，却恰好是以排除整个这一套遵守理由律的考察方式之后余留下来的，在一切关系中显现而自身却不隶属于这些关系，以常自恒同的世界本质，世界的理念为对象的方式。[③]

在这段话中，叔本华明确说明了哲学考察事物的方式的特点：一是超越于事物的现象之后，考察事物的本质；二是不问世界的来由、理由，而只关注世界的恒常不变的本质，即理念是什么；三是直观到排除遵守充足理由律的考察方式之后的剩余物。一句话，哲学的考察方式是超越现象界，排

---

③ 叔本华：《作为意志和表象的世界》，（中文版）北京商务印书馆，第 376 页；（德文版）莱比锡，1859 年，第 359 页。

除符合充足理由律的一切形式之后而达到的对世界恒常本质的直观。表面上看，叔本华所规定的这套哲学思维方式，完全类似于现象学的本质直观和现象学的还原。但是，深入分析一下，我们就可发现叔本华尚未真正达到现象学的思维方式。

首先，叔本华虽然把"本质"作为"直观"的对象，但它没有还原到"纯粹意识"的领域，没有过渡到"意向性"的意识行为分析，所以他的"直观"仍只能是一种"经验的直观"，直观的认识总只能对个别情况有用，只及于眼前的事物，因此，"直观"到的"本质"，仍需纳入抽象的思维过程中"概括"而生。而通过个别事物的"本质直观"抽象概括出整个世界的本质，是一个毫无希望的工作，这在康德的认识论中就早有充分地证明。

其次，由于叔本华没有达到对于意识的意向结构分析，仍然局限于对象性的思维方式中，固执于现象和本质的二元对立，那么，作为世界的本质是什么的这个"什么"，就不可能是完完全全的"世界本身"，而只能是一个具体的"存在者"（Seiende）。因为他完全没有意识到后辈海德格尔所说的"存在"和"存在者"在存在论上的差异。

我们的这种分析，并没有以当代哲学所达到的水平去非难和贬低叔本华的意思，只是意在说明，他所确立的这种哲学思维方式尚不足以胜任完整复述世界之本质的任务。因为只有达到了现象学地让事物自己"呈现自身"的方式，哲学才真正具有完整的"描述性"。我们同时在此要指出的是，他要求哲学的考察方式不要无穷尽地去追逐现象，不要从遵守充足理由律的关系出发去考察事物，而要超越于对现象的直观直接指向现象之后的、独立于充足理由律之外的本质，这仍然是从传统的哲学思维向现代的一大跳跃，是走向现代现象学之途中的一次具有决定意义的突破，其现代意义不可低估。

（三）哲学和科学的关系

要充分明了哲学思维方式的特点，还必须在哲学和科学的相互关系中使之更为明确。

叔本华认为，科学不是普通的知识。普通的知识在个别的经验中，由于对现成事物的观察就可获得。而科学是对于某一类事物而获得的完整认识，因而必须进行抽象。所谓"抽象"，也即要获得这一类事物之本质的"概念"，通过这一概念，这门科学才指望得到一个在抽象中的完整认识。在这里，叔本华不认为科学获得抽象概念的过程，是从特殊到普遍的"归纳"过程，而是相反，是从普遍到特殊的"演绎"过程。所以，"在每门科学的开端总是一个概念"。这个概念必须是个"总概念"，即含义圈最大的概念。科学利用概念含义圈的这种属性，使之包容那些含义圈较小的概念，并进而规定这些含义圈的相互关系，通过区分更狭小的含义圈，一步一步做出更精细的规定，使得科学获得一种系统化的形式。这种"系统的形式乃是科学的一个本质的、特有的标志"。

当然，叔本华并不认为，用以构成科学的，就是使无尽的多样性直接并列于总的普遍概念之下，而是认为，要经由若干中介概念，经由命题（判断）逐次做出区分，使总的概念尽可能多地容纳一些命题间的从属关系（而不是并列关系），逐渐从普遍下行到特殊。这便是科学之为科学的完美性。他说："'科学性'的要求并不在于确实性，而在于认识所有的、基于从普遍到特殊逐级下行的系统形式。"④

基于"总的普遍概念"在科学中的核心地位，我们现在必须追问，科学是如何获得它的呢？叔本华认为，是通过直观而获得的。他批评那些认为只有经过证明的东西才是完全真的，是一个"古老的谬见"，因为事实与此完全相反，在科学中每一证明都需要一个未经证明的直观的真理，一个直观的真理比那经由证明而确立得更为可取。所以，叔本华得出这种结论：直观是一切真理的源泉，是一切科学的基础。

一切证明都是三段论式推论。所以在科学中，对于一个崭新的真理，首先不是要找证明，而是找直接的依据。没有一种科学是彻头彻尾都可以证明的，科学的一切证明必须还原到一个直观的，也就是不能再证明的事物。一切最后的、原始的依据都是一个直观上自明的依据。正是在这里，科学同哲学相遇了。

一切科学的内容，都是说明世间各现象间的相互关系，以充足理由律为一切说明的原理。但说明的这个原理本身是不可说明的。一切所谓最终的"自明的依据"也是事实上不可说明的。在这里，科学不能再对它追问"为什么"了。正

<hr>

④ 叔本华：《作为意志和表象的世界》，（中文版）北京商务印书馆，第 107 页；（德文版）莱比锡，1859 年，第 108 页。

如在科学中不能再问"为什么二加二等于四"一样，也不能追问，现象间的联系为什么要服从充足理由律。科学追问到一个最终的所谓"自明的依据"就完结了，终止了，所以，"在自然科学，一切科学，都要止步的地方，也就是不仅是说明，甚至连说明的原则——充足理由律也不能前进一步的地方，那就是哲学（把问题）重新拿到手里并且以不同于科学的方式来考察的地方"。"因为哲学有一个特点：它不假定任何东西为已知，而是认为一切都是同样陌生的问题；不仅现象间的关系是问题，现象本身也是问题，理由律本身也是问题"[5]。

总之，哲学从一种怀疑和批判的眼光出发，要对一切公认的原理、自明的依据加以审视；而科学却必须依赖于一个自明的公理。科学要探讨和说明的是现象间的联系和规律，是对某一类事物之本质的认识；而哲学却是洞察现象背后的本质，是对世界整体之本质的认识。科学的认识遵循充足理由律，而哲学的认识必须独立于充足理由律。科学探寻现象的因果联系，追问为什么有此现象，此现象源于什么；而哲学却不能从寻找整个世界的有效因或目的因出发，不问世界的来由，而只问这世界是什么。科学依赖于证明，而哲学则必须采取描述的态度。这便是哲学区别于科学的特征所在。

---

[5] 叔本华：《作为意志和表象的世界》，（中文版）北京商务印书馆，第 129—130 页；（德文版）莱比锡，1859 年，第 129 页。

二、叔本华的世界观

既然叔本华自己乐于承认哲学的任务就是探索和发现世界之隐秘的本质，那么他的世界观也就是对世界是什么，世界的本质是什么的阐明。世界是什么，就其作为现象而论，叔本华说"世界是我的表象"；世界的本质是什么，是就世界的理念（抑或自在之物）而论，他则说"世界是意志的逐级客体化"。他认为他所发现的这一"真理"，就是人们在哲学的名义下长期以来所寻求的东西。正因为别人寻求了好久而未找到，所以干脆认为是发现不了的东西。如今，这一东西被他叔本华发现了，简直就像发现了点石成金，医治百病的仙丹一样[⑥]。虽然，这种自鸣得意之情被随后世人对他的长期冷漠所摧毁，但这毕竟是叔本华世界观的核心内容，我们在此不得不认真地加以分析。我们的叙述仍按叔本华自己的方式，把"世界"区分为"表象"的世界和"意志"的世界。

（一）世界是表象

当我们涉足于叔本华的"表象世界"时，首先遇到的一个问题即是，到底什么是"表象"？叔本华是在什么意义上使用"表象"一词的，他所指的"表象世界"又是什么意思？

叔本华自己并未对"表象"一词做词义分析，不过，他

---

⑥　参见《作为意志和表象的世界》第一版序。

倒是指出了"世界即是表象"包含在笛卡尔的怀疑论观点中，是贝克莱思想的翻版，并在多次说明，"表象世界"就是与康德的"现象界"相对应的。

如果仅仅从一般了解的角度，从叔本华所指出的这些"类似"关系，就可大概知道"表象"及"表象世界"的含义了。但是，当我们以研究的眼光对待叔本华自己的这些模拟，不但不能让我们更清晰，反而使我们对此问题更加糊涂。我们现在首先按照叔本华对"表象"一词的使用看它的真实含义，再与笛卡尔、贝克莱（G. Berkeley, 1685—1753）、康德做适当的比较，以期使我们对于他的表象世界获得一种准确的理解。

按照德语的构词法，"表象"（Vorstellung）是从动词vorstellen 演变来的，它的本意是"把……摆放到前面来"。因此，它既有"移前""介绍""表现""想象"等意思，也有"意见""想法""观念"等意思。那么，在哲学上，把"存在""世界"作为一个"对象"（Gegenstand ——即与人直接面对的东西）"摆放"到人的（指人的意识、认识和语言）面前，就叫作"表象"。

叔本华正是在这个词的本义上使用"表象"的。所以他说，他不认识什么太阳，而永远只是眼睛看见太阳；他不认识什么地球，而永远只是手感触着地球。太阳是什么，地球是什么，只有当表象者的"眼睛"看见了它，"表象者"的手感触到它之时，它们才作为"表象者"的"对象"摆放到了"表象者"的前面，因而有了它们的存在。在此意义上，叔本华把"表象"直接等同于"直观"（Anschauung）。

他说："世界都只是……直观者的直观,一句话,都只是表象。"⑦

把"表象"等同于"直观",从叔本华的角度论,其目的是使"表象"的含义得到具体的规定,但由于他对"直观"的理解尚未达到现代现象学的水平(正如我们在此之前已说明的那样),"表象"同"直观"的内在一致性,这一富有革命性意义的哲学问题,按他的论述实际上并未得到合理地说明。

在德国古典哲学家中,对"直观"做过合理说明的、真正接近于现象学直观的,既不是康德,也不是黑格尔,而是谢林。谢林一再声称他的哲学是坚持"直观"的立场而不是反思的立场,把直观看作是和反思对立的,原因就在于,他所理解的"直观",是"理智的直观",是在直观活动过程中同时构造直观对象,或者说让"对象"在直观活动中自我显现的活动。这种直观是精神(意识)的内在观视,而不是肉眼的感性观视。因为在肉眼的感性观视中,默认了观者和对象的外在分离,而在理智直观中,观者的直观活动与直观对象是一同构造、一同呈现出来的⑧。叔本华虽然也高度重视直观,认为只有在直观中才有绝对确实的真理,把直观看作科学和哲学的基础。但是,他所论述的直观一直未能脱离肉眼的观视,未能同个别的、经验的直观相分离。虽然他也

---

⑦ 叔本华:《作为意志和表象的世界》,(中文版)北京商务印书馆,第 26 页;(德文版)莱比锡,1859 年,第 33 页。

⑧ 关于谢林理智直观的特点及其与康德和费希特之直观思想的对比,可参阅拙著《谢林》第四章,台北东大图书公司,1995 年。

认为"一切直观都是理智的",说直观"是纯粹悟性的认识方式，没有悟性就绝到不了直观，就只会剩下对直接客体变化一种迟钝的、植物性的意识"[9]，但是，他却只是把"理智直观"或"悟性"，看作是从对象相互作用的效果中认取原因的纯粹认识，而这样的认识方式往往被从哲学上看作是一种"反思式"的思维方式，而不是直观。真正的直观，就是要让对象在直观活动中自我显现出来。只有这种直观，才是和表象内在同一的，也只有通过这种内在表象，才能达到叔本华为哲学所规定的"描述"世界的任务。因为作为与真正的理智直观，即现象学意义上的直观相等同的表象，它必须像"直观"一样，具有"直观"和"表出"（显现）两种功能，因为"把……摆放出来""介绍"本来就是"表象"的本义。"观"和"悟"是意识论或知识论的问题，而"表出""表达"则是语言论的问题。在"表象"这个概念里，应该包含这两个方面才能合理的。当叔本华说，"世界是我的表象"时，他实际上说的应该是这个意思：世界只是主体所意识到的并为语言所表达出来的世界。从这个意义上去理解叔本华的"表象"概念，它应该是"意识"和"语言"的统一，或者说"直观"和"表达"的统一。这是表象的第一层含义。

从这一层含义里，直接可以推导出叔本华关于"表象"的第二层含义，即"主体和客体的统一"。因为"表象"直

---

⑨ 叔本华：《作为意志和表象的世界》，（中文版）北京商务印书馆，第 37 页；（德文版）莱比锡，1859 年，第 44 页。

接预设了"表象者"（主体）和"表象物"（客体）的同时存在。世界是作为表象的世界，就是说，它的存在状态是对应于主体（表象者）"直观"（意识）和表达的。因此，凡是存在着的客体，就只是对应于主体的存在，主体是客体存在的支柱。

从这两层含义出发，我们是否会同意叔本华自己说的，他的"世界是表象"这一思想与笛卡尔和贝克莱的主观主义完全相同呢？下面我们对此略加比较。

虽然世界是表象同笛卡尔从"我思"出发的怀疑论一样，都不可避免地带有主观主义的色彩，但叔本华和笛卡尔实际上是不相同的。笛卡尔在心理的和物理的东西之间持二元论的立场，即客观的东西和主观的东西是两类不同的独立的实在，它们之间是一种平行而不交叉的关系。但在叔本华这里，虽然表象世界也有主体和客体两个层面，但这两者都没有独立的存在，它们只是相对于对方才存在，才有意义。双方存则共存，亡则俱亡。因此，"表象"论以主客体的同时存在区别于笛卡尔的主观论。

叔本华说，第一个断然说出"世界即是表象"的人是贝克莱，在这一点上他为哲学做出了不朽的贡献。在此，叔本华自觉地承认他的表象学说同贝克莱的渊源关系，对此我们也不应毫无批判地相信他自己的话，而是要简要分析一下他们两者的异同。

贝克莱在其早期著作《人类知识原理》中，以这样两个命题："事物是观念的复合"和"存在就是被感知"，明确建立起了他的主观唯心论原则。在这两个命题里，我们必须注意贝克莱所说的事物、存在包括两个方面，一是可感的自然事物或物体，一是精神或心灵；而所谓的"观念"指的是人们感知到的事物的属性。他通过对洛克物质学说的批判，以及对自然事物之本质及其与人的认识关系的分析，认为自然事物不是离开感知而独立地、绝对地存在的，它们是由人们感知到的属性复合而成的，即是观念的复合，如色、声、味、运动、广延等，他是用观念一词来表示它们的。所以，贝克莱的"事物是观念的复合"，说的是这个意思：事物是由其诸属性构成的，诸属性是人们感知到的观念（叔本华的表象）。至于"存在就是被感知"，说的是，因为事物是属性或观念的复合，而属性或观念不能独立存在，必须有某种实体支撑或支托它们。贝克莱认为，洛克所说的物质实体是虚构出来的，不可能成为事物属性的支托，只有精神或能知觉的东西才能成为它们的支托。

通过以上含义分析，我们可以看出，叔本华的"世界是表象"，与贝克莱的"事物是观念的复合""存在就是被感知"在两个基本的意义上是相同的，一是他们都认为事物没有独立的存在，二是他们都认为事物的存在要以主体的感知、观念和表象为依托。但是，如果仅仅依照这两点相同的含义，就断定叔本华的"世界观"是一种贝克莱式的唯我论的立场，则又是错误的[10]。道理很简单，因为所谓唯心主义

---

⑩ 至于贝克莱的哲学到底是不是一种唯我论的彻底的主观唯心主义，在学术界是有争议的。读者可参阅高新民著《贝克莱哲学及其重构》一书，华中师范大学出版社，1993年。笔者在这里的目的是指出，叔本华的"世界是表象"这一命题，不是通常人们认为的那种贝克莱意

或唯物主义是从本体论上对世界本原所做出的一种断定，而叔本华的"世界是我的表象"不是本体论的，只是意识论的。从意识论的角度描述世界，无疑摆脱不了以主体的意识为条件的性质，连马克思主义经典作家都承认："意识永远都只是被意识到了的存在"，这和叔本华说的"客体永远都只是主体的表象"是同一个意思。这一观念是德国人固有的认识，因为在德语中，"意识"一词的含义就是"被意识到了的存在"即 Bewußtsein。所以，要断定叔本华的哲学是否唯心主义，不能从他的意识论角度的"表象"学说出发，而应从他的本体论角度的"意志"学说上去说明。忽视叔本华的表象世界与其意志本体论的联系，对他和贝克莱做出模拟，就不会得出令人满意的答案。

叔本华自己一直说他的表象世界对应于康德意义上的"现象界"（Erscheinungswelt），按此指示，我们能对其"表象世界"获得比较准确的理解。康德的"现象世界"按字义来说，是指表现出来的、显现出来的世界，但却不是指事物自身客观地表现出来的世界，而是对主体的认识形式所表现出来的，因而也有以主体为条件的性质。在此意义上与叔本华的表象世界的确是相同的。康德进一步批判了在休谟、莱布尼茨、笛卡尔、洛克以及贝克莱那里的以主观论方式叙述认识论问题的态度，认为从意识的对象之意义上讲，我们称为主观的状态，无论是感觉、情绪或欲望，都是"客观的"，我们的心理状态不是和自然界的存在系统平行的，它

义上的唯我论，但并不说明笔者就承认贝克莱哲学是唯我论。

们并不构成对自然界的意识，它们本身是意识所显示的自然秩序之一部分，因而，整个现象界，就其作为意识的对象而言，不论是客体的自然，还是主体的心理，都是在意识中显现出来的"客观"世界。这里的"客观"即为"对象"，现象世界即为意识的对象世界，事物的存在也即事物在意识中的构成。

叔本华的表象世界事实上也应作如此理解，因为表象本身就是"意识上的一个最初事实"，也是从意识论的角度，从意识的对象的角度来描述世界之存在的。但区别在于，康德的论述方式事实上是一种先验现象学的方式，所以他的"现象"在其思想中明显地具有一种现象学意义上的"客观性"；而叔本华则自始至终地强调其"表象"的"主体性"。但无论是康德的现象界还是叔本华的表象界，总的说来指的都是主体意识所指向和表出的世界。

叔本华把表象世界划分为三类：一类是直观表象，包括整个可见的世界或全部经验；一类是抽象表象，即整个人类所独有的概念及理性认识的世界；一类是艺术表象，是通过艺术品所表达的理念，即意志客体性的世界。前两类表象的世界，是经验和科学的客体，以时间、空间、因果性为其形式，服从于充足理由律；后一类表象的世界是艺术的客体，是对事物之理念的表出，因而也是对意志恰如其分地客体性的表出。这类客体在时间、空间之外，独立于充足理由律，而只服从于天才的规则。艺术表象才触及世界的本体，即意志这一世界的原始秘密。从表象的这种分类，我们又可发现叔本华的表象世界不同于康德现象界的又一特点，即在康德的现象界中，没有艺术的客体，没有对"自在之物"的任何表现，自在之物之作为不可认识的对象保留在其形而上学的黑洞之中。而叔本华则通过吸收康德的美学思想，专门将艺术表象作为一种特殊的认识方式，从而使自在之物（意志）在表象世界里得以表象出来。这是叔本华超出康德之处。

叔本华表象学说的意义至今尚未在学术界引起足够的重视，把它看成唯心主义的唯我论，实际上限制了人们对"表象"世界的领悟、发掘和理解。其实，这是一个不正常的现象，笔者有必要在此为它作点辩护。

近代哲学肇始于笛卡尔的二元论，正因为有二元论，才把主体和客体、物质和意识谁先存在，谁后存在，谁决定谁的问题明确地提了出来，才出现了唯物主义和唯心主义旷日持久地论战，在近代才出现了经验论和唯理论的分野。康德在把德国引上哲学之路的同时，也把二元论的思维方式带入了德国，如何克服二元论，克服身与心、内在与外在、精神和肉体、理想与现实的分裂和矛盾，成为康德之后的德国哲学界的主要任务。费希特的"绝对自我"、谢林的"绝对"、黑格尔的"绝对精神"都力图返回到主客体尚未二元分离之前的本源状态中去，找到消除二元论的原始前提。他们的努力均有过十分诱人的前景，带来过令人欣喜的期待，但他们的思维路向却始终冲不破二元论的印痕。正像笔者曾在拙著《谢林》中说的那样："二元论像个永远摆脱不掉的幽灵，使得西方哲人为之费尽心机。"

叔本华也同样如此，他尽管在体系形式上明显地有着康德二元论的痕迹，如意志世界（自在之物）和表象世界（现象世界）的划分，但是，他之提出"表象"学说，其首要的目的便是在认识论（意识论）中克服二元论。他的方法是认为在表象活动中同时包含着主体和客体。并不是认为表象是主体人的表象，就说主体先于客体而存在，而是说在表象中既有了主体，那么同时必定有了客体，因为主体是相对于客体而存在的，没有客体也就无所谓主体。

设定意识（认识）活动以这样一种表象为出发点，把表象当作一种最原始的意识上的事实，这同费希特以"绝对自我"（das absolute Ich）、谢林以"绝对"（das Absolute）来克服二元论的思维方式如出一辙。因为所谓的"绝对"或"绝对自我"说的都是在意识活动之前没有主体和客体的二元对立，但当自我开始做意识活动，意识到他的自我时，这样就有了两个"自我"，一为"进行意识的自我"，一为"被意识到的自我"，前者为主体，后者为客体，主体和客体是在意识活动一开始就同时出现的。

应该说，这种方式返回到了意识活动的最原始的本源状态，是克服二元论的一条较好的思路。因为它首先在认识的起点上以意识活动为出发点，无论是"表象"还是"绝对自我"都是主客体尚未分离的"同一性"；其次，在意识活动的展开过程中，虽然出现主客体的分离和对立，但两者绝不是像笛卡尔认为的那样是两条永不相交的并行线，而是不断相交的对应关系。任何意识都是主体对客体的意识，表象和存在是同一的，用叔本华的话来说，就是成为主体的表象就等于成了客体，成了"存在"。它仍以主体为轴心，为支撑来构造"客体"的存在。客体存在的样态，无论是作为感性的存在，还是概念性的存在，还是理念式的存在，都与主体的认识形式相对应。因此，这种思维方式确立的是以主体为支柱的一元论的思维理路。

如果说，叔本华的"表象"学说仅仅停留在费希特"绝对自我"的意义上是一种克服二元论的新的尝试和努力的话，那么就没有充分地洞悉出它的价值。笔者认为，它的真正的价值和意义是以叔本华本人也未意识到的方式延续和推进了康德的"哥白尼式革命"。

康德的"哥白尼式革命"确立了客观事物以主体为其存在之依托的"主体性"原则，这场革命从现代西方哲学发展的实际来看，在当时是场还未完成的革命。原因在于，以主体性原则的确立所产生的这场哥白尼式革命，虽然成功地实现了从本体论到知识论的哲学范式转型，但未从根本上意识到语言问题对于哲学世界观和认识论所能具有的主体地位和价值。人与世界之关系的确立，知识论问题都与语言密切相关，语言简直掌握着解决包括知识论在内的几乎所有哲学问题的钥匙。也就是说，只有实现了以语言为主体的"哥白尼式革命"，康德意义上的以意识为主体的认识论的"哥白尼式革命"才能最终完成。所以，现代西方哲学普遍地都在实现哲学的"语言转向"。

现在的问题在于，叔本华的"表象"学说，在延续了康德意识论（认识论）上的"哥白尼式革命"的同时，是否也具有语言论上的"哥白尼式革命"的意义呢？

要回答这个问题，必须从两个方面入手：一是叔本华的"表象"是否具有语言的功能？二是"表象"是否以及在多大程度上启示了现代哲人的语言转向？

　　叔本华本人的确没有清楚地意识到"表象"除了意识的功能外，还有语言的功能，但就"表象"本身的含义和叔本华对"表象"的用法上，我们可以肯定地说，"表象"就是"语言"。因为"表象"就是要把意识到的、直观到的事物作为"对象"摆放出来、介绍出来、表达出来、显现出来。整个表象世界，按叔本华的意思，就是对于意志世界的表出，因而是作为意志本体的"语言"而存在的。对于直观而言，世界是什么，就显现为什么，亦即显现为表象。作为表象，"即令是在这世界最内在的意义上说，也可以理解，它对悟性说着一种完全清晰的语言。"[11]表象无疑就是语言，起着表达和描述的功能。没有"表象"，叔本华就完不成他为哲学所制定的完整地描述世界的本质是什么的重任。从上述我们对"表象世界"的分析来看，表象的确是承担着完整地描述世界本来面目这一重任。为了克服康德的不可知论，叔本华还提出了"艺术表象"，它直接地、毫无掩饰地把世界最内在而隐秘的本质：意志，表象出来了。叔本华还注意到了语言既可对别人表达思想，又可对别人隐瞒思想的双重性质[12]。所以，他后来又把直观表象和抽象表象的世界称为遮蔽世界真实面目的"摩耶之幕"，相反认为只有借助于艺术表象才能让人见到世界的内在本质，才使世界原本的真相

---

[11] 叔本华：《作为意志和表象的世界》，（中文版）北京商务印书馆，第41—42页；（德文版）莱比锡，1859年，第47页。

[12] 叔本华：《作为意志和表象的世界》，（中文版）北京商务印书馆，第71页；（德文版）莱比锡，1859年，第74页。

表露了出来。这些都说明了叔本华的确是把"表象"当作是"语言"来使用的。

因此，当他把"表象"当作世界的界限时，实际上触及了现代语言哲学的一个著名命题：语言是世界的界限；当他认为只有通过表象才能描述和表出世界时，实际上也非常近似于现代语言哲学所认识到的下述观念：只有语言才能描述和表现世界，人是以语言而拥有世界的，语言破碎处，万物不复在。

对叔本华的表象学说作如此理解，并没有随意拔高他的意思，他的这套思想确实影响了维特根斯坦（Ludwig Wittgenstein， 1889—1951）的那本被早期语言分析哲学奉为经典的《逻辑哲学论》一书。诺尔曼·马尔康姆回忆道："维特根斯坦曾告诉我，他青年时期读了叔本华的《作为意志和表象的世界》，而他最初的哲学思想就是叔本华的认识论的唯心主义。"⑬ 在这里，"叔本华的认识论的唯心主义"指的就是"表象"学说，而维氏的"最初哲学思想"指的就是《逻辑哲学论》中的"语言唯我论"的世界观。请对比他们两人的几个基本命题：

叔本华：世界是我的表象；

维特根斯坦：世界是我的世界，这一点显示于语言（唯有我懂得的语言）的界限即意谓我的世界的界限。

---

⑬ 诺尔曼·马尔康姆：《回忆维特根斯坦》，北京商务印书馆，1984 年，第 4 页。

> 叔本华：那认识一切而不为任何事物所认识的，就是主体。它是一切现象、一切客体一贯的、经常作为前提的条件；主体和客体互为界限，客体的起处便是主体的止处。
>
> 维特根斯坦：主体不属于世界，乃是世界的一个界限。一个玄学的主体，要在世界何处去发觉呢？你说这正如眼与视野的情形，但是你实际上看不见眼。
>
> 叔本华：表象就是显现出存在，客体和表象是同一个东西；他不认识太阳，而永远只是眼睛看见太阳（太阳才存在）。
>
> 维特根斯坦：语言之于实在，犹如视网膜的影像之于视觉的影像。

无须更多的引述，我们由此便可明白，维特根斯坦的确是受叔本华表象理论的启发，把"表象"论的唯心主义改造成现代语言哲学的，在现代西方哲学的语言转向中，分明有着叔本华本该占有的一席之地。可以说，他的"表象"论的主体性转向同时也蕴含着语言论转向的"哥白尼式革命"的萌芽。由于学术界对此没有足够的重视，所以当把叔本华看作是现代哲学的先驱时，总是只把他的意志本体论看作是向现代非理性主义的人文哲学转向的基石，而忽视了其表象论之向语言哲学转向中的实质意义。

当我们结束了表象世界的考察，我们现在便可进入到叔本华世界观的另一面：作为表象世界之内在本质的意志世界中来了。

（二）世界是意志（意志本体论）

本体论（Ontologie）自学术层面讲，是研究存在之为存在的学说，就是说，它追溯存在的源头，寻找一切存在之最本原的存在之根。但就本体论在人类文化世界所起的实际作用和哲人构造本体论的心理动机而言，本体论实乃一种价值承诺。它通过把一种存在确立为所有存在的基础和根源，从而确保了这种存在在整个世界秩序（包括人的文化、精神世界）中的不可取代的价值。所以，现代德国哲学家海德格尔干脆把"本体论"规定为追问"存在的意义"问题，认为这才是"本体论"的应有之义和正道。这种观念无疑道出了本体论的实质内涵。

表面上看，叔本华之提出"意志"本体论，是简单地以"意志"取代了康德那晦暗不明的"自在之物"概念，实际上是叔本华在对西方现代文化危机的预感中，对于文化和人生世界的意义和价值重新定向所做出的一种价值本体论承诺。正是通过这样一种价值本体承诺，他要把被康德所摧毁了的形而上学问题（世界观）与伦理学问题（人生观）作统一的说明，从而建立一种没有宗教的信仰，以哲学的睿智指导人生的解救。因此，对于叔本华的意志世界，不能从科学的眼光去审视，而只能从人文价值的视野去分析。

下面，我们将分别从意志客体化的世界图景；世界与人的关系；意志本体论的意义三个方面展示叔本华的意志世界。

意志客体化的世界图景——叔本华一直强调哲学同科学

的巨大区别，说哲学不是事因学，不问为什么有此世界，而要以描述的方式，洞察世界是什么。从现象论，叔本华已经说过，世界是表象，而表象的世界只是世界可见性的一面，现在，哲学要进一步追问，世界除了是表象之外，还可能有些什么？如果有，那又是什么？

这种追问就问到了世界的谜底，问到了世界的本质。作为本质，这个世界除了表象之外的那个可能是的什么，应该是和表象完全不同的东西，表象的那些形式和法则对于它必然是毫不相干的，也就是说，它是不服从于时间、空间、因果律的那些形态的。

世界的这个谜底、这个本质、这个除了表象之外的什么，叔本华说，就叫作意志。

在德语中，意志 (Wille) 这个词是从情态助动词 (Wollen) 变化而来的，其本义就是"愿意""想望""欲求"等等。叔本华把意志说成就是康德的"自在之物"(Ding an sich)，即自在的世界本身，这是指同表象（现象）世界相对的意义。就意志本身的含义说，叔本华说，因为意志是世界的内在涵蕴和根本，意志就是冲动、本能、渴望和奋进，是求生的意志或生命意志。意志就意味着无尽的要求和欲望，它既不是事物的种类，更不是个别的事物，但意志却能够直接地实现为事物的理念（种族）——这就是意志的直接客体化，并因此间接地表现为事物的现象（个体）——这就是意志的间接客体化。例如，对在巨石之间滚滚流去的溪水来说，它随引力而流下，是意志的表现，它作为无弹性的、易于流动的、无定型的、透明的液体，这是它的本质；这些如果是直观地被认识了的，那就是理念了；当我们是作为个体而在认识的时候，它让我们看到的则是那些漩涡、波浪、泡沫等等非本质的现象。

在这里，我们看到，意志之作为世界的本质和本体，还不能直接地客观化为个体事物，它必须经过理念的中介，才转化为事物的现象界，为什么呢？为什么必须设置一个"理念"的中介呢？要弄清这一问题，必须首先弄清"理念"在柏拉图哲学中的意义和地位。

在柏拉图哲学中，"理念"首先具有本体论意义。他把世界区分为感觉世界和理念世界，前者处在不断的运动、变化和过程之中，是赫拉克利特"万物流变"的世界；而后者则是一"永恒的、无始无终、不生不灭、不增不减的"绝对存在，是对巴门尼德的不包含"非存在"的绝对存在的改造。柏拉图熔炼了赫拉克利特和巴门尼德的遗产，创立了自己的本体论的理念论体系，既承认绝对存在说，又不否认流变说，但它们分别肯定的理念世界与感性世界却不是平行存在的。柏拉图特别指出这两个世界的关系：感性世界依附于理念世界，理念是本体，具体的感性事物是理念的派生物。

其次，柏拉图的"理念"具有"范型"的意义。据研究柏拉图的学者考证，"范型"同时具有建筑学上"设计"和"模型"的双重意义。在《国家篇》中，柏拉图说："当我们讲，没有一个国家能得到幸福，除非国家的设计人，把神性的国家作为他们的模型。"[14] 在众所周知的"三张床"的

---

[14] 柏拉图：《国家篇》，第500E页。按Stephon编定的标准页码。

用法中，"模型"的意义就更明晰了：第一张是理念的床，由神创造；第二张是具体可感的床，由工匠以理念的床为模型创造出来，第三张床是画家以工匠的床为模型描摹而成。晚期的《蒂迈欧篇》则进一步指出：人们生活于其中的现实可感的世界是依据永恒不变的模型创造出来的。由"模型"的含义还可进一步引申出"典范""榜样"和"理想"等意思。

理念是本体性的，但在这一本体王国里，理念却被分为各种等级。最低一级的是具体事物的理念；接着往上是数学的理念，艺术、道德方面的理念；属于最高等级的是善的理念，它是最高的实在，是统治着整个可感世界的太阳，是全部世界最终源泉的解释。

至于从理念世界到现实世界的过渡，柏拉图分别提出了"分有说"和"摹仿说"，把我们生活于其中的现实世界看作是摹仿独一无二的理念而创造出来的。

在接受柏拉图理论的时候，虽然叔本华本人在多处宣称："在我用这个词时，总要用它原始的、地道的、柏拉图曾赋予过的意义。"但只要我们仔细分析，更可发现，他对理念一词的柏拉图意义既做了保留，又做了改造。

当叔本华说表象世界服从于时间、空间及因果性，而理念则不服从充足理由律的任何形态，是永恒不变的，但又能"通过时间、空间自行增殖为无数现象"，在此意义上，他保留了柏拉图的意义。

但在叔本华的本体世界中，不独有理念，或者说，理念不具有独立的、绝对的意义，它必须依存于更原始、更高级的意志本体。他自己也承认，"理念和自在之物并不干脆就是同一个东西"，"应该说，理念只是自在之物的直接的，因而也就是恰如其分的客体性"。在这里，意志成了理念的自在之物，而理念倒成了"表象"自在之物的首要的和最普遍的形式。

经过这一改造，叔本华的"理念论"既可上承意志本体，因为理念能够涵括意志本体，作为意志的代表，与意志同一；又可下启现象（表象）世界，沟通意志与现象的分立，因为理念具有了表象——作为意志主体的客体——的普遍形式，便可因此而让意志本体通过它而显现于现象的尘寰。

通过理念的中介，意志和现象之间的二元对立就取消了，理念和现象之间的派生关系，不再是"事因学"上的因果性的根源关系，不是以二元论为前提的"摹仿"，而是意志本体一元论地"表出"（Darstellung）、呈现。

所以，叔本华为了贯彻其一元论的意志本体论，采取了直接客体化和间接客体化两级形式。意志由于与理念的同一性，首先将自身直接表现为理念的级别，理念作为事物的种族，又将自身客体化为个体性的事物。整个世界就成了意志的客体化表现。

在自然中，意志总的说来表现为各种力，表现为力的各种冲动和作用。在无机界，意志的客体化表现最简单、最微弱。石头以自身的重力作用于地球的表面；水以强大的不可阻拦的冲力流入深渊；磁针总是固执地指向北极；铁屑有向磁铁飞集而去的热情；电的两极激烈地要求再结合，等等。

所有这些在它最微弱的现象中，盲目地、朦胧地、片面地、不变地向前奔的东西，因为它们随便在哪儿都是同一的东西，好比熹微的晨光和正午的骄阳共同有着日光这名字一样，叔本华把这同一的东西叫作意志。重力、固体性、液体性、弹性、电气、磁力、化学属性和各种物性均是意志最低一级的客体化，联结这些意志现象的纽带是因果律。在植物界，意志的表现更进了一步，因为在它们身上有了一定的刺激感应性，这是最微弱的知觉，意志的表现似乎有了一定的目标指向性：树木为了得到更多的阳光照射便疯狂地向上猛长，为了得到更多的水分，它的根须便使劲地扎向深层。但是，从总体上说，在意志客体化的这一级别上，意志还是盲目的，仍然是完全无知的奋斗，还是无名的冲动，像在最低级别上那昏暗无光的冥顽的躁动一样，远离着一切直接认识的可能性。

在动物界，意志虽然也主要还是表现为原始的力，不过在这里已经开始有直观的表象、开始有假象和幻觉、开始有行为的动机了，因而是意志更高一级的客体化。但在动物的行为里，意志的表现仍然是本能地、按天生的技巧起作用。才一岁的鸟儿并没有蛋的表象，可它就为那些蛋而筑巢；年幼的蜘蛛没有俘获品的表象，可它为这些俘获品而结网；食蚁虫在没有蚂蚁的表象时就在挖坑以伺候蚂蚁的到来。因而，在动物界，意志还是在盲目的行动中，在本能和欲望的冲动里。

只有到了人类，理性认识之光追随着意志的冲动，照亮了意志的行程，改变了意志的盲目性。尽管就人的身体而言，作为意志的客体化，和其他事物没有什么区别，因为身体的各部分必须完全和意志所由宣泄的各主要欲望相契合，必须是欲望的可见的表出：牙齿、食道、肠的输送就是客体化了的饥饿；生殖器就是客体化了的性欲；整个人的身体，都是意志的现象，而人的性格也都是意志本身在人的行为中的表现。但是，人因为有理性认识，有思想筹划的能力，有对于意志决断的明晰的意识，所以，人是意志客体化的最高级别，意志有了为其指导方向的理性之光这一有力的工具。但是，叔本华同时看出，在人类这里，由理性所产生的真实的或虚妄的动机却使意志的表出变得非常复杂。但在人的身体内进行的一切，不仅是身体的活动，就是身体的全部，都是客体化了的意志，是意志的现象，它不是由认识指导，不是受动机决定，而是盲目地起作用。作为意志的现象依然要绝对服从充足理由律，意志作为自在之物是独立于各种形态的充足理由律之外的，从而简直就是无根据的。在意志作为人的意志而把自己表现得最清楚的时候，人们也就真正认识了意志的无根无据。

　　叔本华描述了意志客体化的不同级别，让人看到意志现象（表象世界）之间的巨大差别性和多样性。正因为意志的这种差别，在意志现象之间存在着无穷无尽的斗争。客体化意志的每一级别都在和另一级别争夺着物质、空间和时间。恒存的物质必须经常更换自己的形式，机械的、物理的、化学的、有机的现象在因果性的线索之下贪婪地抱着要出现，互相争夺物质。这样，我们在自然中就到处看到了争夺、斗争和胜败无常，转败为胜。生命意志始终一贯地自相残杀。

一直到人类为止，因为人类制服了其他一切物种，把自然看作供他使用的物品。在人类自身中间，人把那种斗争，那种意志的自我分裂暴露到最可怕的明显程度，以至于人对人都成狼了。

叔本华认为，从所有这些差别巨大的客体化意志中，我们仍能看到意志本身之不变的、同一的本质，正是它构成了这世界之最内在的秘密，构成了这世界的自在本身。它是整个宇宙的最原始的驱动，是一切本能和欲望的源泉，因而也就是生命本身。就这样叔本华对世界、包括人都做出了唯意志论的解释，世界是表象，而表象的客体世界又彻头彻尾地是意志，是意志通过理念的客体化。他的这种意志本体论建构，旨在认识世界人生的真正底蕴，为把形而上学与伦理学统一起来清扫地盘。

世界与人的关系——哲学既是世界观又是人生观，只有对两者作统一的阐明才显示出哲学的系统性。叔本华在对世界的本质做出了意志论的本体阐明后，就要把这种本体论贯彻到对人生本质的说明上来。他从两方面阐释了世界与人的关系，一方面，世界在时间上的无限久远和空间上的无限辽阔使我们觉得自己作为个体，作为活的人身，作为无常的意志现象，正如沧海一粟似的微乎其微。现象的生灭无碍于意志的存在，个体的存亡无碍于种族的绵延，人对世界来说渺小得几乎是子虚乌有。另一方面，世界之无限与广袤恰恰是安顿于我们心中的，所有这些世界只存在于我们的表象中，世界的意志只是在我们这里才获得自我意识。世界就是我的表象，世界就是我的意志。因此，世界与人是相互依存的，宇宙和我是合而为一的。

世界与人的合一性表现在，世界是意志和现象，人也是意志和现象，意志是世界的本质，同样也构成了人的本质。人一方面是由意志决定了的现象，另一方面又能通过艺术和哲学本身达到对意志的完整认识，从而超然于现象界的规律之外，达到人生的解脱。正是依据于对意志的关系，叔本华建立起了他的人生观。

在叔本华看来，人这种生命现象是求生意志最完善的客体化。求生意志赋予人依靠自己的力量维持自己生命的使命，人是一切生物中需求最多的生物。当人的生命现象为人的生命意志所肯定（或决定）时，人生就是不幸的和悲惨的，人就是吃人的狼，世界也因此充满了罪恶。意志即为世界的"原罪"。

人类的可贵就在于能有理性认识照亮意志的黑暗深渊，从而能够自觉走上否定意志的解脱之路。在艺术欣赏和创造中，人就摆脱了认识为意志服务的关系，从而超然物外，不受充足理由律的束缚，沉浸于对眼前对象的亲切观审中，我们在得到审美的愉悦之时，迷失了自身，成为纯粹的认识主体。凭借审美的认识方式，人意识到自己与别人、人与世界的同一性，意识到现象世界的普遍本质，意识到受苦的人生，因此便要从审美的暂时解脱走上哲学的永恒解脱，走上自愿的放弃一切生命意志，放弃一切欲求的禁欲之路。随着对意志的否定，客体性的一级一级的形式便都取消了，意志的整个现象都取消了，现象的普遍形式也都取消了，没有了意志，没有了表象，没有了世界，也没有了人种，世界只剩下空无一片。这便是叔本华从意志本体论出发对人与世界之关系所做出的悲观主义和虚无主义的结论。当我们面对这种哲学时，必然会问，这种哲学的意义到底何在？

意志本体论的意义——哲学作为理论化和系统化的世界观，实际上重要的并不在于其世界观的"内容"，这种"内容"是可以作为具体的"知识"进行传授的。哲学不是这种确定的知识学科，而是一门"纯思"的学科，因而其重要性乃在于启发人们"如何思"，为人们提供如何思想和观察这个世界的一个视野和立足点。在哲学中，本体论为人们确立的正是一种视野和立足点，随着它的改变，人们的思维方式、价值观念和心理结构也就随之转变了。因此，本体论的演变实质是一种新的价值承诺的表达，是整个文化心理之"范型"的一种"格式塔"式的根本转变。基于这种见识，我们便不难发现叔本华意志本体论之意义了。

意志本体论首先摧毁的是近代启蒙理性的价值承诺。崇尚理性本来就一直是哲学的根本追求，近代哲学在反宗教神学、反封建专制的过程中，同自然科学紧密结合在一起，形成了一种独特的"科学理性"。这种理性以科学性为基础，以怀疑精神为先导，对一切事物进行批判分析，它不再无怀疑地承认宗教的神圣和法律的尊严，尤其不能容忍权威的独断。一切事物，只有经受得起自由和公开的检验，才能博得理性的尊敬。这样，理性便被抬高成为唯一的法庭。启蒙理性就是这种以科学性为基础的怀疑、审视和批判一切的理性，从而理性主义哲学家使理性取代了上帝和神权，成为一切价值的基础和根据。

在启蒙主义哲学家用理性批判审视一切时，理性却因其把自身等同于自明的真理本身而想逃脱批判。由康德肇起的德国古典哲学，一方面接过了理性主义的旗帜，把对理性的颂扬和崇拜发展到顶峰，以黑格尔绝对理性为标志的哲学体系就是这种理性主义的典型代表。另一方面，从康德开始，德国古典哲学家们也开始了对理性本身进行批判审查，康德的三大批判就直接而明确地把批判的锋芒指向了理性本身。通过这种批判，康德告诉人们，理性不是万能的，它有其自身的局限，在认识领域内，它就无法超越现象界去把握自在之物，因而这就为人们对于超现象界的诸如上帝、意志自由等的信仰保留了地盘。可以说，非理性的存在领域正因理性本身的限度是不可避免地要予以承认的。

在康德之后，费希特和黑格尔力图维持理性的绝对性，消除理性的局限。尤其是黑格尔，他以其辩证法建立起了集本体论、认识论和逻辑学相统一的绝对理性大厦，试图以无所不能的理性的绝对性去蕴盖和包容人类情感、艺术创造、社会历史等等领域中的非理性的内容，让绝对理性像太阳一样照耀万物，像上帝一样主宰一切。

然而，事实在于，无论理性主义哲学把理性抬得多么高，把它的力量鼓吹得多么大，都改变不了现时历史中非理性存在的真相。绝对理性无视社会中党派相争、民族冲突、阶级斗争中的血腥残杀，忘却了孤独的个体在荒诞的现实中的凄苦而无望的泪，忘却了在现世中人们挣扎的悲情与绝望的叹息，同时，绝对理性也忽略了在人类生命中，浪漫的激情，温情的慈爱，天才式的迷狂与创造，虔诚的信仰等非理性因素所能具有的价值和力量。

所以，在德国，从谢林等人开创的浪漫主义运动开始，就已经展开了对理性的拒斥和对非理性的崇拜。早期的谢林，通过对直观性思辨的推崇，拒斥着以反思、逻辑见长的理性思辨，把审美直观看作完成哲学任务的最高工具，把艺术看成哲学的"拱顶石"，从而使理性主义向非理性转向。但这时的谢林，仍然把理性等同于"绝对"，等同于"上帝"，等同于"无差别的同一性"。"理性"仍然是宇宙的基础、社会历史的基石，因而，他的"非理性"的"直观""审美""艺术""天才""想象"等等只是达到"理性"的工具和方法。后期谢林，向非理性主义方向迈出了更大的步伐，他从基督教的人格神出发探讨现实中"恶"的起源，认为在上帝的"本性"（Natur）中就有"恶"的根源和萌芽，进而认为"恶"并不只是一种消极的力量，而且也是一种积极的力量，一个不会"为恶的人"（Ein Mann zum Böse）绝不是一个有强大力量和坚强意志力的人。后期谢林已经开始以上帝的"原本的意志"（Wollen）作为世界的本原，但他的这种基督教哲学并不被认为是一种意志本体论。

只有叔本华才真正建立起意志本体论，把自然、人、艺术均看作是意志的表现。这套理论才真正让人们省悟到理性的无能和局限，让人领悟到以理性作为道德之基础和人生之根本的种种荒谬不实之处，更让人清楚地看出意志对人生的主宰所造成的不幸和痛苦，感受到宇宙人生中非理性的巨大力量。可以说，只有正视到现实生活中的种种非理性实在，不回避那些不随理性的高扬而消逝的非理性的情感、意志和冲力，才算真正具有了一种健全的而非盲目的理性。

　　随着意志本体论的创立，以理性衡量一切的近代价值观念也随之发生了转变。激情的价值在生活中获得了应有的尊重；仁爱之作为道德的新的基础得到了承认；艺术性的迷狂与审美的沉醉、天才的直觉与非理性的创造力不再遭受冷遇和排斥；尤其是，意志力的强盛更被随后的尼采鼓吹为衡量一切的价值砝码，成为替代上帝的"超人"的理想人格特征，整个文化价值观念开始了彻底地转变。在叔本华意志本体论的强大攻势之下，被宠得过于骄横的历史理性已失去了往日的威风与神气，盲目的理性的乐观主义在叔本华的攻击之下也溃不成军，在无数生灵的鲜血和眼泪中，任凭悲剧给冷酷的心带来一股强烈的震撼！

　　这便是叔本华意志本体论所起的历史作用，通过尼采，这种意志学说，以其或明或暗的影响力在二十世纪的西方和东方文化中传播、吸收和消化。

第四章　叔本华的美学理论

在德国哲学家中，美学均是其哲学系统的一个构成部分，叔本华在这一点上也不例外。他的美学和伦理学、人生哲学是紧密联系在一起的，有时在内容上甚至会相互重叠，难以分述。在德国近代哲学家当中，叔本华是最有资格谈论美学的，因为他对于美学的经验对象、各门艺术，毕生都在"沉浸浓郁，含英咀华"。在生活中，他每天都要阅读文学作品，每天都要用笛子吹奏音乐，而且几乎每个夜晚都要参加音乐会，或者观赏戏剧演出。在他四十五岁以前的漫游中，他到过欧洲许多美丽的城市，目睹了风格各异的建筑，参观了许许多多的博物馆，见到了大量的艺术珍品。他不仅撰写过专门的文艺论文，如《艺术的内在本质》《音乐的形而上学》《文学的美学》等等，而且在其哲学论著中还表现出对古代和现代文学知识了如指掌。为了说明自己的观点，他可以随意牵引任何一位知名或不知名的作家及其作品。

虽然叔本华的美学属于其哲学的一个组成部分，是其意志本体论的贯彻和展开，但并非其哲学的单纯演绎，当然，他的美学也绝非全然的经验概括。我们倒是看到，在他的美学中，经验与理性、直观与抽象、创造与阐释有着某种不太协调的平衡。当经验占上风时，他的美学让人感到亲切可人，入情入理；当他强行贯彻自己的哲学路线时，他竟会公然无视最基本的艺术事实。

下面我们从"艺术的形而上学""艺术论"和"悲剧论"三个方面展示叔本华美学的原貌。

一、艺术的形而上学

美学作为艺术哲学，也即艺术的形而上学。它有别于一般的艺术理论，作为一门从属于哲学的应用学科，通过哲学的深刻洞见而返回到艺术的真正源泉、找到艺术的本质、从而发现艺术的原理。这种原则的规定早在十九世纪初谢林的《艺术哲学》讲座中就已经制定出来了，黑格尔后来在他的《美学讲演录》的序言里，也首先声明，"美学"即艺术的哲学。叔本华虽然一再大骂谢林和黑格尔是"吹牛大王"，"江湖骗子"，宣称他的哲学与前二者水火不容，但他的美学或艺术哲学，究其实质，与他们有着极大的共通性，即他们均是从哲学所建构起来的"绝对"或"理念"出发去推导艺术的概念，认为真和美只是对世界的同一个自在本质的不同观察方式而已。对谢林来说，世界的本质或本源即为"绝对"（它等同于"宇宙""上帝"或"理念"），黑格尔同样把它作为"绝对理念"，只不过，叔本华则把它作为"意志"。因"意志"是这世界的内在本质、这世界的自在本身，故哲学和艺术的职责均在于考察或认识意志这一世界的原始隐秘。但在叔本华看来，艺术不像哲学那样去考察意志之作为事物、对象之原始力量客观化的"表象"，即事物、对象作为个别存在的内容，而是静观其作为事物、对象的纯粹"形式"，也即意志之最高的、直接而恰如其分的客体性：理念。他说：

> 意志通过单纯空间性现象的适当的客观化就是美，客观意义的美。①
> 美，我的意思是指有生命和无生命的自然的最基本和最原始的形式——用柏拉图的话来说就是"理念"。②

这里，叔本华从客观意义上说明美的两个本质性特征：美是意志的客观表现，并且是"适当的"表现。树丛那高耸入云、生机勃发地向上升迁，正是意志冲动的适当表现，因而可以让人感受到美。这样一来，存在着自然之美。植物、荒漠、山川、大地，只要是适当地表现了"意志"，固然可以说是美的，但不能说是"优美"。在叔氏看来，只有动物和人类才能兼有美与优美。优美不是像植物那样是一般意志的单纯空间性的合适表现，而是意志通过其时间性现象的合适的表现。优美表现在：每一举动与姿势都是最轻便、最适度、最自然地完成的，从而是意向行为的纯粹适当地表现。

---

① 北京大学哲学系美学教研室：《西方美学家论和美感》，北京商务印书馆，1980 年，第 227 页。
② 叔本华著《艺术的形而上学》载于《外国美学　第 2 辑》，北京商务印书馆，1986 年，第 461 页。

它没有多余的举动流露出无目的、无意义的手足无措或姿势错乱，也没有任何举动表现出令人缺憾的生硬做作或呆若木鸡。优美必须要以四肢的左右匀称和体态的秾纤得衷、修短合度为其先决条件，因为只有凭借这些条件，一切姿势和举动上的潇洒自如和显然适度才有可能。因此，在优美上，叔本华不得不承认具有某种程度上的"肉体"之美，而非仅仅是纯粹的理念形式。两者美满而兼备，才是意志在其最高阶段上客观化的最清楚的表现。人体美则是这种完美的典型，一方面，它是人的肉体的一种客观表现，标志着意志在其可以认识的最高阶段上最充分的客观化，另一方面，它最充分地表现了在可感形式上的一般人类理念。

叔本华就这样从其独特的意志本体说，保留了德国古典美学家关于美是理念的这一命题。就其以意志为本源而言，他使康德和黑格尔的理性主义美学向非理性方向迈进，更胜于谢林，就其仍然保留美是理念一说而言，他与他们别无二致。

从理念出发探讨美，使得叔本华只在很有限的程度上说明"客观上的美"，他更多地紧随着康德，以"先验的"立场上把主观的审美愉悦，即美感分析放到了首位。他在《艺术的形而上学》的论文中，开宗明义地提出：

> 艺术哲学中的真正问题或许可以简述为：在与意志没有任何联系的事物中怎样得到愉悦。③

---

③ 叔本华著《艺术的形而上学》载于《外国美学 第2辑》，北京商

从这里完全可以看出，在叔本华那里，美和美感是完全矛盾地揉在一起的。在前者，他说美是意志之客观化的适当表现；在后者，美感愉悦又是在与意志没有任何联系的事物中获得的。这到底应如何理解呢？按照他对美感的解释，我们一方面不是从事物的存在本身，而是从事物类族的理念感到愉悦，也即从美本身感到愉悦；另一方面，我们在审美时不是作为一个受意志驱动的认识主体，而是作为无意志的、没有主观目标和目的的纯粹理智。受意志驱动的认识主体，总把事物与自身的需要和欲求联系起来，服务于实用的、科学的认识方式，受着充足理由律的限制，因而没有自由感和愉悦感。而只有无主观目标和目的的、脱离了意志影响的纯粹主体，才是安宁的、静观的理智，摆脱了意志的影响，也即摆脱痛苦和悲哀的来源；摆脱了充足理由律的认识方式，才有想象力的自由，因而产生了纯粹审美的愉悦。他说：

> 在外来因素或内在情调突然把我们从欲求的无尽之流中托出来，在认识甩掉了为意志服务的枷锁时，在注意力不再集中于欲求的动机，而是离开事物对意志的关系而把握事物时，所以也即是不关利害，没有主观性，纯粹客观地观察事物……那么，在欲求的那第一条道路上永远寻求而又永远不可得的安宁就会在转眼之间自动地光临，而我们也就得到十足的怡悦了。……
> ……这种心境，是认识理念所要求的状况，是纯粹的观

务印书馆，1986 年。

察，是在直观中浸沉，是在客体中自失，是一切个体性的忘怀，是遵循充足理由律的和只把握关系的那种认识方式之取消；而这时直观中的个别事物已上升为其族类的理念，有认识作用的个体人已上升为不带意志的"认识"的纯粹主体，双方是同时并举而不可分的……④

由此可见，叔本华以其在意志问题上的矛盾的方式，保留了德国古典美学的两个基本论点：理念说和无利害关系说，他的意志论和审美论一直处于十分牵强的关系中。对艺术本质的探讨，他也是立足于这种牵强的关系的。

叔本华把艺术作为一种认识的方式，这并不新鲜，可以说这是西方文化，尤其是近代欧洲理性主义美学家们的共同主张。但叔本华严格区分了理性的认识方式和天才的认识方式，前者遵循的是理由律（因果关系），因而是实际生活和科学中唯一有效而有益的考察方式。这种认识方式以抽象的概念为中介，以严格的逻辑证明为手段，而概念本身是从推理得来的，有着确定使用的范围，它的定义就把它说尽了，没有也不允许给想象力留下任何空间；而后者遵循的是想象的逻辑，是天才的考察方式，它撇开对象的实在的、确定的内容不管，而专注于对象的内在本质。它以纯粹的无主观目的的方式静观对象的总类的理念，因而这是在艺术上唯一有效而有益的考察方式。概念式的把握是推论的和求证的，理

---

④ 叔本华：《作为意志和表象的世界》，（中文版）北京商务印书馆，第274页；（德文版）莱比锡，1859年，第266—267页。

念式的把握是直观的和审美的，这是科学和艺术的区别。

从此，我们便看出了叔本华对艺术之本质特点和目的的看法。他说：

> 意志的恰如其分的客体化便是（柏拉图的）理念；用个别事物的表现（因为这种表现永远是艺术作品本身）引起（人们）对理念的认识，是所有艺术的目的。⑤
> 一句话在考察理念、考察自在之物的也就是意志的直接而恰如其分的客观性时，又是哪一种知识或认识方式呢？这就是艺术，就是天才的任务。⑥

艺术的唯一源泉是对永恒理念的认识，它唯一的目标是传达这一认识。从对艺术的这一本质规定来看，叔本华和谢林没有不同。但谢林的长处在于他从这一点出发进一步论证了艺术和哲学的同一性关系（认识世界的本源、本质）以及艺术以形象（或造型）来表达世界之原型的优势：它能以个别表达理念并使哲学家主观内在的观念变成客观的、直观可见的。而叔本华在这一问题上并未见到其详尽的阐明。有一点是自康德以来，德国古典美学家们共同乐道的：那就是对艺术中天才的赞誉。他们都认为科学无须天才而靠勤奋便能达到目的，而艺术唯独需靠天才。因为天才的性能就是立于

---

⑤ 叔本华：《作为意志和表象的世界》，（中文版）北京商务印书馆，第 356 页；（德文版）莱比锡，1859 年，第 339 页。

⑥ 叔本华：《作为意志和表象的世界》，（中文版）北京商务印书馆，第 258 页；（德文版）莱比锡，1859 年，第 251 页。

纯粹直观地位的本领，完全沉浸于对象的纯粹观审，在直观中忘却自己，摆脱为意志服务的劳役，消解自己的个体人格，而成为静观世界底蕴的纯粹主体。只有在这种状态，天才才成为洞明世界的眼，才能把握那作为事物本质的理念的美。

总之，艺术的使命同哲学一样，是要认识、表现或传达作为意志适当客体化的理念，这是天才的任务。但这并不是说"理智"不重要、无作用。叔本华认为，无论在艺术品主题的选择还是在作品的构思和创作过程中，理智均不是毫无作用，相反，有时是具有头等重要的。因为艺术作为艺术的特点不在于抽象认识和科学认识，而要通过个别的事物、人物、场景来表现理念。所以，无论是诗歌还是造型艺术；在主题的选择方面，都要撷取某一独特的人或事，并把它作为一个与众不同的存在努力加以表现，它的一切特性甚至最细微之处都要以最准确的精确性表现出来。在构思时，理智必须发挥作用。诗人首先注意的是他主题的安排，然后是正确措辞和正确地运用韵律规则，画家关心的是他的画的准确性和色彩的巧妙运用，只有在理智符合于事物相互关系的条件下，艺术所用的媒介得心应手，主题安排得恰到好处，从而产生出艺术的效果。

叔本华在艺术的形而上学阐明中的一个与众不同的优势在于，他对各门具体艺术形态均有较高的鉴赏力和了解，因此，他在论述美和艺术的本质这样完全"形而上"的抽象问题时，不像其他哲学家那样艰深晦涩，从概念到概念，而是游刃有余地结合具体的艺术经验侃侃而谈，因而通俗易懂，妙趣横生。下面我们从他关于艺术的分类和对各门具体艺术的论述中，可以更深切地体会出这一可贵的鲜明特征。

二、艺术论

　　康德的美学著作很少具体地谈论艺术品，但在他对艺术的不多的话语里给艺术做了一个大致的分类。其分类的原则即是认为各种不同的艺术都是表现和传达美的感性工具，从这一原则出发他得出一项"想入非非的"[⑦] 推论，他把艺术分成：言语的艺术、造型的艺术和诸感觉自由游戏的艺术。虽然康德自己并不十分重视这一分类法，他既谈得简短，也很不系统，但这一观点却实实在在地成为其后世的论点的先声。谢林的《艺术哲学》从大的方面把艺术世界分成"实在的"（reale）方面和"观念的"（ideale）方面，前者分化出造型艺术（die bildende Kunst），后者分化出言语的艺术（die redende Kunst），或者说狭义上的诗歌艺术。由此可见，谢林的分类法大致上源于康德，但谢林莫名其妙地把音乐放在造型艺术里并作为"实在的"艺术系列的第一个环节（后两个环节是绘画和雕刻），这倒不如康德把它独立出来作为"诸感觉自由游戏的艺术"更好些。

　　这两位长者的分类法无疑影响着叔本华，但叔本华在他的整个论述中显示出对艺术分类的漫不经心。他并不十分在

---

⑦ 〔英〕鲍桑葵：《美学史》，北京商务印书馆，1986年，第363页。

意地从体系的完整性上为各门艺术优先地指定一个价值地位（这是谢林和黑格尔这些体系哲学家最为热衷的），他甚至也没有像康德那样专门论述分类的原则和方式，他的特点表现在从审美经验和由理念所表现的意志客体化的级别上论述各门艺术的美感特征。他对艺术门类涉及之广，具体艺术经验之丰富和精到，是德国其他哲学家无法比拟的。但这并不是说，叔本华没有论述过他对艺术分类的原则，而是说，这种分类的原则和方式是隐藏于或散见于他对艺术的鉴赏分析之中的。他的分类原则的特点在于：他不是按照艺术的媒介，而是按照各种艺术的对象材料来给艺术分类的。因为在他看来，艺术的对象材料是意志客体化的一定的级别，作为艺术表现之目的的理念在对象客体化的一定级别上适当地表现出来，就构成了不同的艺术门类。意志客体化的级别从原初的无机物、到有机物、到人类直至精神的发展，越来越有助于人们见出其中显示着的理念。因为这是意志逐渐摆脱物质性而向精神性的理念攀升的过程。这样一来，一切事物都是美的，但由于这一对象比另一对象更明显地显示出意志客体化的理念，因而更迁就人的观赏，更容易让人们纯客观地、不带意志地观赏，因而也就更美。艺术表现这些美也反映出不同的价值品级，人比其他一切都要美，而艺术的最高目的就在于显示出人的本质。

按照艺术对象材料的不同，叔本华把艺术区分为建筑艺术、造型艺术、文艺和音乐。这种区分表面上与康德、谢林、黑格尔不同，实质上仍大同小异。因而我们在此略去对他们分类上的详细比较，而来看看叔本华到底如何看待这些艺术形式的。

（一）建筑艺术

叔本华从建筑艺术开始了他对各门艺术的审美赏析，因为在他看来，建筑艺术是在意志客体性的最低级别上表现理念。建筑所使用的是物质性材料，但物质仅就其作为物质讲，只有彻底的因果性，不能表现出理念，因而不是艺术表现的对象。物质虽然不能表现出理念，但"物质性"即物质的每一属性均可表现出理念来，不过仅仅是意志的最微弱的客体性罢了。而只要它表现出理念，因而就可对其作审美的观赏，建筑也可超越其纯粹实用性而成为艺术品。

建筑作为艺术论，它通过砖石的最低级别的客体性：重力、内聚力、固体性、硬性，意志的这几种最原始、最简单、最冥顽的可见性来表现理念。所以叔本华说：

> 建筑艺术在审美方面的唯一题材实际上就是重力和固体性之间的斗争，以这种方式使这一斗争完善地、明晰地显露出来就是建筑艺术的课题。⑧

这就是说，建筑物有种必然地向地面冲压而去的重力，而地面的固体性却在顽强地抵抗着，要托负起这种重力，这

---

⑧ 叔本华：《作为意志和表象的世界》，（中文版）北京商务印书馆，第 298 页；（德文版）莱比锡，1859 年，第 287 页。

便形成了重力和固体性之间的斗争。建筑的艺术即在于表现和传达通过材料的物质性所透露出来的动力学，它的每一部分都需具有为了全部结构之稳固的目的，每一部分的位置、尺寸和形状都要恰到好处，牵一发而动全身。如果抽掉任何一部分，则全部必然要坍塌。这便是各种力所表现出来的美感，因为每一部分所承载的，恰是它所能胜任的，每一部分又恰好是在它必需的地方，必需的程度上被支撑起来，这样一来，构成顽石的生命或其意志表现的固体性和重力之间的反作用、斗争才发展到最完整的可见性，意志客体性的最低级别才鲜明地显露出来。所以，叔本华认为，对建筑艺术，我们欣赏的不仅是形式和匀称性，反而更应该是大自然的那些基本的力，那些原始的理念，意志客体性的那些最低的级别。即令是匀整性不复存在了，废墟也是美的呢。

在建筑艺术美上，叔本华还尤其重视光线的作用。不仅在营造建筑艺术品时，要特别顾虑到光线的效果和坐落的方向，而且在欣赏时，这些作品在充分的阳光中，以蔚蓝的天空为背景，便可获得双重的美，而在朦胧的月光中又表现出另一种完全不同的效果。

建筑艺术和造型艺术、文艺的区别在于它所提供的不是实物的拟态，而是实物自身。但叔本华对实物的理解，着重于指顽石，坚硬的固体，大地等等。他甚至说，如果建筑材料是浮石或麻石，就会马上降低建筑之美的水平，若是以木材为材料，那根本不能称之为艺术的建筑。在这里，突出地表现出叔本华对以中国为代表的东方建筑艺术的无知。因为在中国古代建筑艺术上，正是依靠木材的各种形式的榫卯来构成飞檐、托梁、拱顶等，正恰当地表现出叔本华所赞美的力。

在讨论建筑艺术的最后，叔本华把风景美的水利工程作为建筑艺术的姊妹艺术。因为在他看来，在建筑艺术上，重力的理念是和固体性连带出现的；而在风景美的水利工程中，重力的理念则是和液体性，即形状不确定性、流动性、透明性为伍的，但两种艺术均是表现同一种理念。从悬岩之上倾注的巨流，咆哮汹涌飞溅着的瀑布，静穆幽娴，还有明镜般的湖水等等，其显示沉重的液体物质的理念和建筑物显露的固体物质的理念是一样的。

因艺术形态的发展是依照艺术对象所显示的意志客体化——理念——的明晰程度而定的，从最低级别的顽石——建筑艺术——过渡到较高级别的艺术对象，这就是植物界和动物界，在艺术形态上也就是，风景画和动物画。

（二）风景画和动物画

叔本华认为，植物没有艺术的媒介也可供欣赏，且能让人获得一种较高程度上的愉悦情感，这种愉悦的程度是与植物的丰饶、多样、繁茂及自然的程度成正比的。更直接的原因就在于植物显示了较高程度上的意志的客体化。植物是朝着重力吸引正相反的方向生长的，这正是生命现象作为新的和更高的阶段宣告其存在的一种直接方式，是自然之内在生命力的爆发，是意志力的充满。植物界的重力定律也似乎被克服了，连同我们人类也是从属于这个层次上的，因此，我们一见到植物界的勃勃生机，心就立即被打动了，那直线向上的方向即是我们愉悦的根源。当然，叔本华也未忽略观赏植物界在主观心理上给人带来的那种宁静、和平和惬意的景象，这种景象能使人进入一种境界，从自身的意志状态中解脱出来，成为一个纯粹的理智体。

就植物界作为艺术的对象说，主要的是风景画的对象。就风景画的欣赏而论，叔本华也一如既往地表现出其美感观念上的巨大矛盾。一方面就观赏的客观方面论，它要求人们见出植物所表现出的意志力，展示出的植物的理念；另一方面就观赏的主观方面论，他认为主要的在于把握纯粹而无意志的认识，我们借助于画家的眼睛看到事物的时候，我们见到的不应是植物意志力的勃发上冲，而应是对那隽永的心神之宁静和意志的完全沉默同时获得一种同感和余味。他的这种矛盾总让读者感到厌倦和没劲！只有尼采（F. W. Nietzsche, 1844—1900）才彻底抛弃了他那对意志的取消，使他的意志说真正在审美鉴赏上发挥其本真的生命力。

观赏植物界带给我们的那种宁静和惬意，在观赏动物界时则荡然无存了，因为动物呈现给我们的主要是不安、痛苦甚至争斗的情况。因此，动物画和动物雕刻同风景画相比，带给我们的美感是不相同的，美感的客观方面占有着绝对的优势，认识理念的主体已把自己的意志镇压下去了。这样，虽然主体也已有了像欣赏风景画时的那种平和宁静，但鉴赏者似乎并未感到这宁静的效果，因为心情已被前面所展示出来的那意志的不安和激动所占据了。在动物雕刻中以那近乎离奇不经和粗犷凶顽的粗线条，表现出构成我们本质的那一欲求本身，这种无所掩饰、天真坦白的表现正是我们对于动物画和动物雕刻感兴趣的关键所在。

植物画只在形状中体现出种族的特征，动物画（包括雕刻）则不仅在形态中，而且还在行动、姿势、体态中把它显示出来，因而后者比前者是一个高级得多的艺术品级。但是，动物画和雕刻无论如何总只是其作为动物之种类的特征，而不是其个性的特征。要在个性特征中见出种类的特征，必须到最高一级的艺术中去才有可能。故事画和人像雕刻，就是这样的艺术。

（三）雕刻艺术和绘画

叔本华认为，人的美是意志在最高级别上的最完美的客体化，在根本上是人的理念完全表现于直观看得到的形式中。雕刻艺术的核心课题即是刻画人的形体美，因而，这种美是由空间中的"形式"表达出来的，而非人的直接可感的肉体美。叔本华虽然并不拒绝承认肉体美的存在，甚至认为没有哪个对象能够像美人的容貌和身段那样，立刻激发起欣赏者的一种说不出的快感，迅速使其超然于自我，移入到纯粹的审美直观之中。但是，雕刻作为一门艺术，它所表现的美既不来源于人的肉体，也并非就是人的美的肉体，而是人的族类特征凝结起来的美的理念（形式）和人的个体特征或"优雅"的体态在空间上的一种同时完善的表达。

动物雕刻只有种类特征而无个性特征，而人像雕刻则兼有两者。但这并不意味着人像雕刻就只在刻画"个性"特征上优于和高于动物雕刻，而是认为无论是在种类特征还是在个性特征上，人像雕刻均是比动物雕刻（以及以前的艺术）要高得多的艺术题材。因为人体本身是大自然中最复杂、最完美的顶峰。人体的每一部分既从属于整体，又是一个独特的生命，所有的部分又恰好在恰当的方式下从属于整体，相互配合，和谐完整，同谋协力，不多出一点也不委曲一点，这便是人体的自然美。人体本身就那么完美，以人体为对象的雕刻艺术难道不正是模仿了人的自然的形体美吗？叔本华否认了这一点并指出了模仿说的"本末倒置"。他从先验的立场，论证了艺术美的创造来源于艺术家对美的理念的洞见和对理想的美的典型（或原型）的"预期"。因而，艺术美高于自然美。自然美并未曾创造出一个一切部位都十全十美的人来，但艺术能够创造并必须这样创造。因此，真正的艺术天才就在于以高度的"预期"相跟随的高度的洞察力，好像大自然的一句话才说出了一半，他就已经体会到了，并把大自然结结巴巴尚未说清的话爽朗地说出来了。所以，他把美的理念在大自然尝试过千百次而失败后，雕刻在坚硬的大理石上，以致他表达出来的美乃是他从未实际看到过的美。

在人身上，由于其突出的特征表现为人的类族特征和个性特征能够各自分离，也就是说，每个人在一定限度内都表现出一种特殊的理念。但是，这种"分离"并不意味着个体特征（叔本华把它称之为"性格"）可以取消类族特征，而是要把每个个体的特征或性格看作人的理念恰好在这个个体中有特别突出的表现。就是说，性格作为个别的，但仍然要按理想的典型来把握来描写。即令是个人的肖像画，作为艺术言，也应该是个体最理想的典型。一切以人的理念为目的的各种艺术，除了表现类族特征的美之外，还要以表现个人特征为任务。如果以个体特征来取消类族特征，把性格的特殊性夸大到不自然的程度，便成了漫画；但如果以类族特征来取消个体特征，则是空洞无意义的。

但是，各门艺术的着重点是不同的。在雕刻中，最核心、最主要的是刻画人体的美的仪态。所以雕刻尤其喜欢裸体，只有当衣着并不隐蔽身段时，才容许衣着。或者说，雕刻艺术品上的衣着或褶裙并不是用以隐蔽，而是相反地用以表现身段的。表现美的体态和优雅的举止是雕刻艺术的长项，但对于刻画人的性格极为重要的眼神和色彩的运用，却全然在雕刻的范围之外，但这却构成了绘画艺术的长项。

叔本华认为，在感触、激情、知和意相互影响中出现的精神特征，是只能由面部表情和姿态表现出来的，这便是绘画的题材。绘画在美和优雅之外，以表现人物性格为主要对象。个体作为人的理念在某一特殊方面的突出表现，不仅在形体上可以看出，而且要在其面部表情和姿态上认识到。在一些个别的，却又能代表全体的事态中把瞬间万变、不停地改头换面的世界固定在经久不变的画面上，从个别的对象中，表出永恒而普遍的理念，这乃是绘画艺术的成就。由于这种成就，艺术好像已使时间的齿轮本身也停止了转动。

叔本华尤其敬重那些表现"真正的"基督教伦理精神的人物画，把这种画看作是绘画艺术中最高的、最可敬佩的成就。从而把拉斐尔（Raphael，1483—1520）和柯勒乔（Corregio，1494—1534，意大利画家）看作是最成功地表现了基督教精神的伟大艺术巨匠。谢林也尤为推崇这两位大师，但他看重的是拉斐尔的素描和柯勒乔的明暗对比法。在艺术发展的内在级别上，谢林视雕刻艺术——他在其中把建筑和雕塑放在一起——为音乐和绘画的综合，而叔本华倒透露出绘画艺术高于雕刻的意思，因为雕刻的主题是美和优雅，而绘画在此之外尤其注重表情、个性和精神。特别是叔本华多次提到在雕刻艺术范围之外的"眼神"，在绘画中尤其能让人看到那种最圆满的"认识"的表情和反映。这种认识便是完全把握了宇宙和人生全部本质的认识。

在绘画之后，叔本华结束了造型艺术的探讨而转到文艺上来了。

（四）文艺

在"文艺"名下，包括了诗歌、戏剧和长篇小说。

文艺的宗旨也像其他各类艺术一样，在于揭示理念，表明意志各种级别的客体化，但文艺的特点与造型艺术不同，它既不雕刻实在的占有空间性的形体，也不运用色彩以表现表情，而是直接用文字来表达或传达诗人以心灵把握的明确而生动的理念。它不像造型艺术那样把实在的、鲜明可感的形象提供给观众，而是凭借文字，让读者发挥其想象力在其表达的概念的代替物中洞察出生命的理念。就其以文字来描绘人物的形象和性格而言，文艺比造型艺术更为抽象，就读者仍能以文字来理解其内涵言，对识字的人来说，文艺作品又比美术和音乐作品更为"实在"。

文艺作品的创造要求诗人不仅要有造型艺术家所拥有的天才的直觉力和洞见力，即把握理念的能力，而且要有其他艺术家所没有的操纵语言的能力。他不能使概念停留在其本义上的抽象一般之中，而是以他自己的意图"组合"那些概念，用一种直观的替代物代之而使其出现于想象之前。这就好像化学家把两种清澈透明的液体混合起来就可获得固体的沉淀一样，诗人也会以其组合概念的方式，使具体的、典型的、直观的表象获得他所预期的"沉淀"。节奏和韵律是所有文艺的特殊辅助工具，它既是吸引读者注意的手段，也是让读者产生共鸣的基础。

　　文艺传达和表现理念，刻画人物形象和性格的方式和范围比其他艺术都要多要广。它既可用描写的方法，也可用叙述的方法，还可用戏剧的方法。它不仅能表现静态的场景，更可描写动态的演变，造型艺术就无此可能。所以叔本华说，"在人的挣扎和行为环环相扣的系列中"表现人的理念，是文艺的重大课题。"表出人的理念是诗人的职责"。而诗人尽其职责的方式有两种：一种方式是被描写的人同时也就是进行描写的人。抒情诗和正规的歌咏诗属于这种情况。抒情诗体以主观性见长，诗人只是生动地观察、描写他自己的情况，因此叔本华认为这是最容易的一种诗体，只要赋诗者在其激动的瞬间能够对自己的情况有一种生动的直观就行了。这种观点实际上是很难令我们同意的，许多不是诗人的人，即令他十分激动，对自己的情绪了如指掌，也不可能做出一首像样的诗来，因为他没有驾驭语言的能力。感受到了的东西并不一定就能用诗性的话语表达出来，这是普遍具有的情况。

　　另一种写诗的或表达人的理念的方式，照叔本华看来，即是"待描写的完全不同于进行描写的人",这便是其他客观性成分占主导的诗体。田园诗主观成分就少得多,在长篇小说则更少些,正规的史诗中,主观性几乎消失殆尽,而在戏剧里就连最后一点主观的痕迹也没有了。叔本华认为戏剧是最客观的,也是最完美、最困难的一种诗体。抒情诗,少年也可作,只要他以歌词体现一瞬间的心境,反映了人类的内在本质。而写戏剧则只有到了成年人才适合。在戏剧里,悲剧是文艺的最高峰。叔本华认为,悲剧所表现的,实乃意志和它自己的矛盾斗争,但不论这种斗争如何进行,悲剧中最基本的东西都是描写巨大的不幸。在此我们不多做评论,鉴于其悲剧理论在其思想中的重要地位,我们将在后面做专门论述。现在我们依叔本华艺术论的顺序,考察其音乐艺术论。

(五)音乐艺术

在叔本华的时代,音乐尚是个难于归类的艺术,谢林曾把它放在造型艺术的第一个环节加以论述,而对叔本华而言,其他任何一种艺术都有着它所要表出的一个特殊的理念,但音乐却不能看作世间事物任何理念的仿制和副本,也就是说,在其他艺术等级的链条中没有音乐的地位。这便使得叔本华干脆把音乐作为一独立的艺术种类而确定下来。他认为,音乐不同于其他艺术之处在于,它绝不是理念的写照,而是全部意志自身的直接客体化和写照。说音乐是一种"客体化"无论对此做何解释均显得牵强附会,因为音乐作为一种情绪的艺术是无法真正"客体化"的,这是它区别于建筑艺术和其他造型艺术的特点，但叔本华为了贯彻其意志本体论哲学，也就只有牺牲音乐本身的艺术性阐明而使之为其哲学服务了。

那么，叔本华对于音乐美学到底做出了何种有意义的洞见呢？这需要我们去掉其形而上学的神秘意味而进一步明晰地做出限定才行。就其说音乐是意志的直接写照，因而其表现的不是阴影（其他艺术据他说因以理念为中介，所以只是阴影！）而是本质言，只要我们不把"意志"理解为他所赋予的意义，而理解为音乐表现的必然要素：节奏、情绪和声音，他的说法的确很有道理。只有当我们做了这种模拟或置换后，他的音乐美学才既具有历史的可比性，更具有艺术上的可行性。就前者而言，当叔本华承认音乐并不是表现个别的、特定的情绪（抑郁的、痛苦的、恐怖的、快乐的、高兴的等等），而是表现诸种情绪自身时，我们才在这里真正发现了音乐题材之艺术源泉的"形式"本身。也正是在把"意志"理解为"客观化"了的情绪自身时，他的意思和谢林所说的音乐是表现世界自身的同一节奏和运动具有十分明显的相似，和黑格尔所说的"音乐是心情的艺术"[9]，"是无对象的内心活动"[10]具有不谋而合的同一性。就后者，即音乐本身的艺术性言，只有当我们明了音乐的使命是表现心灵的直接而普遍的情感自身时（叔本华把此称作生活和生活过程的精华），我们才有了一把衡量音乐是否纯洁地言说自己的

---

[9]　黑格尔：《美学　第3卷　上》，北京商务印书馆，1986年，第332页。
[10]　黑格尔：《美学　第3卷　上》，北京商务印书馆，1986年，第333页。

语言的艺术性标尺，我们才找到了说明像罗西尼（Rossini, 1792—1868，意大利歌剧作曲家）那样的音乐之所以打动人心的道理：因为他的音乐总是那么清晰地、纯洁地说着音乐自己的语言，以致根本无须唱词，单是由乐器奏出也有其充分的效果。

叔本华合理地看到，音乐比其他艺术都更直接、更强烈地激动着人的内心，但理由与其说因为音乐直接地表现意志，不如说它直接地表现情感，是情感自身的明晰的语言。他也在莱布尼茨之后，清楚地认识到乐音的基础有着数的关系，但他并未简单地把音乐化为数量关系，而是进一步深入到音乐同世界的更为深刻而本源的关系之中，寻找到音乐愉悦和感动我们的心灵、医治我们的内在痛苦的形而上学价值。虽然这种价值在叔本华那里始终同他那神秘的意志连在一起，但对世俗生活中疲倦痛苦的生灵而言，仍可依照他的指点自觉不自觉地在音乐这一极高的价值领地获得拯救和解脱，使自己的心灵和精神升华到一个自在自乐的境界。叔本华首先强调了音乐对人的心灵的拯救作用，这不能不说是他的贡献之一，在此方面，他成了尼采音乐哲学的奠基者。

由于音乐是意志本身的直接写照，因此音乐是真正的哲学，因为哲学的任务无非是在一些很普遍的概念中全面而正确地复述或表出世界的本质。在叔本华之前，谢林认为艺术能把哲学家只是内在地、观念的把握的世界本质变成客观可见的，所以，不仅艺术与哲学具有同一性，而且艺术高于哲学。但在谢林那里，能担此重任的"艺术"是"神话"或"诗"，而在叔本华这里，却把此重任托付给音乐了。音乐具有与哲学同等重要的形而上学价值，这是叔本华的洞见，这一洞见，不仅仅提升了音乐的表现价值，而且使哲学界和音乐界对于音乐本身的神奇力量产生了深刻的印象。

三、悲剧论

朱光潜先生在其《悲剧心理学》一书中曾批评哲学家谈悲剧总不那么在行，说在悲剧问题上去求教哲学家往往是越说越糊涂。这只能说明两种情况，一是哲学家本人在理论上的矛盾；二是哲学家之间在理论上的冲突。但是，尽管如此，在美学史上，真正有价值、有意义的悲剧理论无一不是出自哲学家。试想想，在谈悲剧时，谁能够绕过亚里士多德的悲剧理论不谈呢？同样，尽管叔本华的悲剧理论存在着矛盾，但人们在谈起他的哲学时又有谁不顾他的悲剧论呢？

叔本华谈悲剧，尽管仍然离不开他的意志本体论，但比起谢林和黑格尔来，明显不是概念的推导，而是结合着文艺中的悲剧主角的性格和命运而谈的，表现出叔本华对艺术作品的熟知。

就悲剧的一般特点而论，叔本华正确地说，它是以表出人生可怕的一面为目的，是要在我们面前演出难以形容的痛苦、悲伤，演出邪恶的胜利，嘲笑统治着人的偶然性，演出正直、无辜的人们不可挽救的失陷。但是，仅仅这些，在叔本华看来尚未表现出悲剧的真正本质和意义。他认为，悲剧中的不幸、痛苦和灾难都只是手段和表象，其真实的本意是要传达出这一本质的洞见：意志是一切不幸、痛苦和灾难的根源，从而让人看穿世界的本质和人生的真谛，不再被摩耶之幕所蒙蔽，自觉地放弃和否定生命意志。

　　一般说来，艺术和审美活动可以把人带入超越世俗和功利的美感境界，使我们暂时摆脱求生的意志，并且给予我们在这个世界上用别的办法无法得到的片刻幸福。悲剧尤其是达到这种目的的最佳手段，因为它最能使我们生动地感受到人生最阴暗的一面，邪恶者的得意、无辜者的失败、机缘和命运的无情，以及到处可见的罪恶和痛苦。悲剧的根源就是人生不幸的根源，就是世界的根源，即意志。在叔本华的眼里，世界就是人间地狱，快乐不再是一种实在的善，而只是永恒痛苦当中短暂的间歇。人生之所以不幸，因为人的本质是意志，这个人的意志与其他人的意志往往都是相互冲突和斗争的，尤其是若每个人都局限于自私的个体性，而没有一种普泛的仁爱的话，双方意志的斗争，会造成同归于尽的结局。所以，叔本华反对在正义中去寻找悲剧灾难的原因，悲剧的原因就是意志——即人有欲求，有本能的冲动，有盲目的努力，有激奋的情感。但悲剧人物之所以得到毁灭的惩罚，并不是由于犯了什么个人的罪过——"因为奥菲利娅、苔丝狄蒙娜或考狄利亚有什么过错"？——而是犯了原罪，即生存本身这一罪过。叔本华说："悲剧的真正意义是一种深刻的认识，认识到（悲剧）主角所赎的不是他个人所特有的罪，而是原罪，即生存本身的罪。"[11] 而且他多次赞许并

⑪ 叔本华：《作为意志和表象的世界》，（中文版）北京商务印书馆，

引用卡尔德隆的两句诗:

> 人所犯的最大罪恶
> 就是他出生在世。

悲剧正因为向人类揭示了这条真理,所以理所当然地是"文艺的顶峰"。

正是在这里,出现了理解叔本华理论的巨大困难。一方面,从本体论上讲,世界的唯一实在和本质是意志,万事万物包括人都是同一个意志的客体化表象和阴影;另一方面,从心理和伦理的角度讲,因意志是一切痛苦和不幸的根源,所以唯一的出路和解救之道就是否定生存意志。人们不禁会问,这种理论是否必要和如何可能呢?因为只要有表象,就会有意志,只要人活着,意志就存在,那么否定意志,不就是要毁灭整个人类和世界吗?这又从何谈得上拯救呢?

所以,从理论上看,否定意志——叔本华认为是悲剧使人认识生命的毫无价值后所达到的人生智能——在逻辑上是矛盾的,在心理和伦理上是错误,尤其是在观看悲剧时,对于不熟习叔氏理论构架的人,也是完全不可能达到这一"智慧"的。当他运用这一理论结论去分析悲剧人物的活动和心理时,也往往会碰壁。

请看下面的事实。

依叔本华说:"要是有人敲坟墓的门,问死者愿不愿再

第 352 页;(德文版)莱比锡,1859 年,第 335 页。

生，他们一定都会摇头谢绝。"

而在荷马的《奥德赛》中，俄底修斯在冥界同阿喀琉斯相会，阿喀琉斯这位伟大的希腊英雄却这样来谈论死亡：

> 不，伟大的俄底修斯啊，不要这么轻松愉快地向我谈死亡吧。我宁愿在人世上做一个帮工，跟随没有土地、也没有什么财产的穷人干活，也不愿在所有的死者当中享有大权。

叔本华自己分析了一部又一部的悲剧作品，终于承认俄狄浦斯、希波吕托斯以及许多其他希腊悲剧人物都不是抱着否定生存意志、弃绝尘世欲求的淡泊精神以死告终的。相反希腊悲剧中两位伟大的女主人翁，安提戈涅和伊菲华妮，都是抱恨而终的。安提戈涅悲叹自己"没有人为我哭泣，没有朋友，也没有听过婚礼的赞歌，现在我却被引上了不会再延长的最后的旅程，心里充满了哀伤。啊，不幸的我再也不能看见那神圣的太阳的光辉了！"伊菲华妮明白地告诉父亲说，想死是愚蠢的，"悲惨的生也比高贵的死更好"。叔本华本人完全意识到了其理论的这一巨大困难，便自我嘲解地说："这都是因为古人还没有达到悲剧的顶峰和极致，甚至还没有达到对生命的完全认识造成的。"实际上，就是达到了对生命本质更为全面和深刻认识的现代人来说，更难以达到和符合叔本华的理论。

这样说，并不是完全否认叔本华对悲剧真实意义及其本质的分析，而是说，他在悲剧灾难的原因和悲剧所应产生的效果这两个方面是充满着矛盾的，从其原因达不到其结果。但就叔本华对悲剧原因本身的分析而论，不仅是独到的，而且也是合情合理的。

他正确地指出，写出一种巨大的不幸是悲剧里唯一基本的东西，他进而把不幸的来源分为三种。首先，它可能来自某一剧中人异乎寻常的恶毒，就是说，角色就是肇祸人。像理查德三世，《奥赛罗》中的雅葛，《威尼斯商人》中的歇洛克，《安提戈涅》中的克瑞翁等等。其次，它也可能是由盲目的命运造成的，叔本华把盲目的命运等同于"机缘和错误"，例如《俄狄浦斯王》，《罗密欧与茱利叶》，《坦克列德》，《梅新纳的新娘》等。最后，不幸也可以仅仅是由于剧中人彼此的地位不同，由于他们的关系造成的。在一般的生活环境中，既没有哪个人物特别地坏，也没有什么可怕的错误或闻所未闻的意外事故，而只有在道德上平平常常的人们，他们在经常发生的情况之下，处于相互对立的地位，清清醒醒地不得不睁着眼睛互相残害，却没有哪一个人完全不对。叔本华认为最后这类悲剧最为可取但最令人可怕，因为这类悲剧不是把不幸当作例外指给人们看，不是当作罕有的情况或狠毒异常的人物带来的东西，而是当作一种轻易而自发的，从人的行为和性格中产生的东西，几乎是当作人的本质上要产生的东西，这便使不幸和我们接近到可怕的程度了。前两类悲剧中那可怕的命运和骇人的恶毒，我们可以设法躲避它，而后一类悲剧是我们自己也难以避免可能会干出来的行为带来的，这样我们便会不寒而栗，觉得自己已到地狱中来了。这一类悲剧的例子很少，主要可以举出的情节，叔本华说有《哈姆莱特》中哈姆莱特与雷欧提斯和奥菲利娅之间的关系，《浮士德》中甘泪卿和他哥哥之间发生的事件等。

认为悲剧主要表现受难，这是叔本华的一个鲜明的特点，谢林在其《艺术哲学》中不仅未谈到受难和不幸，反而认为悲剧中两种力量的斗争，最终不是双方的同时毁灭，反而是双方同时胜利了，所以悲剧能给人带来快感。黑格尔在其《美学》中也很少论及受难，他们两人更多的是从哲学的概念出发做抽象地推论，而叔本华的这一特点，表明他从哲学的悲剧观念向文艺的悲剧观念靠近了。

那么，现在的问题在于，既然悲剧主要表现苦难，为什么又能给我们快感呢？

叔本华的答案分别从心理和哲学上做出。从心理上讲，叔本华接受了亚里士多德的悲剧唤起怜悯和恐惧的说法。但他对这两个概念的解释和莱辛差不多，恐惧是为自己的，怜悯是为他人的。我们先是分享了悲剧主人翁的那种不幸的威胁，于是和他结成同盟来对抗人生。然后才逐渐分享到他的痛苦，忘了为己的动机，于是恐惧便产生怜悯。叔本华指责亚里士多德把怜悯当成目的，在他看来，怜悯只是达到否定求生意志的一个手段。不过叔本华这样说，并没有低估怜悯重要性的意思，相反，他不仅把怜悯看作是一切道德的基础，而是还把怜悯视为一切审美活动的基础，因为它是观照的起点，是爱的起点。这样一来，叔本华便从心理层面转向了哲学的层面。

从哲学上讲，叔本华认为，所有的悲剧之所以那样奇特地引人振奋，是因为逐渐认识到人世、生命都不能彻底满足我们，因而不值得我们苦苦依恋。正是这一点构成悲剧精神，也因此引向淡泊宁静。于是，我们看到，在悲剧中经历漫长的冲突和苦难之后，最高尚的人最终放弃自己一向急切追求的目标，永远弃绝人生的一切享受，或者自在而欣然地放弃生命本身。作为观众，目睹了这场冲突和苦难，也就从他们身上受到高尚的教育，同样能够暂时摆脱求生意志。因而悲剧快感和一般快感一样，都来自痛苦的暂时休止。

由于这种痛苦的休止来源于对意志的否定，而在悲剧中又找不出哪个悲剧人物像叔本华描绘的那样"自愿而欣然地放弃生命本身"，所以他从哲学层面上讲的悲剧快感是很难成立的。当尼采把悲剧快感从生存意志的否定，转换成坚不可摧的意志力的肯定表现时，这才是可理解的。尼采说，意志的最高表现即悲剧英雄被否定了，却引起我们的快感，因为他们只是些幻象，因为意志的永恒生命并不因为他们的毁灭而受影响。就是说，悲剧英雄之死不过像一滴水重归大海，或者说是个体化原则的破灭，是个体性——痛苦之源——重新融入原始的统一性。我们在悲剧中体验到的快感是一种得到超脱和自由的快感，这种快乐好比孺子重归慈母的怀抱所感到的快乐。因而，叔本华的悲剧快感必须到尼采的学说中获得合理的肯定的理解。

第五章　叔本华的伦理学

　　伦理学在叔本华的整个哲学中占有重要的、甚至是核心的地位，因为他超越了近代启蒙运动的理性主义哲学家们把"知识论"作为哲学中心的做法，而专门深思人生有无意义，生命能否得救这些属于伦理价值的问题。他把关于意志本体的形而上学同如何更好地行动来度过人生的宿命这种伦理学紧密地结合在一起，使其整个哲学呈现出价值伦理学的特色。

　　叔本华的著作，也主要地侧重在伦理学上。除主要的代表作《作为意志和表象的世界》外，直接论述伦理道德的著作有《论自由意志》和《论道德的基础》这两篇应征论文。这两篇论文后合编为《伦理学的两个基本问题》于1841年出版。叔本华还写了许多短论文也是属于伦理学方面的，如《生活的智慧》，1897年英国出版的叔本华的《论人性》一书，其中就包括《论人性》《性格》《论道德本能》《伦理学反思》《自由意志与宿命论》等五篇重要的伦理学专论。

　　叔本华的伦理学以其"意志"本体论取代了"理性"本体论，从而实现了西方价值观念从传统到现代的转变，开创了二十世纪西方价值伦理学的先河。无论是他对康德等理性主义伦理学的批判，还是他自身伦理观念的建构，他始终都是围绕在"意志"的关系来考察行为的道德价值，这是理解其伦理思想的关键所在。

一、对康德伦理学的批判

叔本华一再承认，他的哲学是从康德出发的。但成为其出发点的，既不是康德哲学的理性主义内容，更不是康德伦理学的"实践理性"本体，而只是表现康德哲学不彻底性的关于"本体"与"现象"的二元分离。但是，以"本体"和"现象"的二元分离为出发点，也只是说明叔本华借用了康德考察问题的这种纯粹的思辨形式，至于"本体"和"现象"的内容，叔本华做出了与康德完全不同的解释。在康德，"本体"作为不可认识的"自在之物"（Ding an sich 或译为"物自体"）标志着认知理智的一种界限，对人的行为而言，它具有"引导"作用：使人产生不断超越现象界的必然趋向本体自由领域的意愿，并使人产生对于不可接近神圣之物（如上帝）的敬畏和依附之情。至于"本体"到底为何物，在康德那里是晦暗不明的。叔本华则相反，他明确地、直截了当地把康德的"自在之物"说成是"意志"，是宇宙人生的主宰，是不知其来由，也不知其去向的不可抑制地盲目冲动，总之，就是生命意志（Wille zum Leben）本身。所谓的"现象"只是意志的"表现"，是意志的客体性。通过对"自在之物"的这种改造，叔本华从两个方面改变了康德的哲学：一是把康德的"理性"本体论，改变为"意志"本体论，从而实现了向非理性主义价值观念（不再强调"理智"，而强调"艺术""审美""直觉""想象""仁爱""情感"等不可用理性明确规范的东西在人生中的重要地位）的转变；二是把康德的二元论哲学变成了彻底的意志一元论，即唯意志论哲学。基于这种价值本体的转变，叔本华对康德伦理学的价值基础（即价值本体）、道德律令、责任论和价值观念进行了全面的清理和批判。这种批判是非理性主义者对理性主义者的第一次全面反攻。

（一）对康德伦理学价值本体的批判

在康德那里，伦理学和物理学一样都是关于客观规律，即普遍必然的规律的科学。后者是研究"自然"的普遍必然的规律，而前者则研究"自由"，即道德的普遍必然的规律。物理学的规律是从现象或事实中抽象出来的，但伦理学的道德规律却不能够在它所处的外界环境中去寻找，而完全要先验地在纯粹理性的概念中去发现。因为外在的、经验的、带有利己杂质的规范不能称之为道德规律，道德规律之作为自由规律，必须具有人人自愿遵从的"命令"或"诫律"（Gebot）的性质，它只有出自纯粹的理性，才能具有客观的、普遍适用的必然性，才能对人的行为具有行之有效的约束性。因而，只有出于纯粹理性的道德规律——所谓"纯粹的"理性也即指绝对纯洁、丝毫不受利己意图和个人打算的污染，完全清除了来自经验杂质的理性——才是对一切有理性东西普遍有效的、心悦诚服地自觉践履的自由规律，它构成了一切道德价值的泉源和基础，是道德行为之约束性的根据。

由此可见，康德伦理学的价值本体是纯粹理性，或者说是"实践理性"。因为理性只有唯一的一个，它之所以被区分为"理论理性"和"实践理性"，并不是说存在着两种不同的理性，而只是同一个纯粹理性的不同运用罢了。作为先验论，纯粹理性是创制规律或原则的能力，而理论的理性着意的是认识，认识对象直至认识先天的最高原则；实践的理性着意的是规定意志的行为原则和最高原理，因此在康德看来，所谓具有意志，也就是按照原则行动的能力，而唯有理性的东西才具有坚持原则的力量，因此意志不过就是实践理性。

按康德的说法，实践理性是自律的意志，因而也是自由的意志；实践理性的自律，表明理性为自己立法，表现自己自由自觉地遵循自己的规律，因而这种理性也就是善良的意志，是最高的善。

叔本华不仅完全不能接受康德上述对于道德的本体价值所做的形而上学探讨，而且认为这种探讨简直就是错误百出、矛盾重重、完全没有真实内容的虚构。

首先，叔本华认为"实践理性"本身即是个错误的概念。以"实践理性"作为人的行为的道德价值基础，在叔本华看来，即是要求哲学指导人们的行为，进而改变人们的气质、增强人们的德性观念，"那都是陈旧的要求"，因为德性和天才一样是"教不会的"，如果我们期望道德制度和伦理学唤起有美德的人、高尚的人和圣者，就像期待各种美学来唤起诗人、雕刻家和音乐家一样，那真是"太傻了"。他认为，哲学一概都是纯理论的，本质上要采取"纯观察的态度"，洞明世界的本质。而伦理学只是考察行为方式的伦理意义，因此，它们均只具有理论的意义而不能具有"实践的"性质。"实践理性"也就只是个虚妄不实的错误概念，"因为在这里，在这人生有无价值，是得救或是沉沦的关头，起决定作用的，不是哲学的僵硬概念，而是人自己最内在的本质"①。

其次，叔本华批判了康德把实践理性作为人类行为的伦理意义之根据和源泉的错误。在康德那里，实践理性是一切美德、一切高尚胸怀的源泉，是一切道德行为的价值根据。因而，合理的行为和道德的、高尚的、神圣的行为是同一个东西，而自私的、恶毒的、罪恶的行为只是不合理的行为。叔本华认为，这只是"一小撮德国学者"的看法，而任何时代、任何民族、甚至全世界都是把美德和合理的生涯理解为两种全不相同的东西。叔本华举例说，基督教崇高的发起人，他的生平可以确立为我们一切美德的模范，但如果说他曾是一个最为理性的人，那么这是一种很不敬的，甚至是亵渎神灵的说法了。一个市侩常常是非常有理性的，就像一个恶棍常常是以考虑过的狡诈，按一个思想精密的计划为他自己获取财富和荣誉一样，难道他不是特别合乎理性地在从事他的勾当吗？叔本华得出结论说：和恶毒很可以好好地同理

---

① 叔本华：《作为意志和表象的世界》，（中文版）北京商务印书馆，第 372 页；（德文版）莱比锡，1859 年，第 355 页。

性站到一起一样，高贵的情操有时也和非理性结合在一起。

第三，叔本华指出了康德意志自律等概念的矛盾。叔本华说："既说意志是自由的又要为意志立法，说意志应该按法则而欲求：『应该欲求呀！』这就等于木头的铁，显然是随手便可碰到的矛盾。"叔本华认为，无条件的应该，也是矛盾的，况且，人们只是对孩子们和初开化的民族才说这些，而不对已经吸收了文明成熟时代全部教养的人们说这些。

叔本华对康德的上述批判，是立足于完全不同的本体价值承诺做出的，因此从根本立场论，很难说谁对谁错，谁是谁非。从康德的理性主义立场论，他论证之严密，推论之精确，说理之充分是早有公论的，其中也并没有明显的矛盾，如意志自由和自律。并且，从康德的立场出发，为了使道德规律具有最大的普遍有效性和约束性之基础，要求"无条件的应该"等道德原则具有纯粹先验的、形式的结构，不包括任何经验内容，也是完全必要和非常合理的。但是，从叔本华意志主义的立场论，因他承诺的价值本体变了，当然就会认为康德的理论这有不足、那有缺陷，这是因为两人的立场和基础根本不同。这在本质上，是两种信仰的交锋。虽然叔本华对康德伦理学价值本体的批判是机智的，但并不能因此就说它击中了要害。这种信念上的批判的意义在于启示人们决不把一种本体或一种信念看作是唯一正确而合理的，从而培养起哲学的一种可称之为"视野融合"的真正宽容的精神。

（二）对康德责任论的批判

在康德看来，责任（Pflicht，也译作"义务"）就是由于尊重规律而产生的行为的必要性。出于责任的行为，即是把实践理性的绝对命令（体现为道德规律）内化为自己的行为准则，从而去实现这些准则。康德认为，只有出于责任（aus Pflicht），即以责任为动机的行为才有道德价值，而若仅仅是行为的结果合乎责任，与责任的戒律相符合，而以爱好或其他什么个人目的为动机的行为，则没有多大道德价值。

叔本华反对把理性和美德联系在一起，因此他也反对在行为之前提出什么规范准则，反对责任论。因为在叔本华看来，在人的行为中，只有意志才是真正自主自决的，行为不来自于理性，而只是意志的表现，所以，道德责任不能建立在理性基础上，而只能本于人们的生命意志。叔本华也看到，任何以意志为依据的行为本质上只能是利己主义的，所以道德责任必须以生命意志的压抑为代价，建立在正当与仁爱的基础上。他说："对我们自己的责任如同对别人的责任一样，必须被建立在正当或仁爱的基础上。而我们自己的责任建立在正当基础上是不可能的，因为自明的基本原则是：意志所准所作无害。因为，我所做的总是我愿意的，因而，我对我自己所做的也仅仅是我所意愿的，而非别的什么；如此一来就不会是不公正的。"[②] 这就是说，人的一切行动都

---

② 叔本华：《道德的基础》（英文版），伦敦爱伦出版公司，1915年，第 38 页。

是基于意志要求之上的，它本身无所谓正当与否，而责任并不是建立在人的意志之上的东西，因而不可能成为人类行为的基本德性。

责任概念在康德伦理学中占有中心地位，突出地表现出康德伦理学唯动机论的特征。强调责任，无疑是对的，因为一个有德性的人总是对他人、对社会有所担当，负有责任的人。一个没有责任的人，是不道德的，一个没有责任的社会是颓废而病态的。正是在此意义上，萨特（Jean-Paul Sartre, 1905—1980）的"自由选择"伦理学把对自己行为的责任推到了十分突出的地位，而弗洛姆（E. Fromm, 1900—1980）也正是从现代资本主义社会逃避责任（所谓的"逃避自由"）的现实，揭示它的腐朽性和不健全性。所以，康德把道德责任作为伦理价值的前提，是十分正确的。但是，康德却只从抽象的理性和脱离现实的纯粹形式性来论证责任，并从纯粹动机上把出于责任的行为，而不管这种行为的结果如何看作是有价值的，叔本华正是从此方面来批判康德，这的确在很大程度上暴露了康德伦理学责任论的局限性。因为责任问题正是在同他人、同社会中表现出来的，而不仅仅是一个同自身理性的关系问题。叔本华虽然看出了康德责任论囿于实践理性关系上的先验的纯形式性的不足，但他并未找到克服这种不足的正确方法，他只是把这种基于纯粹理性的不足转移到基于意志的不足上来了。从与意志的关系来规定责任问题，可以温和地说是从一个极端走向另一个极端，甚至是走向了一个更为不足和错误的极端，因为它把道德责任看作一种消极被动的东西，否认了责任的道德实践意义和积极的价值。另外，叔本华认为按照自己意愿（意志）所做的，就不会有什么不正当的说法是完全错误的，因为行为的正当与否有其社会的、传统的和流行的标准，虽然这种标准是历史的、相对的，但在一定程度上有其客观性和普遍性，决不会仅仅是在同意志的单纯关系中确定的。

（三）对康德三条道德律令的批判

康德从纯粹理性的普遍性得出了道德命令的必然性、强制性之后，分别从形式、质料和整体三个方面论述了道德律令，并在每一方面都加以规范化，制订为一个公式。这三个公式在西方伦理思想的发展史上以至西方文化的发展史上，都具有重要的影响，但也受到了叔本华严厉地批判。

康德第一条道德律令简化为这样的公式：要只按你同时认为也能成为普遍规律的准则去行动。这是从形式方面规定行为的评价标准，人们必定愿意自己的准则能够变成规律。在叔本华看来，这一律令本身是不可能的，每个人的行为都是以个人自我的意愿作为出发点，不可能成为普遍通用的道德原则。他说，"当我们结识一个新相知的时候，作为一个原则，我们首先想到的是，这个人是否在某种方式上对我们有用。"③因此，所谓普遍的道德律令也就只是一种幻想而已。

康德第二条道德律令是从质料方面讲的：不论是谁在任

---

③ 叔本华：《道德的基础》（英文版），伦敦爱伦出版公司，1915年，第96页。

何时候都不应该把自己和他人仅仅当作工具，而应该把自身看作就是目的。这一律令是基于人是最高的理性存在者这一思想而提出来的。叔本华认为，康德的这一命题虽然强调了人的地位，但仍然是不彻底的。按康德的说法，人，的确在他本身是作为一个目的存在的，"目的在其自身"，同样是作为一个"绝对的应当"。叔本华指出，这种目的论的不彻底性在于，它并没有洞察到人的真正本质。事实上，人自身是一个双重的存在，一是作为表象存在的人的身体，一是受生命意志支配的人的本质。现实的人只不过是意志客体化了的表象，主宰这个躯体的还有另一个内在的本质——生命意志。因此，人不是一种理性的存在，其自身的目的性也不具备绝对的意味；人实在是一个受制于生命意志运动的存在，现实的人并不具备真实的目的性价值。

康德第三条道德律令，是从全体方面对全部准则作完整的规定，这就是：全部准则通过立法而和可能的目的王国相一致，如像对自然王国一样。这一律令是说，每个有理性的东西因按其本性就规定他为目的王国的立法者，他的意志只服从自己所制定的法律，这样就产生了一个由普遍客观规律约束起来的、有理性东西的王国，康德称之为目的王国。目的王国和自然王国很有相似之处，前者服从准则，服从自身加于自身的规律；后者服从外因起作用的规律。作为自在目的，有理性的东西是自由的，只服从自己所制定的法律、规律，因此他超越了必然的自然规律的约束，唯有立法者自身才具有尊严，具有无可比拟、无条件的价值。

叔本华指出，这条律令只是第一条律令的结果而已，同样不能成立。因为在康德那里，意志自律是人们通过对自身理性本质的认识而获得的行动自由，这在根本上颠倒了意志与理性的关系。叔本华认为，意志是绝对的，意志自由不依赖于理性，而且，对任何现实的人来说，非但是不自由的，而且生命意志的支配和驱使使他永久地处于一种痛苦的被动状况。

　　从总体上说，叔本华认为，被康德自己说成是至德至善的理性的道德原则，实质上是一种隐蔽的利己主义，作为伦理学的基础是无效的。因为把自己意志的行为规范当作一种普遍的立法原则，只是"己所不欲，勿施于人"这句古老而简明的基本原则的一个间接的、加过修饰的说法罢了："显然，为了寻获我自己为人处世的规则，我应该不只是考虑我自己，而应该考虑所有一切个人的全体总数。那么，不是我自己的福利而是一切人的福利，无分轩轾，就会是我的目的了。然而这一目的总还是福利。于是我发现，唯有每人都以别人的利己主义作为自己的利己主义的界限，一切人才能这样同等地过好日子。由此自然就会得出结论说：我不应该侵犯任何人，因为，在认定这是一个普遍原则时，我自己也不得被侵犯，而这就是我在尚未具有而正在寻找一个道德原则时，为什么能够情愿以此为普遍准则的唯一理由。可显而易见的是，在这种情况下，追求幸福的愿望，亦即利己主义，依旧是这一伦理原则的源泉。以此作为政治学的基础那是好极了的，以此为伦理学的基础那就不中用了。"④

---

④ 叔本华：《作为意志和表象的世界》，（中文版）北京商务印书馆，

另外，叔本华还指出了康德伦理原则的一个致命的错误，即它同任何一个人的感情都相抵触。康德要求任何有德行的行为都应该是从纯洁的，考虑过的尊重准则的心情中发生的，并且是按照这些准则的抽象规范，冷静地、没有情趣甚至和情趣相反而发生的。叔本华指出，"这种要求恰好等于人们主张任何真正的艺术品都必须是由于熟虑，妥当地应用美学规则而产生的。这两种说法彼此都是同样的错误。"并说真正善良的行为仅仅只是由于尊重已认识到的准则和责任概念来理性地完成的，而不是由于志趣，由于对别人怀有好意、同情、好心肠或一时的情绪高昂来完成的，这种行为的不可能性比把白铅炼为黄金的不可能性更为明显得多；寻找这样的道德原则，完全等于去找既可点石成金，又能医治百病的仙丹。

（四）对康德良心、至善观念的批判

在对康德伦理学的价值本体、道德责任论、道德律令进行批判之后，叔本华又进一步对康德至为重要的道德观念：良心和至善进行了批判。

叔本华指出，康德的良心学说不过是对他"绝对的应该"（absolutes Sollen）概念"作了一些阐明"，康德把良心视为一种"超自然的法令"，甚至当作一种永远跟踪人的行为的影子，一种催眠人的声音，使人无法摆脱；并把它抬到抽象的道德法庭之上，这无异于把良心作为宗教教堂的

第 713 页；（德文版）莱比锡，1859 年，第 665 页。

供品，是将"伪造的、人为的良心""建立在迷信的基础上"，"最后使迷信成为良心的必然结果"⑤。总而言之，康德的良心学说只是类似于宗教迷信的理性迷信，是不可信的。

最后，叔本华抨击了康德的至善观念。康德认为，善良意志是唯一不受任何限制的善，但不是唯一的善，毋宁说是绝对的善、至善。在现实生活中，德与福常常是分离的，有德的人常常并不幸福，而无德的人却享受着幸福，这是极不正常的。从"应该"的角度讲，只有有德性的人才配享幸福，最理想的情况是所得的幸福和他所有的德性在程度上相一致。无功之赏，不劳而获，不应得的幸福是无价值的，得不到报偿的德性本身虽然可贵，但伴随着应得幸福的德性却最为理想。

叔本华反驳说，任何"善"在本质上都是相对的，这是因为善只在它对一欲求的意志的关系中才有它的本质。所以，绝对善、最高善、至善都意味着一个矛盾，也就是意味着意志的最后满足，此后再无新的欲求出现。但意志是永不满足的，"是个穿底的桶"，只要生命尚在，满足了一个欲求，新的欲求又会出现，所以，对意志而言，并没有什么至善，而永远只有一时的善。另外，美德与幸福本质上也是合不来的，因为按意志论，一切真正的美德在达到了最高的程度之后，则导致完全的绝欲，此时一切意欲都告结束了。而

---

⑤ 叔本华：《道德的基础》（英文版），伦敦爱伦出版公司，1915 年，第 111—113 页。

幸福则与此相反，是满足了的意欲。因而，"对于已经洞悉我的论述的人，已无须再来分析康德关于至善这一见解的整个错误了。"[6]

通过对康德伦理学的典型批判，叔本华借助于非理性主义的意志本体论，全面否定了康德理性主义伦理学的基本理论。这种批判就其完成了理性主义伦理学向非理性主义伦理学的转变而言，在许多方面均具有十分重要的意义，除开众所周知的它暴露了康德伦理学的形式主义和先验抽象性这一点而外，至少在下列两方面，叔本华提出了永远值得人们深思的伦理学难题：

一方面是理性因素和非理性因素对于人类行为的伦理意义或价值问题。作为德国伦理学源头的古希腊伦理学，就把按理性生活的人称为有智慧的人，而只有有智慧的人才是有德性的和幸福的。对斯多葛派来说，至善和幸福即是实现出于人的本性的目的，而人按本性生活，就意味着按理性生活，因为理性天生是欲望和冲动的管理者。康德的伦理学为了反对流行于英法两国的以经验主义为基础的利己主义和幸福论的伦理学，突出地把源于古希腊的理性主义精神推向了顶峰。他要求把纯之又纯，不带任何经验杂质的理性作为确立道德原理的基础，使道德规律具有令人崇敬的威严和人人心悦诚服地自觉履行的普遍有效性，这当然有其完全的合理性。但是，当人们脱离先验的预构和对于"应该"的纯粹

---

⑥ 叔本华：《作为意志和表象的世界》，（中文版）北京商务印书馆，第 717 页；（德文版）莱比锡，1859 年，第 668 页。

理性假想，而关注于现实的、具体的人的行为之时，就会发现，人的行为不仅有理性的指导，同时也与人的信念、情感、意志和兴趣等非理性因素密切相关。在许许多多的场合，正如叔本华所指示的那样，恶行可能正是在理性指导下完成的，而善举完全可能是出于一时的兴趣或本于自己的好心肠等情感因素。在经历了现代哲学的洗礼之后，人们更能明白，理性在知识论、科学中所起的作用的确功不可没，因为它是形成概念的能力，而在人生的领域，关涉到人的伦理价值问题，理性的确远不如情感得力。逻辑实证主义者们，正是从这一点出发，激进地把所有道德价值判断看成是纯粹个人情感、欲望的表达，石里克（Moritz Schlick，1882—1936）说："对人们行为及其性格的不同类型的道德评价，不过是社会对愉快或悲伤的情况的情绪反应。"[⑦] 由此可见，叔本华立足于意志本体论，从非理性因素而对康德理性主义的反驳是有价值的，它不仅使人们明白并重视非理性因素对于行为所具有的不可忽视的道德价值，而且更为重要的还在于，他使人明白了理性在解释伦理价值问题上的限度，这对于防止因对理性的盲目崇拜而产生的对行为本质的误识，防止理性本身的遮蔽性起到了再启蒙的作用。西方学者正是在此意义上追溯叔本华哲学所具有的"后现代"意义[⑧] 以及其伦理学的"后现代性"（Postmodernität）。

[⑦] 石里克：《伦理学问题》（英文版），纽约，1939 年，第 78 页。

[⑧] 参阅 Schirmacher 编：《后现代中的叔本华》，尤其是该书第三部分：《后现代中的伦理学》（德文版），维也纳，passagen 出版社，1989 年。

　　另一方面，他促使人们更进一步地思考意志同道德的关系问题。康德以及传统伦理学大多都讨论过意志及其自由同道德的关系问题，这种讨论有的是在理性主义的框架中，像康德那样；有的是在神学框架中，像奥古斯丁（Aurelius Augustinus，354—430）和后期谢林⑨。而唯有叔本华是在非基督教、非理性的意志本体论框架中，讨论道德行为同意志的关系。这使得他的意志论迥然有别于康德的意志自由论。在康德，意志自由是一种理性认识基础上的必然结果，它意味着人们完全摆脱了物质利益和感性欲望的缠绕而达到的道德意志的自律境界。而在叔本华，自由只属于人的生命意志的本体领域，而不属于人的行为之表象；在康德，意志自律具有某种纯道德动机的意味，而在叔本华，人的动机恰恰是不自由的，它是一种受生命意志驱动的追求和盲目的冲动；意志自由之于康德，是伦理行为产生的前提，而在叔本华，伦理行为的发生恰恰是以牺牲意志自由为代价的。这种区别，如前所述，是立足于两种不同的本体价值造成的。因对本体价值的选择和确认，带有很强的信仰色彩，很难做出肯定的或否定的是非评价，但从叔本华对康德的批判来看，他至少可以对现代人起到启发性的作用，让人进一步思考意志对于行动的伦理价值到底何在。为了弄清这个问题，下面我们还要从正面来专门探讨一下叔本华的意志自由论。

---

⑨ 谢林于 1809 年出版了《论人的自由之本质》一书，完全是从基督教的语境中言谈意志自由同恶的关系问题。参阅该书的中文译本，香港汉语基督教文化研究所编，笔者译。

二、伦理学的两个基本问题

通过对康德伦理学的批判，叔本华拆除了传统理性主义哲学和伦理学的栏栅，从意志本体论出发，具体地展开了自己的伦理学理论。在他看来，伦理学是有关行为的道德价值问题，或者更清楚地说，是在达到了意志的自我认识，因而也就洞悉了世界的本质，看穿了生命的根本之后，人生如何解脱的问题。传统伦理学是行为的伦理学，它追问，我们应该做什么？（Was sollen wir tun?），而在叔本华之后的现代伦理学，对基本问题的追问方式发生了变化，在今天，它成了这样一个问题：我们放弃什么或许更好些？（Was sollte wir besser lassen?）[⑩]。叔本华伦理学从本质上讲，不是告诉人们应该如何行动的道德哲学，而是告诉人们如何放弃生命意志而达到人生彻底解脱的人生智慧的学说。作为一门学科，叔本华认为伦理学的基本问题有两个：一是意志自由问题，它是我们解释人类道德行为的前提，更是理解"放弃"或"自便"（sich lassen）的关键。二是道德的基础问题，它关系到我们对行为的伦理意义的理解和评价。

（一）意志自由论

自由问题之于伦理学，就像天才之于艺术一样地重要。这是因为，伦理学中的人的行为问题，倘若不是在人们自由

[⑩] Schirmacher 编：《后现代中的叔本华》（德文版），维也纳，passagen 出版社，1989 年，第 125 页。

自觉的状况中做出的，而是在必然的、被决定的状况中做出的，就根本谈不上什么道德责任问题了。所以，意志自由，往往被看作是行为之伦理价值的前提。在中世纪和全部近代哲学和伦理学中，几乎每一哲学家都曾在不同程度上讨论过意志自由问题。但往往一个众说纷纭的问题，是最难获得真理性的，它只漂浮在不同的意见之上。这就需要后来者，以更深刻的洞见，以更厚实的功底和更为雄辩的论证，拨开迷雾，让人识出真理。叔本华正是带着这种追求真正智慧的动机，发誓要让人们见到真理这位"矜持的美人"。因此，他首先详细考察了自由的概念规定。

1. 自由概念的界定

叔本华认为，自由概念是一否定的概念，由它所想到的，是所有障碍的消除（Abwesenheit），但作为力量（Kraft）的表现言，反而应作为一肯定的因素。与此相应，可区分为三种不同类型的自由。

第一，天然的自由（Physische Freiheit）。这种自由系各种物质障碍的消除，如自由的天空，自由的展望，自由的田野，自由的场所，不受山或水闸阻挡的自由的河流等等。这些运用均是指物质障碍的消失。但在我们的思想中，自由概念最常见的是作为动物本质的谓语（Prädikat），其特征是，它们的运动出于它们的意志，是任意的（Willkürlich），只要无物质的障碍使其不可能时，这便被称作是自由的。所以，叔本华认为："在自由概念的天然意义中，动物和人类也将被称作自由的，只要既无束缚，也无监狱（Kerker），更无麻痹，因而一般的也无天然的、物质的障碍足以阻碍他们的行动，而且他们的行动是依他们的意志进行的。"⑪

自由概念的这种天然的意义，尤其是作为行动本质的谓语，是原始的、直接的，因而最习见的意义，叔本华说，这无怀疑和讨论的余地，因为它的真实性足可为经验所证明。但当我们离开这种天然的自由，去考察另外两类自积极方面理解的自由概念——唯受意志推动或仅循意志而行的东西——时，却不再允许我们以流俗的意义，而要以此概念的哲学意义对待它，这便是理智的自由和道德的自由。

第二，理智的自由（Die intellektuelle Freiheit）。在此，理智指的是认识力（Erkenntniβvermögen），叔本华把它作为动机的媒介，通过这个媒介，动机作用于人所固有的核心，即意志上，方显示出自由或不自由的状态。叔本华说："仅当动机的媒介处在一正常的状态，能正当地行使它的机能，因而动机未被歪曲（unverfälscht），如其呈现于真实外界的样子，以供意志的选择，那意志就可按其本性，即按人的个体性格去决定，因而也就毫无阻碍地按其自己的本质来表现，如此一来，人才是理智自由的，也就是说，他的行动均是意志对其动机做出反应的结果。"⑫ 这就是说，当理智能正常而正当地行使它的职能，使行为的动机能按意志的本性，按自己的个性，毫无阻碍地表现出来，人就具有了理智上的自

---

⑪ 叔本华：《伦理学的两个基本问题》（德文版），汉堡，1978 年，第 40 页。
⑫ 叔本华：《伦理学的两个基本问题》（德文版），汉堡，1978 年，第 135 页。

由。反之，理智上的不自由，表现为两种情况：一是理智长久地或暂时地不正常，表现为癫狂、昏迷、痉挛和睡病；二是在无意识的、意想不到的情况下犯的错误。这两种情况都会致使动机被歪曲，不能按意志和人的本性正当地去行动，因而是不正常的，不自由的。根据叔本华的这种阐释，理智的自由实际上是认识了的意志自由，即正当地表现出来的意志自由。因为在他看来，唯有意志才是真正的人（der eigentliche Mensch），理智不过是意志的纯粹工具（Organ），是它顺应外物的触角，即通过动机作用于它身上的媒介。

第三，道德的自由。它本来是自由的意志决定（die freie Willensentscheidung）之意，同天然的自由是不一样的，因为天然的自由仅限于物质的障碍之祛除，而在若干场合，一个人并不为物质的障碍所妨碍，而只为单纯的动机如威胁、约束、危险等等中止其行动，那么，这样的人是否是自由的呢？对于健康的头脑回答此问题并不困难，因为一种动机决不会像一种天然的障碍那样起作用，不会成为不可抗拒的东西，当然也就不会具有纯粹客观的和绝对的强迫性。因此，道德的自由并不在于人们能做他所欲的事，这相反地倒是天然自由的事态。道德的自由毋宁说是当某人能够正面地回答这个问题才能被给予的："你能从根本上想，你的所欲是什么？"（Kannst du auch wollen, was du willst?）这样的讨论将直接地在自我意识里做出，在这里因所欲的这个"什么"不能落实为行动的具体对象——要不然又会变成"能做所欲之事"之天然自由的框架——因而只能停留于抽象的讨论之中。实际上，"能想"和"能做"什么是自由的两个连续的过程，当然，"能想"的不一定"能做"，叔本华想返回到本源的状态，从根本上讨论人到底能想什么，这样做事实上就只是指向意志本身 ⑬。为使自由的概念终能应用于意志之上，必须先将其做抽象化的探讨，即把自由放在与必然的关系上去理解，那么自由的概念一般地就被想做"所有必然性之不存在"了。这虽然是个否定的概念，但仍可作肯定的理解，按叔本华的解释，必然的东西，就是随一既有的充足理由而一定要如此产生的事物。所谓的"必然性之不存在"也就是说起决定作用的"充足理由"不存在了。因此，所谓的意志自由，就是说意志行为（Willensakten）不是由原因或充足的理由所决定的，而是全然原始地由自己发生。这样理解的意志自由，在目前，仍然只是限于概念上的规定，那么，下面的工作即是要证明这种意志自由以何种方式存在并在何种领域内有其存在，以及它的存在对于伦理学的意义如何。

要回答这些问题，叔本华详细考察了意志同人的意识的关系，或者说，在人的意识面前，意志如何表现其自由的。因意识可分为自我意识和他物意识，这种考察就可分为两个部分进行：一是在自我意识前的意志；二是在他物意识前的意志。

2. 在自我意识前的意志

---

⑬ 只有从德语构词法才能理解叔氏的这一推论。因为"意志"（Wille）是由其原型情态助动词（Wollen）变来的，本身具有"想""欲""愿望"之意，根本的所想、所欲即为 Wollen，也即本来的意志本身。

所谓自我意识就是对真正自我 (eigenes Selbst) 的意识，与之相反的叫作他物的意识。前者以本我为对象，后者以他物为对象。那什么叫作真正的自我，或者说，人如何直接地意识到他的真正自我呢？许多哲人曾设立一种"内在感官"(der innere Sinn) 作为自我意识的工具。但叔本华认为，这个概念取便于喻解的多，而有益于真正理解的少，因为自我意识是直接的。实际上要瞭知真正的自我意识，唯有把自己作为一位固有的意欲者 (Wol lender)。因为每个人在观察自己的自我意识时将马上觉察到，他的对象恒为真正固有的意欲。笛卡尔把"我"理解为"思"，故有"我思故我在"之说，叔本华把"我"理解为"欲"(wollen)，故可称之为"我欲故我在"。如此一来，自我意识即对固有的意欲的觉知。"固有的意欲"也即本来的"意志"。自我意识觉知了"固有的意欲"，当然也就觉知了"意志"。"在自我意识前的意志"，也就是要在"自我意识"面前揭示出"意志"的自由或不自由。

但是，自我意识能够完成这一任务吗？

叔本华得出了否定的答案。

问题出在何处呢？仍然得从"自我意识"和"固有的意欲"两方面去找寻。

"固有的意欲"实际上是一本体论意义上的抽象，现实中，"欲"总要表现于外的。当人有所欲时，他"欲"的总是某物，他的意志行为 (Willensakt) 一如既往地针对着一个对象并且总是让人在同"这一个"(auf einen Solchen) 对象的关系上去设想它。倘若意识从"固有的意欲"转向外在意志行为的"这一个"对象之上，那么它便不成其为"自我意识"而变成"他物的意识"了。虽然"他物的意识"使意识能以其全部客观的认识力量顺应着外界，但它对于构成外界事物之核心和本质的东西仍不得而知。因而，自我意识尽管是意识的一狭隘的部分，其内部也是昏暗难明的黑夜，但对于真正的自我这样本质的东西，对于"固有的意欲"这样本体意义上的事态仍需在它之内指明。

固守在自我意识本有的领域内探明"固有的意欲"，实际上就是防止把"固有的意欲"看成了适应于外界的"意志行为"。那么，不作为"意志行为"的"固有的意欲"，具体说来，只能是"欲我所欲"。赋予自我意识的重任也就是要直接地说出"固有意欲"的自由。但无论怎么说，这种"固有意欲"的自由也总是要体现于行动方式上来的，但这种行动方式又不能表现为外界具体的对象上，所以，一般地就把在自我意识领域内所能说出的意志的自由简要地表达成这样一句话："我能做我所欲之事"（lch kann thun，was ich will）。如此一来，在自我意识之内能否说明意志自由的存在，关键就在于"我能做我所欲之事"能否确实成立。

叔本华认为，表面上看，"我能做我所欲之事"是意志自由的表现，它涉及了"能循意志而为之"的自由界定。但是，这种自由是前述经验的、流俗的自由，而并非这里所要问的自由。因为那种自由的落脚点仍在"行"上，从根本上说还未陈述到"固有的意欲"本身的自由。这的确是个极大的矛盾，"固有的意欲"如果不落实到"行动"之上，就无从谈起，而若落实到"行动"之上，又转入到现象界，流入经验的自由概念之上。自我意识对于行为的结果也只可完全后天地经验、未可先天地知晓。因此，这个矛盾看来是无法解决的。叔本华在此也未把分析的重点放在如何解决这个矛盾上，而只着重分析"我能做我所欲之事"这种经验的意志自由的纯粹主观可能性。而且，这种主观的可能性还只是完全"假定"的。因为它只说出"假若我欲此物时我就能做它"，这种"假若"，最多只说出了意志的决心，或者指出了他的行动能以他的原欲为转移，但却未能说明他原本的意欲本身究竟以何者为转移，或者无所依，或者依某物。仅仅以"我所欲的我能做"来说明意志自由——比如我欲向左走，我就走向左边，如果我欲向右走，我就走向右边，所以我是自由的。叔本华认为，这里的意志系已经存于前提之内，即它假定意志系已决定了，所以关于它自身的"自由存在"是毋庸置疑的，它未讲到意志动作本身发生的依附性或独立性，仅讲到此项动作发生时的效果。因此，叔本华说，这只能让那些哲学的门外汉相信"意志自由"是直接可信的真理，而若把此项意义下的"意志自由"当作我们要从真正特殊的哲学意义上追问的自由，那真是一个笑话。

说来说去，叔本华自己到底认为何者决定了"固有的意欲"，决定了人此时此地想这而不想那呢？其实答案就在意志本身。他认为，归根结底，人的意志是人本来的自我，是其本质的真正核心。他是什么人，他就怎样去想、怎样去欲，并且他怎样想，也像他是怎样的人。人也好，想也好，欲也好，都是由本质的意志所决定了的现象，超不出意志所规定的范围。而直接的自我意识对此艰深而困难的问题一无所答是不足为怪的，因为它总是以全部客观的认识力量顺应着外界，它能依照由本身创造的可靠的一般法则确凿地判别何者在外界是可能的，何者不可能，何者是必然的，并运用思想的能力产生出概念的世界，又产生出科学及其功效等。所以，自我意识就其表现于外部的，自是很光明和清晰，但在其内部却是昏暗不明，就像一副适当地涂黑了的望远镜，没有一个命题能够先天地照耀自身内在的黑暗；像个灯塔，它的光芒照向四面八方，而它内在的中心却是黑暗的。最终，叔本华得出了这样的否定的答案：

> 如若我们现在以前述理由将问题提到唯一有权过问的官厅去，即转向纯粹的知性，转向对知性的事实加以反思的理性，以及伴随二者而生的经验的面前，它们的判词也许要说，一种 liberum arbitrium（意志的自由决定）一般地并不存在，而且，人的行为如自然中其他的一切，在每一给定的场合上，系一必然出现的效果。此点更使我们确信，那些可在直接的自我意识中证明"意志自由"的事实，也一次都不能存在。[14]

3. 在他物意识前的意志

自我意识不能胜任证明意志自由的任务，那么，在认识力面前，即在他物意识面前，意志自由能够得到证明吗？

---

[14] 叔本华：《伦理学的两个基本问题》（德文版），汉堡，1978 年，第 59 页。

先看看叔本华赋予"在他物意识前的意志"以何种规定。

他说，对认识力而言，因它主要顺应外界，考察外界的经验客体，并按照一般的经验客体赖以可能的先天法则和可信的真正存在的经验事实去处理它们，因此，在这里就不同于自我意识。自我意识只同意志本身去周旋，且只显露于内心之中；而在他物意识前，我们即可弥补那暗昧不明的内在自我意识的缺陷，以所有外部的感官与所有的力量装备起来的成为客观理解的知性去处理诸意志的客体。

但知性之最普遍和基本的形式是因果律（das Gesetz der Kausalität），唯借它的中介，才能形成真实外界的直观。所有外界的实在客体都毫无例外地服从于因果律，这便为我们这里的考察定下了一个基调。

这对于我们的课题，即意志自由的考察意味着什么呢？这实在是一个十分悲观而又令人不得不承认的事实：既然一切外界的现象和客体均毫无例外地服从于因果律，而因果律又是我们全部认识力最共同的先天确定了的法则，它毫无保留地说明，如果较前的变化——原因——发生了，那由此引起的较后的变化——效果——就要完全不可避免地发生，即必然地发生，所以，即使是意志行为，它之作为外部世界的现象，也就只能服从于这同一个因果律，也是必然地发生的事件，在其中不存在着自由的事实。

但人作为万物之灵，作为最完善最高级的生物，他们的行动是否在某种程度上会发生超越因果锁链的可能性呢？为此，叔本华详细考察了自然中无机物、植物和动物之适应因果律的巨大差异及其作为"原因"而起作用的三种类型。

第一种类型被称之为"狭义的原因"（Die Ursache im engsten Sinne des Worts），即经验对象所有机械的、物理的和化学的变化所借以发生的原因，无机物界与此相应。它普遍地以两种特征表明其性质：一是牛顿（Newton，1642—1727）力学第三条原理："作用力与反作用力相等"在它身上得以应用，就是说，每一叫作"原因"的先行状态引起一种叫作"结果"的后起状态的变化；二是符合牛顿力学的第二条原理："效果的程度每次都确实与原因的程度相等"。原因的加强也引起结果的相应加强，甚至于仅仅知道了效果的种类，也可以从原因的强度上知道、测量和计算效果的程度，反之亦然。这种狭义的原因在所有无生命的、无机的物体之变化上表现出来。

第二类原因被称之为"刺激"（Reiz）。这种原因的特征与"狭义的原因"相反，其一，它不容受一种与它自己的作用成正比的反作用；其二，在它的强度与效果的强度间绝不会发生一种均一性，因而效果的程度是不能依原因的程度测量和预先规定的，也许稍增加一微小的刺激都能引起一极大的效果，或反把以前的效果取消引出一相反的效果来。比如我们可用酒或鸦片能显著地提高我们的精神力量，但若用量超过了适当的限度，其结果就适得其反。植物的一切变化和发展以及动物身体的一切纯粹生机的和生长的变化或机能，都是依刺激而进行的。

第三类是表示动物特性的原因，即动机的作用（Motivation），它是通过认识而起的因果关系。从外部看，动机的作用方式同刺激的作用方式是完全不同的，后者总是通过直接的接触或内在的吸收（Aufnahme in das Inner）而起作用，而前者唯通过认识的媒介而起作用，就是说，能使行为所动的机缘，即欲求的那个对象，总是被认识了的。譬如说，人去赚钱的动机，是由于钱的种种作用被清楚地或直觉地认识了。从内部看，在纯藉刺激而动的植物方面，持续的内在的条件为生命力（Lebenskraft），在仅凭狭义的原因而动的物体方面，持续的内在的条件为自然力（Naturkraft），而授予动机以起作用的力量的本质，即藉同一动机而起作用的秘密的发条，则为意志力（Willenkraft）。

但因动物意识和人类意识的巨大差异，动机作用的方式是不同的。动物除了对眼前之物具有直觉的表象外，再无其他的东西，因而它只生活于"现在"，因而诱发它们意志的动机必须每次成为直觉的与眼前的，故它们绝少有选择的能力，行为的原因和结果之间只具必然的关系，绝无意志自由。而人类除了直觉地理解外界，还有"理性"，他能从外界抽象出一般概念，并通过语言形成过去的回忆，未来的愿望，产生出行为的计划等等，所以人类的行为不局限于"狭小的当前"，不为当前的印象所转移，其动机的作用有无限广大的领域，且有选择的能力。因而具有"相对的自由"。

之所以说，人的行为具有"有相对的自由"，是因为他不像动物那样为具体的、当前的、对其意志起动机作用的客体所直接强迫，因而他凭其一定程度上的选择能力具有了"意志自由"。但是这种"自由"却改变不了人类行为依动机的思想而行事的因果性。较之动物，其由动机作用的方式是完全改变了，但动机作用的必然性却毫未消除或略为减轻。因而人类的这种"相对的自由"，只是相对于动物界而言的。

叔本华批评说，唯有极肤浅的头脑、那些受过教育但不甚深思的人们才把这种"相对的自由"，说成是"意志自由"，并把它说成是绝对的、毫无例外的自由。

从对在自然界中起普遍作用的因果关系三种表现形式的分析中，叔本华赋予了以动机而起作用的因果关系，尤其是其中以抽象的思想动机作用表现的因果关系以最高的特性，它使人类具有了相对的自由，但这种自由并未摆脱因果关系之必然性的主宰。余下的事务，叔本华便详细分析了产生"意志自由"之自然谬误的原因，正面阐述了人类行为本质上的不自由性。

4. "意志自由"之谬误和人类行为的不自由性

在自我意识面前，人们得出了"我能做我所欲之事"这种所谓的"意志自由"，而在他物意识面前，又把由抽象的思想动机产生的相对的自由说成是绝对的"意志自由"，叔本华把此称之为"自然的谬误"，(die natürliche Fälschung)。这种谬误之所以"自然"是因为从外在的、表面的现象来看，上述两种情况的确表现了某种程度上的"自由"。譬如说"我能做我所欲之事"是以下列例证表现其"自由的"：一个下班后立于十字街头的人向自己说道：白天工作完了，我现在可以散散步，也可以踱到俱乐部去，还可登上钟楼以观太阳的西沉，也可以去电影院看电影，也可以访问这个或那个朋友等等，在当下情景中此人均可作任意自由的选择。然而这种"自由"又是一种"谬误"，原因何在呢？

首先，因为这种看法只注意到了行为之表面的假象，而忽视了该行为的背后所隐藏的动机所具有的必然的决定性。这就好比水在说，"我能掀起巨浪"，但前提是在海洋起台风时；"我能急速地流下去"，但前提是水在河床之中；"我能泡沫横飞地滚下去"，但前提是在瀑布中；"我能充作光线在空气里自由地飞扬"，但前提是在喷水池中，等等。"水"的各种"自由"均是其前提所已规定好了的，实际上乃是由"前提"即"原因"必然引出的结果。常人及哲学素养不高的人往往看不出这一点，误以为这一切均是"意志的自由"。叔本华洞悉出这一点实乃他对于哲学的一大贡献，许多著名的哲人，包括马克思在内，均是从与必然的关系中来考察自由，只有认识到了行为的必然性，才可在此限度内通过发挥人的主观能动性和创造性为人的行为争得一点自由。因此自由绝不会是绝对的、无限的。只可惜，叔本华在自由观上的这一大贡献，至今仍未得到合理地承认和清楚地认识。

其次，这种"自然的谬误"之产生，是因为把一种假想的"我能欲"固定在某一点上，而把其他的"欲求"排除在外的结果。就像那个立在十字街头的人，当他说"我现在可以去电影院时"，实际上还应有个前提，即"当我不想其他的时候"，若不然，当他既想去电影院，又想去登钟楼，且这两种欲求同样强烈时，他的"能想"或"能欲"就马上成为不自由的了，这也就很容易地取消掉了"能欲"或"能想"。由此可见，人的行为均有一个动机主宰，在特定的场合，他能欲求什么，能想什么，实际上是取决于在特定场合中哪个动机更为强烈，设想不受动机主宰的，或既可这样也可那样的自由，在个别行为中是不现实的。叔本华说：

> 在多种互相排斥的动机连续不断地出现时，经常伴随着一种内在的"我能做我所欲之事"，意志差不多像一面挂在油漆杆上的、迎风招展的风信旗一般，立即转向想象力使他想到的任何一个动机上去了，而在每个动机面前，他都会想到，他能想要这一个，那么就等于将风信旗固定在这一点上，而这纯粹是一种谬误。[15]

再次，意志自由的假定之所以是一种自然的谬误，是因为在此假定之下，人类的各种行为均成一个不解之谜，成为一无原因的效果。而在世界之中，任何一种原因决不会完完全全地产生出其结果，或者从"无"中造出效果来。叔本华认为，效果之所以产生，是因为有某物的作用，这种作用在此时此地、在此确定的物体上面引起一种变化，而此变化又常常是符合于此物的本性的。因而，变化的力量必系于此物之内。这种说明，尤其适合于对人类行为的解释。人类的行为，均是由某种动机推动并引起的，没有动机，没有任何欲

---

⑮ 叔本华：《伦理学的两个基本问题》（德文版），汉堡，1978 年，第 78 页。

求、愿望和兴趣，人类就不会有任何行动。而人类的行动之所以由此动机引起而不由彼动机引起，又同人的本性密切相关。人的本性或性格规定了动机的作用方式，因而也就规定了行为的效果。这样一来，从总体上说，人的个别的行为结果均有两个因子，一为内在的性格，一为外在的动机，它们决定了人类个别的行为是不自由的，是必然产生的事件。意志自由的假定之谬误即是撇开人的性格和动机而妄谈浮于表面的自由之假象。真正的哲学家就不要像那些假哲人那样，不加深思地附和着常人的俗见，而应该以哲学的追本溯源的深刻性，从性格和动机出发，揭示出人类行为的真正根本和真实样态。

由此，叔本华展开了对人类行为之不自由性的正面阐发。

动机不是别的，乃是在既有场合起原因作用的意志，可以说，是本体意志的特殊表现。因而，动机作用与自然界的因果作用并非不同，而是通过认识的媒介表现出的因果性，是一种较高级别的因果性。由动机引发出的行为，作为意志的个别表现，也就只能按严格的必然性产生出来，其中无自由可言。

但是，动机又不独是行为的原因，毋宁说，行为是动机和性格两者共同的产品，两者同时兼备。性格和动机在叔本华看来是互为规定的，性格是个人意志日常所认识了的、固持而不变的性质，动机唯适合如此的性格始为一现实的动机，而如此的性格也唯经过如此的动机方才规定。它们二者共同决定了行为的样式。倘若在人类的行为中能够有自由存在，绝不能在行为的表现中遇到，唯有可能在人的性格中找寻。为了证实是否在性格中存在着自由，叔本华详细考察了性格的特征及其类型。

第一，人类的性格是个体的，它在每个人身上都不相同。同一动机表现在不同性格的人身上，会产生出完全两样的效果来，因而，认识人的行为，不能光着眼于动机，而且同时还要看他的性格。

第二，人类的性格是经验的。这一规定颇为费解，因为一般说来，"经验的"总是同在特定时空中的可变性连在一起的，具有不确定性。但叔本华说性格是经验的，绝没有说性格是可变的、不确定的意思，它不是指作为人的行为规律的性格本身是经验的，而是指对性格的认识是经验的；它作为意志活动在时间、空间和根据律的一切形态中展开了的、分散了的现象，具有随经验而呈现的性质，因而只有从经验中才可准确地认识它。当我们说某人的性格是好胜的、乐观的或悲观的，我们决不能在对某人的经历有所了解之前说出来，而只有在对他的经历、对他在种种行为中的处事方式有了充分地把握之后，凭经验说出来，这便是叔本华说"人类的性格是经验的"这句话的含义。

第三，人类的性格是不变的。叔本华确信"江山易改，本性难移"，人终生只有一个恒常不变的性格。这一规定的可靠性是颇可怀疑的，许多生性懦弱的人变成了争强好胜的人，许多悲观失望的人变成了乐观自信的人，都可以作为反驳这一规定的例证。而叔本华认为，就是要否认"这一真理"的人，也总是以它为前提的，因为他敢相信一个"曾经被证明为不忠实的人"吗？叔本华甚至说，当一个人完全改变了他曾在众人心目中留下的印象时，人们绝不会说"他的性格变了"，却要说"原来错认了他"，他想以此来证明性格是不变的，可变的只是人们对性格的认识，其证据显然是不充分的。应该说，人的性格是可变的，但变化的程度大小，依赖于这个人对其生存处境的适应程度，以及他对自己性格认识和满意的程度，还有他对人生目标的设计与其性格相适的程度，总之，说人的性格是不变的，不符合人类经验的事实。

第四，人类的性格是天赋的，生来注定的。所谓天赋的，即由遗传而来的（angeboren），这一规定同前一规定是同样的，或者说前一规定是以此为前提的。但是，这一规定，从现代科学的判断和经验事实来看，是错误的。当然完全否认性格的遗传因素是不对的，但后天的文化环境和社会因素对造就人的性格起到了关键性的作用。即使是动物，遗传的本能行为也同环境的适应和习得能力之间，具有一种交互的影响，而在人类当中，后天的社会因素往往就是造就性格成熟的主要途径。这早就得到了实验科学的证实，因此自然科学家指出：

> 认为遗传结构直接单独地规定某种行为，这无疑是错误的，……认为某种行为完全不受遗传限制（因而没有任何遗传决定），同样是错误的，……认为行为要么是天赋的，要么是习得的，可能像常见的"二者必居其一"式的论断一样，是没有意义的；在这里，绝对可以肯

定，这两种因素都起着某种作用。它们并不互相排斥，只是在对给定了的个别行为的影响方式和程度上有所区别。⑯

这段话对我们正确地评价和理解叔本华关于性格是天赋的这一规定具有启发作用。

叔本华不仅论证了性格的四大特征，同时还对性格进行了分类，即区分为经验的性格、明理的性格和习得的性格。

所谓经验的性格（der empirische Charakter）和明理的性格（der intelligiblen Charakter）之区分，是康德首先在其《纯粹理性批判》一书中做出的，后在《实践理性批判》中又做了论述。康德的意思是说，一切自然存在都有两面性，一方面作为现象，另一方面，在其基础上又有着一个超现象的先验本体。在现象界，每一个充足的原因必须有一特定的经验的性格，因为只有这样才能按照表示其性质的普遍不变的规律，确定结果是这个而不是那个。同样，又必须假定作为基础的先验对象、本体，具有一种明理的性格，它不在时间之中，它的作用不生亦不灭，经验的性格只是它在时空现象中的表现⑰。康德的这种区分，意在解决"凡结果必须从自然发生"和"凡结果必须从自由发生"这个必然和自由的二律背反现象，以期找到自由与必然相互共存的可能性。

---

⑯ 〔德〕福尔迈（Gehard Vollmer）：《进化认识论》，武汉大学出版社，1994 年，第 101 页。

⑰ 康德：《纯粹理性批判》（德文版），汉堡，1956 年，第 527—535 页。

　　叔本华在不同的场合总是高度评价康德的这种区分，认为这是他对哲学的最伟大的贡献之一，因此他自己完全接受康德的这一区分，并按康德的意思展开其自己的思想。

　　人也像自然的存在物一样有两面性，就其作为现象界的一分子，它的行为服从自然的因果律，其性格是经验的性格。这种性格虽然也是持久不变的，但它却是在时间、空间和因果律的一切可变的形态中，作为分散的现象表现自己。同时，人在一切自然存在中又是独特的，他不但作为一个感性的存在而知道自己，而且又通过纯粹的统觉觉知到自己严格的明理的性格。这种性格，在康德，是作为自然存在之根基的先验对象、本体所具有的，而在叔本华，则是作为自在之物的意志本体所具有的，它通过意志表现为人的性格，但它只是人的意志活动本身的性格，因为意志是人的本质，因而明理的性格也是一种超越时空的存在，但它具体地通过经验的性格表现自己。

　　在这两种性格之外，叔本华还提出了一种习得的性格（Der erworbene Charakter）。严格说来，这种性格并不是同经验的性格并列的一种不同的性格，而是对于自己的经验性格有种精确的认识而形成的。叔本华说，经验的性格作为单纯的自然冲动，其自身是非理性的，并且，经验性格的外露还要受理性的干扰，人越是有冷静地考虑和思维能力，干扰就越大，因而就很难使人认清他在一切事物中唯一欲求的是什么，唯一能做的是什么。一个人仅有欲求和才能本身还是不够的，他还必须知道他要的是什么，知道他能做的是什么，只有这样，才显出性格。而在尚未达到这种认识之前，尽管他的经验的性格有着自然的一贯性，但是还不能说他真正地具有了性格。倘若一个人最终学会认识了这些，那么也就已经具有世人所谓品格的习得性格了。

> 因此，具有习得性格就不是别的，而是最大限度、最完整地认识到自己的个性。这是对于自己经验性格的不变属性，又是对于自己精神肉体各种力量的限度和方向，也就是对于自己个性全部优点和弱点的抽象认识，所以也是对于这些东西的明确认识。⑱

究其本质，这三类性格并非三种不同的性格，而是同一性格的不同存在形式。明理的性格是本质，经验的性格是现象，习得的性格是对本质和现象的认识。所要"明"的"理"是自己的意志，是意志适合于自身本性的展现。只有明确了自己的个性，自己意志的根本，才具有了习得的性格；具有了习得的性格，才真正形成了经验的性格；具有了经验的性格，明理的性格才真正能够在生活行为中展现出来。

分析至此，理应容易指出人类行为的自由性表现在何处了。因为当人具有了习得的性格，认清了自己的个性，清楚地知道了什么是他真正所欲的，什么是他真正能做的，按性格办事，就找到了适合于自己生存的自由空间，像鱼在水

---

⑱ 叔本华：《作为意志和表象的世界》，（中文版）北京商务印书馆，第 418 页；（德文版）莱比锡，1859 年，第 396 页。

中，像鸟在空中，像鼹鼠在地下那样自由自在的生活和行动。这种自由实乃许许多多的哲人，包括马克思在内都承认的，通过对必然的认识而获得的自由。但是叔本华仍然不愿承认有这种自由，他认为通过习得的性格所获得的"自由"，只不过是忽视了行为之决定因子的纯粹经验界的假象，决定其具有这种性格的根本是意志，因此，在此种性格的前提下，行为乃是严格必然地发生，在个别的行为当中，没有任何自由可言。就像一根歪斜的旗杆，你说它既可以向左倒，又可以往右倒，并认为这是自由的表现，而实际上，旗杆之倒向左或右，在其歪斜的那一瞬间系已被决定了，它之"倒"是必然的，并无什么自由之论。

但叔本华又不是全盘否认自由，他仍说，"自由也须存在于人的性格之中"。按他的分析，这便是在"明理的性格"中，因为唯有此种性格是本质，是意志的本性，它存在于本体界，在时间、空间和因果关系之外。叔本华认为，唯有明理的性格方能证实意志的自由，这种自由也即康德所说的从责任的感觉上得出的自由，借此自由，人们才成为其行动的主宰且对一切行为负道德责任。但叔本华自己却并未从责任意识来述说这种自由，而只从意志本体的角度言说这种自由的绝对性和先验性。"自由是先验的"这便是叔本华《意志自由论》的最后结论。

意志自由问题是西方伦理学史上历来备受关注的关键性问题之一，因为若人的行为不是受自己意志自由的支配，而是被决定的，那么就不能有什么道德责任了。伦理学要解决好道德责任问题，一般地均需以意志自由为前提，因为只有我自己自由做出的行为，我才能对之负责。由此可见，叔本华把意志自由作为伦理学的基本问题之一，的确把握到了伦理学理论的要害。对他的意志自由论也理应做出实事求是的公正评价。

叔本华认为自由是先验的，只存在于意志本身这一本体之中，而在人的行为中根本找不着自由，人的行为是受性格和动机决定必然发生的，这种理论不管其正确不正确，深刻不深刻，首先可以肯定的是，它是不能令人满意的。因为所谓先验的本体自由，人们自然可以不去理会，它作为一种纯理论设定，既不可证实它为真，也不可证明它为假，你相信它或不相信它，都犯不着太认真。而人们所追求的，则是现实生活中的自由、行动的自由，但叔本华恰恰宣告这种自由根本不存在，相信这种自由的人，不仅是头脑简单，而且是自执迷误，这当然是不能令人心甘的。追求自由作为人的自然倾向之一，人们是宁可信其有而不愿信其无的。

但若仅从这种自然愿望出发，就全盘否定叔本华的意志自由论，那就真正是叔本华所说的头脑简单和肤浅了。我们自然既不相信它的意志本体论，也不能赞同唯把意志看作性格和动机的主宰，但他对性格和动机对人的行为的决定作用的分析，告诉人们要清楚地认识自己的根本所欲，清楚自己能做什么，适合于做什么，以此来确定适合于自己性格的生存空间和行为方式，仍不失为一大人生智慧。因而，依笔者浅见，叔本华意志自由论的不足或错误，不应仅从他承认意志本体的先验的、绝对的自由中去寻找，而是表现于他对人的行为的"相对自由"未做积极的肯定，从而导致了人在必然性的决定面前束手无策，任凭命运摆布的这种带有宿命论色彩的悲观主义这一结论。若他能对人类"相对的自由"作积极的承认和理解，那么他的意志自由论仍不失为一既深刻又有意义的理论，但正是这一不足或错误，使他在解决道德的基础问题时出现了许许多多的漏洞和偏差。对于这一点，读者从下面的分析中将有一个十分明确的印象。

（二）道德的基础

既然自由仅属于人的本质——意志本身，而人的具体行为是不自由的，那么，这不是实际上抽掉了行为的道德基础吗？关于"道德的基础"，叔本华又能给我们说些什么呢？

我们先来通过比较看看叔本华《论道德的基础》（*über das Fundament der Moral*）一书是"怎么说的"。这是丹麦皇家科学院出的一个征文题目，叔本华欣然应征，但却并未获奖。这使得叔本华后来对丹麦皇家科学院一直耿耿于怀。在该文同前一篇获奖论文《论意志自由》于 1841 年合编成《伦理学的两个基本问题》出版时，叔本华对丹麦皇家科学院对其论文做出的评价提出了诸多的异议[19]，在此我们不便赘述。《论道德的基础》写于 1840 年，仅比《论意志自由》晚一年，它所表述的伦理学基本思想同《作为意志和表象的世界》第四篇的内容并没有多大的不同。按叔本华自己的说法，他的学说，不管从哪一部分出发均可达到其思想的核心之处。因为他并不是按照严格的逻辑推论来做论述，只有弄

---

[19] 具体内容请看《伦理学的两个基本问题》的第一版前言。

清了前一部分才有可能明白随后的部分。但他的上述两篇应征论文，不仅是对其代表作中伦理思想的必要的补充和对有关问题得更为详细的论述，而且"这两篇论文相互之间还完整地构成了伦理学基本真理的一个体系。"[20]但《论道德的基础》同其代表作的言说方式是不同的，后者（代表作）是从其形而上学（Metaphysik）出发，作综合地（synthetisch）和先验地（a priori）推论，而前者相反，是按照事实，无前设假定（keine Voraussetzungen）地、分析地（analytisch）和依经验地（aposteriori）论述的。也就是说，《道德的基础》是在人的现实生活中（im wirklichen Leben）指明道德的基础和源泉存于何处，而不从本体论出发，先验地设定德性的必然理念和道德规律的原本概念（Urbegrift）。叔本华这两部著作的言说方式相当于康德的《实践理性批判》和《道德形而上学原理》，前者从纯抽象的理性自律过渡到道德行为事实，而后者却由普通的道德知识上升到纯粹的实践理性批判。

　　两部征文虽然在基本思想上有着内在的一致性，但侧重点不同，言说方式也有很大的区别。《论意志自由》仍然是立足于意志本体论（形而上学），教导人们现象界是完全的不自由，而《道德的基础》则从分析现实的道德经验出发，教导人们，同情（Mitleid）是行为自由的正常的，但绝非绝对要求的基础；前一篇论文是否定的，既通过否定"唯心主义的"（即理想主义的）传统偏见，也通过否定意志自由，

---

[20] 叔本华：《伦理学的两个基本问题》（德文版），汉堡，1978年，第3页。

而否定了行为自由的前设假定；后一篇论文是肯定的，它从无前设假定的道德经验事实出发，力图同康德的实践哲学保持距离，而得出道德基础的相对肯定的原理；前者是综合的、先验的，后者是分析的，经验的；但两者的思想是共同的，前者以"结论和进一步的展望"为题回溯到基本的前提，后者则附加了"对伦理学的原始现象（Urphänomen）的形而上学解释"与之对应，并在《论自然中的意志》一书的结尾增加了"指向伦理学"这个标题，标志着形而上学和伦理学在其思想中是统一的。

在明白了叔本华对于道德的基础是"怎么说的"这种方式之后，现在，我们即可展开他具体"说了什么"的内容。但我们不能把此问题仅局限于《道德的基础》一文，而是要联系其主要的著作。在此，笔者依照从具体到抽象的顺序，把叔本华关于道德的基础分三个层面展开：道德的动机基础、道德的人性基础和道德的意志基础。

1. 道德的动机基础

前面，叔本华已经向我们充分地证明了，人的一切行为都受其隐蔽的动机决定，但动机不仅是隐秘的，而且是多种多样的，每一动机还总有一个反动机（Gegenmotiv）与之对抗，真正强烈的动机才事实上决定了人的行动。因此，分析行为的道德基础，就不在于仅从一般的动机出发作综合地、抽象地推论，而要具体地指出，从哪类动机出发，行为才能具有道德价值。能使行为获得道德价值的动机，才能作为道德的基础。

那么，我们以什么样的标准来界说行为之有无道德价值呢？这虽然不是一个纯粹从经验出发可以解决的问题，但叔本华仍然相信，很少有人不是根据亲身经验证明：人们往往行事正直不是仅仅为了不使他人遭受侵害，而且仿佛天生就服膺一个不妨害他人权利的基本原则，因此这些人从来就不故意侵害他人，也不是无条件地追求自己的利益，而是同时要顾及他人的权利。他们在彼此承担的义务方面，不但要注意，他人要完成自己的职责，而且还要注意他人应该享受自己的权利，同时他们也真诚地不希望，和他们打交道的人受到损失。这样的人是真正正直的人，这样的行为才是真正地具有名副其实的道德价值。从上述行为的特征和特点，叔本华可以得出这样的结论："没有一切利己动机"就是具有道德价值的行为的标准。

这是一个否定性的标准，详察之，它之作为标准仍然很不确定，因为人们同样有经验证明：有些行为虽然是不利己的，但也绝非是道德的和公正的，比如叔本华多次分析的纯粹的恶意而残忍的行为，它对己完全无益，不是自私自利的，却对他人造成了巨大的伤害。由此可见，"不利己"仅是划定了道德行为的一个大致的范围，或一个起码的前提，它既不能真正成为道德价值的标准，也不是道德的基础本身。它只能从反面说明，行为的利己性质同道德价值是绝对排斥的，一种行为，如果以利己主义的目的为其动机，就没有任何道德的价值。

道德价值的标准依然只能到别的动机中去寻找。实际上，道德总只是在同他人和社会的关系中发生的，所以其有无价值的标准，其基础均不能仅仅限于同"自己"的关系里去探究，而要在人同他人的关系、同社会的关系里去规定。叔本华虽然一直意识不到这一点，但在他竭力要寻找到道德价值的肯定的标准，确立真正的道德基础时，他又的确是在同他人的关系这一正确的方向上努力的。他把人类行为的动机分成三个基本类型：

第一，利己思想；这种思想谋求本人的福利，而凡以行为者的福与祸为其最后目标的行为，均是自私自利的，无道德价值可言。

第二，恶意；它蓄意造成别人的痛苦，虽然不利己，但却更无道德的价值。

第三，同情；它谋求他人的福利，以致对他人表示慷慨，加以无私的救助。因此，只有以此为动机的行为才具有真正道德的价值。叔本华说：

> 只有这种同情才是一切出于自愿的正义和一切纯真的博爱的真实基础。只有在一种行为是由同情发生的范围以内讲，它才有道德的价值；而凡由其他动机出发的行为，则没有这种价值。这种同情，只要一激动起来，于是他人的祸福就直接触动我的心田，正如单单我自己的祸福触动我一样。[21]

---

[21] 叔本华：《伦理学的两个基本问题》（德文版），汉堡，1978 年，第 166 页。

以同情这种动机作为人类道德价值的基础，使叔本华的伦理建构稍稍偏离了仅以个人意志为轴心的狭小范围，而在一定程度上考虑到了从与他人的关系中确立道德的基础，这在大致的方向上是正确的，而它的意义却至今未被充分地发掘出来。从现在我们所能达到的世界性眼光来看，至少有下面两点是值得重视并可做进一步探讨的：

其一，以同情这种道德感情为基础否定理性主义的道德基础所能具有的意义和限度。道德本来是同情感紧密相连的，但在近代西方社会工业化的过程中，理性致力于社会的机械化、技术化和社会生活的程序化设计，为了达到知识的最大限度地客观性，却总是以数学式的明晰和逻辑化的严密为哲学的榜样，极力排除主观因素和情感因素的干扰。情感不仅在知识论中作为模糊的负面的东西被驱逐，在理性主义伦理学中也因其是"非理性"而被排斥。虽然英法两国的经验主义者也研究人伦道德问题，但只是从感觉论的角度把"自爱""自保""自由"看成人的本性，从而在伦理学上使功利主义发展成为较为完整的理论体系。如此一来，就出现了西方工业化进程中的绝妙的讽刺画：理性这个曾被顶礼膜拜的真理的化身，如今却成为利己算计的工具，人类温情脉脉的自然情感随着社会生活的理性化进程而被破坏得荡然无存。于是那些忍受不了机械化进程和毫无诗意的清晰的功利生活的人们，就掀起了一场声势浩大的反抗理性主义的运动，这便是浪漫主义运动：它力图拯救人类的自然情感，恢复人与自然间神话般的原始和谐，使伦理价值问题在充满生命力的内在心灵的情感中摆脱理性主义的迷误。叔本华把同情作为道德的基础，可以说是浪漫主义反理性主义价值观念的一个组成部分。从外在形式上看，他退回到了休谟的经验主义"道德感"，但实际上，叔本华又极力防止和奋力批判了功利主义伦理学，保持了德国伦理学那种超功利的审美论的基调。总之，理性和情感在道德价值中都占有对方不可取代的地位，对情感的拯救，也许不以取消理性，而只以防止理性的迷妄更为恰当和合理。但这是一个永远值得深思的难题。

其二，对利己主义动机的批判所能具有的意义。叔本华十分憎恨赤裸裸的功利化的现实世界，痛恨那些为了一点可怜的薪俸而向官方献媚以至于出卖灵魂的哲学家们，对一切类型的自私自利的行为也是深恶痛绝的，因此，在它确立以同情为动机的道德基础时，批判了利己主义的动机和心理，认为一切以自己的幸福和快乐为目的或动机的行为，不管其结果是否对他人有利，均不具有道德的价值。因为他认为，利己主义就是把个人——尽管个人在无边际的世界里十分渺小，小到近于零——当作世界的中心，在考虑其他事情之前，首先要考虑自己的生存和幸福，甚至于不惜为他自己这沧海一粟保存得更长久一点而牺牲一切，毁灭世界。叔本华从生命意志的欲求本质来揭露利己主义动机和心理的源头，是深刻的，他对利己主义行为表现的批判也是机智的，然而他的批判本身却显露出其理论本身的内在矛盾性：一方面，利己的动机和心理源于意志本身的欲求，意志是人的本质，因而利己的心理构成人的本性；另一方面，这种本性又是不道德的，非义的。这便等于说，人本质上、本性上就是不道德的了。这里的确有着明显的错误性，但若据此一点就认为叔本华的伦理学毫无可取之处，甚至认为"一切为我，毫不利人"是叔本华的人生格言[22]，这同样是错误的，而且是对叔本华的极大误解。因为叔本华只把利己的动机作为人类行动的一种动机，而非全部动机，他甚至是以批判的眼光来对待这种动机的，认为以利己为动机，毫无道德可言。

叔本华意识到，光从动机出发来考察道德的基础是不够的，因为动机只能从外部影响意志趋向，而不能影响意志本身，动机也只有在人本来是怎样的这个条件之下才对人发生影响之力。因此，道德行为的基础不仅要在动机中寻找，更为根本的要在人性中去寻找。

2. 道德的人性基础

从人性来说明道德的基础，必然是个要失败的尝试。因为对这个基础的说明，已经超出了伦理学的范围，而属于形而上学的本体问题。而对于本体问题，是不能有科学的解决的，它只能是一种出于信仰的价值承诺。对于这样的价值本体承诺既不能证实它，也不能证伪它，正如我们中国的"性本善"和"性本恶"的传统争论一样，是得不出确定的结论的。

叔本华一方面看出，从理论本身的需要而言，这种价值本体承诺是个理论基石，是完全有必要存在的，因为"我们如果把道德的最后基础，证明就在人性自身中，我们的问题

---

[22] 万俊人：《现代西方伦理学史　上》，北京大学出版社，1990年，第65页。

就解决了"。但是，他同时也清楚，在伦理学的领域之内无法得出这个问题的确切答案，所以采取了回避的态度："我们现在仍不打算谈论关于这个现象的形而上学说明。"这便是叔本华在《道德的基础》一书中的基本态度。而我们现在从研究者的著作中所看到的，把利己心理或同情作为基本的"人性"，实际上并不出自叔本华自己的论述，而是后人从其理论中"推论"出来的结论。而叔本华本人，实际上更乐于从"经验"出发来议论"人性"，也即是讨论"人性"在个人行为上的具体表现，因而谈论的是个人的"性格"（对此，我们在前面中已经详细讨论过了），而不是普遍的人性。但人类共同本性的要求的确是道德的一个实在的基础，在叔本华那里，只有他的意志本体论才是对这一基础的真正的形而上学说明，因此，我们现在便转入到意志基础的说明上来。

3. 道德的意志基础

意志是宇宙人生之本，无论对于动机的说明，还是对于人性的阐释，都只有围绕意志展开，作为受意志主宰的现象，才算是一种形而上学的说明。所以，叔本华在论证了道德的动机基础和人性基础后，必然要返回到道德的意志基础，这是最本原的基础。

说意志是道德的基础，实际上是按照行为对于意志的肯定或否定的关系，以及肯定或否定的程度来阐明行为的伦理意义或道德价值，从而使道德价值在意志的基础上获得哲学上的明晰性。完成这一工作是叔本华为伦理学规定的根本任

务。他说："我们的任务就是要使行为的真正伦理意义获得抽象的和哲学上的明确性。"㉓

现在，我们就看看他是如何在意志的基础上，分析行为的伦理意义或道德价值的。

在叔本华看来，人的行为、人的性格（本性），包括人的身体，都受意志的支配。这是因为，人的身体本身，和大自然中的其他一切存在物一样，都是意志的客体化现象，或者说，是意志本体的化身。而意志又只有从人的行为的动机上才能明显地看得出来，人的性格又影响着动机（意志）作用的方式，所以，人的整个活动均是其意志的外现，抓住了行为同意志的关系，就抓住了问题的根本。而从人的行为之结果论，它同意志的关系又不外乎两种情况：一是依顺着意志，同意志本身的欲求相一致，这种情况叫作意志的肯定；二是不依顺意志，同意志相反的行为，这种情况叫作意志的否定。评价行为的道德价值，就可依据意志的肯定或否定来进行。

所谓"意志的肯定"，叔本华说："意志肯定它自己，这就是说：当它自己的本质已完全明晰地在它的客体性中，亦即在世界和生命中作为表象而为它所知悉的时候，这一认识毫不妨碍它的欲求，反而是这被认识了的生命正是作为这样的生命而为它所欲求。"叔本华的意思是，当人不仅认识到意志是自己的本质，自己是意志的一种个体化存在的时

㉓ 叔本华：《作为意志和表象的世界》，（中文版）北京商务印书馆，第 493 页；（德文版）莱比锡，1859 年，第 462 页。

候，自觉地（因为有认识作基础）按照意志的欲求而欲求，
这便是对意志的肯定。这种肯定，依照肯定的程度不同，有
三种情况。叔本华便依次按照这三种情况分析行为的道德
价值。

第一种情况，是人对自己身体的肯定。这是生命意志的
第一个基本的肯定，即是人的求生存的活动。求生意志的活
动，首先便是人企图彻底认识他欲求的对象是什么，他需要
的是什么，然后是他获得这个对象，满足自己需要的手段，
有了这两方面的认识，"他就行动起来，干起来：总是向他
欲求的目标干下去的意志使他挺着腰，使他做下去"[24]；叔
本华说，几乎所有的人都是这样生活的，成功的喜悦足以保
障他们充满信心继续干下去，而一些失败又保障他们不至于
陷入空虚无聊。大多数人都是被困乏鞭策着过一辈子。这类
求生意志的肯定，若不涉及他人，也未损害着他人的求生意
志，那就谈不上道德不道德，不具有伦理意义。

意志肯定的第二种情况是满足性欲以实现生命的种族繁
衍。第一种情况是个体生命的自保，这种自保总是会随着身
体的死亡而结束的，因而，若要真正肯定意志，就必须超出
本人个体生存的范围，满足性欲，通过种族的繁衍生息而达
到"最坚决的生命意志之肯定"。因为性器官是意志的真正
焦点，比身体上任何其他器官更只服从意志（作为冲动）！
而不服从认识，它是维系生命、在时间上保证生命无尽的

---

[24] 叔本华：《作为意志和表象的世界》，（中文版）北京商务印书馆，
第 449 页；（德文版）莱比锡，1859 年，第 423 页。

原则，所以，叔本华认为，意志的这一肯定是"公道合理的"，因为它是以自己忍受痛苦——生殖者本人的痛苦：因生殖本身延续了死亡，使痛苦的解脱成为不可能；被生殖者因获得生命又重新开始了新的人生悲剧——为代价，而又未给他人造成痛苦。或者说，在意志的这一肯定上，看出了"永恒公道的一点端倪"。

前面这两种规定都具有极端的片面性，因为实际上叔本华是懂得并且相信人类道德是在协调人与人之间的关系中表现出来的，而他却故意不在同他人的关系中去讨论对生命意志肯定的伦理意义，硬要说个人自身同意志自身的肯定关系不涉及他人，因而谈不上什么道德不道德，在第二种情况里也是在同意志的关系里"看出了"所谓的"永恒公道之端倪"。事实在于，人作为一种社会性的存在，不论是对个体生命的保存，还是生儿育女这种"种族繁衍"，都绝不是纯粹个人的私事，客观上不能不涉及他人和社会，因而也都是可以做出道德评价的，这是每个人从经验便可证明的事。尤其是在我们身处的当代社会，比如"安乐死""计划生育"和"堕胎"，都是世界范围内争论激烈的道德问题。我们虽然不能按当今的情况去非难古人，但叔本华至少是把这个本来可直接从经验证明的简单问题玄虚、复杂化了。

意志肯定的第三种情况是个体意志强烈到不仅肯定自己的生存，而且当别人的生存有碍于自己的时候，就要否定或取消别人的生存。这就是我们前面所述的利己主义的动机和心理。这种行为是极端自私自利的，他把自己看作宇宙的中心，要占有一切，控制一切，不仅从别人那里夺取自己所要的，而且为了稍微能够增加自己的一点幸福就要毁灭别人的幸福和生命，甚至于"不惜为自己这沧海一粟保持得长久一点而毁灭这世界"。这种行为当然是极不道德的行为，所以叔本华把它看成是道德的分界线。一切从利己心理或有利己"居心"的行为均是不道德的，而一切无利己居心的行为才有道德价值。他仍是从行为的"动机"出发来评价的。

肯定生命意志的这三种行为方式，有一个认识上的共同点就是，人还没有领悟到自己他人本质上的同一性。也就是说，人只注重自己生存的意志，而没有看到他人也是这同一个意志的表象，他人的意志和自己的意志是同一的意志。只有到了生命意志的否定阶段，人才慢慢看穿了意志的这种"个体化原理"。

所谓生命意志的否定，也就是逆意志而动，即有意地违背自己的欲求行事，例如饿了渴了而偏不吃喝，有了性冲动而偏要放弃性冲动的满足，虽有求乐的渴望而自动不做娱乐的活动，等等。人怎样才能做到这一点呢，叔本华说，唯有人看穿了"个体化原理"才会达到这种境界。因此，他随后便是围绕着看穿个体化原理来展开对否定生命意志的各种行为方式的道德评价。

所谓"个体化原理"，就是说，宇宙中的万事万物，包括人在内都是意志的表象，表象存在于时间空间之中，是分离的、个体性的、杂多的，但没有自己独立的本质，它们的本质均是同一个生命意志。意志本身是不可分割的，不同的事物虽然都是意志的个体化，但事物的差异不在各占意志的不同部分（因为意志不可分割没有"部分"），而在体现人显示意志的程度不一样。人是意志的最高程度的显现和个体化，所以人能够通过抽象思维和直观认识而看出各个个体的本质均是意志，看出自己和他人、和万物在本质上是相同的，只是现象不一。达到这种认识水平就叫作"看穿个体化原理"。看穿了个体化原理，就不会只肯定自己的意志，就会有否定生命意志的行为方式出现了。

但人的认识水平是有差异的，同一个人的认识也有从低到高的发展。所以，"看穿个体化原理"也必定存在着认识上的差异，这种差别体现出来的行为的伦理意义是不一样的。

首先"较低程度上看穿个体化原理"，便会出现一种"公道"的行为。这是一种最起码、最基本的道德行为。这种行为的特点是，他肯定自己的意志，决不否定他人的意志。这是同以利己的动机出发的行为完全相反的，施行这种行为的人，不会为了增加自己的安乐而以痛苦加于别人，不会为了自己的幸福，不惜否定他人的生命和财产。他会尊重每个人的权利，每个人的财产和生命意志。这是因为他在别人的生命意志的现象里，认出了自己的本质，达到了人我同一，取消了人我差别，在这个范围内他把自己以外的本质和自己的本质等同起来，从而不伤害这个共同的本质。所以"自觉自愿的公道，它的真正来源是在一定程度上看穿了个体化原理；而不公道的人却是整个儿限在这个原理中的"。

看穿个体化原理的较高阶段，产生心意上真正的善，这种善对于别人表现为纯粹的、无私的爱，叔本华称之为仁爱（希腊语的"博爱"，拉丁语的"仁慈"）。仁爱达到了完

善的程度，就把别人的个体和别人的命运和自己的完全等同
起来。它已高于公道，因为公道仅止于不去为别人制造痛
苦，不以否定他人的生命意志来保全自己的生命意志。而仁
爱的行为，虽然已没有理由把别人的个体和别人的命运放在
自己的之上，但它之作为无私的爱，当它考虑到其他个体在
分量上超过了别人，有这种完人心境的当事人，就会为了多
数别人的幸福而整个地牺牲自己的幸福和生命。之所以能做
到这一点，是因为一切仁爱的本质都是基于同情。同情是一
种极为美好的情感，没有同情心的人是冷酷的，没有同情的
社会是不健全的，而任何不是同情的爱都只能是自私的自
爱。同情是设身处地地把他人的痛苦看作和他自己的痛苦一
样，从而对他人表现出诚挚的关怀，甚至割舍自己的享受而
为他人担当痛苦，做出忘我的牺牲。

　　从人的同情之情感中引出道德境界，这是叔本华伦理学
的一个基本特点，所以他的伦理学常被称作"同情伦理学"
或"仁爱伦理学"。按理说，人的行为达到了仁爱的阶段，
的确是进入了道德的最高境界，这是一种乐于助人的奉献精
神，克己为人的牺牲精神。但是，叔本华并不把此看作是道
德的最高境界，因为这种行为方式还未达到真正自觉自愿地
否定自己生命意志的最高阶段，还有比这更高的阶段，就
是完全背弃生命意志，达到绝对的"无欲"。绝对的"无
欲"，就是对自己自动克制一切欲求，与世无争，对他人他
物，漠不关心，这就是佛教所说的"涅槃"境界。

　　这个境界之所以是最高的，是因为它彻底地否定了生命
意志。在仁爱阶段，人虽然克己为人，因而是对自己意志的

进一步否定，但他的克制、助人、牺牲、施爱和同情，正表示着意志在自身中继续存在，他的这种种行为本身正是意志的表露和外现，所以还不是彻底的否定。叔本华甚至认为，自杀都不是彻底的意志否定，而是意志的表现，甚至是强烈肯定意志的一种现象。因为自杀只是对那些轮到他头上的生活条件的不满，或对痛苦的深恶痛绝而采取的一种逃避，离真正的意志否定还远着。因为意志的否定之本质，不在于对痛苦的深恶痛绝，而在于对享乐的深恶痛绝。对痛苦的深恶痛绝，表明这个人的认识仍囿于"摩耶之幕"，仍未看清生活的本质即痛苦。所以，真正的意志否定，是完全认识了意志的本质，这认识又成为意志"清静剂"之后才出现的。只有真正看穿了"摩耶之幕"，看穿了个体化原理，生命的享受便令他战栗，人才向彻底的禁欲主义过渡。这时人不再满足于爱人如己，不再施行克己助人，在他心中产生出一种强烈的厌恶，厌恶他自己的，也即他人的这些现象所表现的本质，厌恶生命意志本身，厌恶这被认作充满烦恼的世界之核心和本质。所以，人在此时便自动地诚淫，自愿地禁欲，自甘贫穷受苦，彻底和意志决裂，让自己根本不再成为意志的表象，在他身上看不出任何生命意志的显露，这才是彻底否定了生命意志。

　　把对生命意志的彻底否定，看作是现实中唯一存在的自由现象，这是有道理的，因为这种"自由"，是真正认识了意志之必然的决定作用后，对必然（意志）的彻底否定，而作为"力量"言，又是积极的肯定（否定力的肯定），这是符合叔本华对自由概念之规定的。但是，把这种对意志的彻底否定，把这种禁欲主义推向道德的最高境界，是完全荒谬的，也是无人能接受的。至少，叔本华自己就根本未能实行这种生活方式，以至于研究者，像罗素（Bertrand Russell, 1872—1970）就指责叔本华"不真诚"，因为他在理论上倡导和推崇的这样一种"理想"的生活，这样"崇高的"道德境界，他自己在生活中一点也未坚持，他既注重享乐，同时也不戒女色，同许多女性有过暧昧关系。当然罗素的这一指责并无道理，正如叔本华自己所说，"要求一个道德宣教者除了他自己所有的美德之外就不再推荐别的美德，这根本是一种稀奇的要求"㉕，这就如同要求一个伟大的雕刻家必然是个透顶俊美的人一样不现实。但是，倘若你所"推荐的"美德，不仅你自己根本无法遵守，别人也无法接受，是一彻底违反人类本性的东西，这样的所谓"美德"，也就决不成为一种美德。

道德虽然是在一定程度上对自己自然本性的"约束"与"规范"，但决不能够完全违反人的本性。叔本华理论的错误正表现在这里，把一种彻底反人性的东西推崇为道德的最高境界，教导人们悲观厌世、厌恶自己的生命，从而也把世界上所有的生命价值给毁了。他的这一理论本身同时也是十分矛盾，从而是站不住脚的。他一方面说，依顺意志的行为，适应意志的要求即是"善的"，"因而，一切的一切，只要是迎合意志的，就不管意志是在它自己的哪一种表现

㉕ 叔本华：《作为意志和表象的世界》，（中文版）北京商务印书馆，第525页；（德文版）莱比锡，1859年，第492页。

中，只要满足意志的目的……就都把它看作善的……总而言之，是把一切恰如我们所愿的都叫作善"[26]。另一方面，他又把彻底违反意志、否定意志看作道德的最高境界。他一方面告诉人们按照自己的本性办事，按自己的性格办事是自由而幸福的，另一方面却又要人们违反自己的本性，违背自己的性格去达到厌世主义和禁欲主义的"道德境界"。正是这种矛盾性，显示出其理论的虚伪性，正是其理论的虚伪性（反人性），暴露其结论的荒谬性和错误性。

现在，我们可以总结一下以意志作为道德的基础的各种行为的伦理意义了，为了醒目，在此我列表说明[27]：

对意志的态度	行为的动机	行为的后果	行为的伦理意义
对意志的肯定	顺意	自保和种族繁衍	无道德可言
	顺意	肯定自己的意志而不否定他人的意志	公道
	利己	使自己快乐幸福	不道德

---

[26] 叔本华：《作为意志和表象的世界》，（中文版）北京商务印书馆，第 494 页；（德文版）莱比锡，1859 年，第 463 页。

[27] 此表受张国珍教授图表的启发，但做了较大改进，可参阅张国珍：《现代西方伦理学批判研究》，湖南师范大学出版社，1992 年，第 31 页。

对意志的否定	恶意	于己无益而不惜损人	恶
	同情	关怀他人而不惜牺牲自己的幸福和生命	善
	禁欲	自愿受苦	涅槃圣境（至善）

综上所述，叔本华虽然依照从经验到形而上学的分析路线，分别探讨了道德的动机基础、人性基础和意志基础，但这三个基础并不是外在独立的，而是相互交叉的，只是从动机、人性与意志的间接的或直接的关系来阐明构成道德或不道德的基本特征，即各种不同动机的行为的伦理意义。角度不同或基础不同，但本质和核心一致，其中并无严格的体系，也并非首尾一贯的，他并没有如他自己所说的那样，使伦理概念获得哲学上的"明晰性"，这使得我们没有必要去详细分析他的各种道德观念。他创立伦理学的目的，也绝不是让人明白伦理观念，因为在他看来，这种观念本身是无用的，因为"道德和天才一样，都不是可以教得会的"，"在这人生有无价值、是得救或沉沦的关头，起决定作用的不是哲学的僵硬概念，而是人自己最内在的本质"。他的伦理学不是教化的，不是告诉人"应该做什么"的道德学说，而是告诉人们如何放弃生命意志，摆脱生命本质的痛苦，看穿"摩耶之幕"的生存智慧学说。因此，我们就此打住，直接转向叔本华的人生哲学。

第六章　叔本华的人生哲学

　　人生哲学是西方近代哲学中的一大空白。近代哲学把为知识奠定基础看作自己的第一要务，因而哲学变成了"知识论"，科学理性成了人们追求的最高价值。浪漫主义运动则是逆此潮流而动的第一个世界性的浪潮，它力图把人的生命价值从科学理性中解救出来，使人生获得其应有的诗意和审美情怀。但浪漫主义毕竟更多的还是一个文学艺术运动，对人生价值问题与其说它表达了某种理念，不如说是表达了某种情绪。然而要把这种情绪确定下来，还必须使之具有理论化的形式。谢林曾作为早期德国浪漫派的精神领袖，为把浪漫主义的情绪转换成为哲学的理论内容做出了巨大的努力，但谢林仍未实现从哲学知识论向人生哲学的根本转向，他对人生价值问题的反思仍然是被包含在自然哲学、艺术哲学、自由哲学、神话和启示哲学等等体系化的形式之中。只有叔本华是个完全的例外，在他的哲学中，知识论不仅不再拥有其核心的地位，反之，知识（认识）反过来只成为为人生服务的工具，作为意志的"清静剂"而存在，人生哲学明显地突出为其哲学的中心和根本，这就完全扭转了近代哲学忽略人生价值问题的弊端。

叔本华的人生哲学涉及人生的方方面面，既有对世界与人生、意志与人的形而上学思考，也有对行为之道德价值的伦理学分析，同时还包括对情爱、财富、生死、荣誉、地位等等生存处境的解剖。因此可以说，既有对人生解脱问题的大智慧，也有对人生具体事务上的小智能。应该承认的是，不管我们能否赞同叔本华的人生见解，但他所探讨的那些问题是每一个严肃地、认真地活着的人所无法回避的。而且，在叔本华著作的字里行间，并不乏对人生问题的种种真知灼见，这是值得我们认真对待的。

在这一章，我们不必重复以前的内容，我们将从人生悲剧论、人生智慧论和人生解救论三个方面展开叔本华人生哲学的内容。

一、人生悲剧论

悲剧总是同人的痛苦、磨难和不幸相连，描述价值的无常毁灭。叔本华哲学中最令人深思的，正是他对人生悲剧的论述。

叔本华是从其"个体化原理"来展开人生悲剧性的。所谓"个体化原理"，是说世界上的万事万物都是同一个意志的表现，是在时间空间中受因果律支配的个别现象，因而呈现出个体化差异。对人而言，构成其本质的也是意志，每个人均是意志的个体化、客观化。当意志决定人生时，人的生命就是体现求生意志的现象，个体化原理就支配着生活，成为人生的根本原理：每个人都为了自己的生存而进行永无止境的而又徒劳无益的追求和争斗，自私自利成为人们普遍的行为准则。

如果说，人仅只是为其生存而不断地努力和奋斗，这根本就谈不上什么痛苦，更不能说是人生的悲剧。但关键在于，人的种种努力是徒劳的，人的需要永远也不会得到满足。因为世界的本质是意志，意志就是欲求（Wollen）；一切欲求皆出于需要，需要出于缺乏，缺乏也就是痛苦。再说，欲望是经久不息的，需求可以至于无穷。一面有一个愿望得到满足，另一面至少就有十个得不到满足。即使得到了满足，时间也是很短，分量也是很轻，并且最后的满足本身是虚假的，因为这个满足了的愿望立即让位于一个新的愿望，就像丢给乞丐的施舍，今天维系了乞丐的生命但又在明天延长了他的痛苦。叔本华认为，所谓的苦恼或痛苦，就是意志和一时性的目标之间有了障碍，使意志无法称心如意；反之，所谓满足、健康或幸福，就是意志达到了它的目标。苦恼、痛苦或满足和幸福，并不是人类专有的现象，在无认识力的自然界各现象中也都存在着。虽然程度较弱，但本质相同。意志现象愈臻完善，痛苦也就愈为显著。植物没有感觉，所以也就没有痛苦。最下等的动物如滴虫类所感觉的痛苦程度极为微弱，其他如昆虫类对于痛苦的感受机能也非常有限，直到有完全的神经系统的脊椎动物，才有高度的感觉机能，并且智力愈发达，感觉痛苦的程度愈高，认识愈明晰，意识能力愈强，苦恼也就愈多。因此，天才最为痛苦。叔本华就从痛苦的等级，论证出世界本质上都处在痛苦之中，无一能够幸免。欲望之途只有荆棘障碍，没有舒坦的大道，只有挣扎和碰壁，没有最终的满足。欲求和挣扎就像不能解除的口渴一样。如果相反，人因为他易于满足随即消除了他的可欲之物而缺少了欲求的对象，那么可怕的空虚和无聊就会朝他袭来，人的生存本身会成为他不可忍受的重负。所以，叔本华得出结论说：

> 人生是在痛苦和无聊之间像钟摆一样的来回摆动着；事实上痛苦和无聊两者也就是人生的两种最后成分。……在人们把一切痛苦和折磨都认为是地狱之后，给天堂留下来的除闲着无聊之外，就再也没有什么了。①

以上所述，是从意志——作为本质——和人生——作为意志的现象——的关系来考察人类（包括整个世界）的悲惨性命运：只要你出生了，就必须忍受匮乏（贫穷）、不足、追求、挣扎等等不幸，最终仍一无所获。这是叔本华人生悲剧论的第一要点。

叔本华人生悲剧论的第二要点是从人性的险恶上来论证人生的悲剧性。叔本华认为，人的本性是由意志决定的，意志就是无休止的欲求，这便造成了人的自私自利的心理。因此，人类必定是悲惨的，"因为人类所遭遇的灾祸的最大根源，乃在人类本身。'人便是吃人的狼'，若能正视这最后

---

① 叔本华：《作为意志和表象的世界》，（中文版）北京商务印书馆，第 427 页；（德文版）莱比锡，1859 年，第 404 页。

的事实，那么这个世界看起来即是地狱，比之但丁所描写的地狱，有过之而无不及，人类相互间都成了恶魔"[②]。叔本华列举了许多实例，诸如贩卖奴隶，强迫童工每天做十多个小时的机械劳动，人类相互之间的仇杀等等，这些均说明了人类特有的对同类的残忍性，而这种残忍性的根源在于人类不能餍足的自私心。除此之外，每个人心胸中多少都有一些憎恨、愤怒、忌妒、怨恨和损人又不利己的恶毒心理。这些恶劣的心性积在一起，就像毒蛇牙齿上的毒液一样，只等待发泄自己的机会，然后便像不受羁束的魔鬼一样，咆哮狂怒。生活在这种环境里，人的命运的确太悲惨了。

叔本华还认为，人类不仅仅想把痛苦加在别人身上来减轻自身痛苦的煎熬，而且人性中还有一个最坏的特点叫作 Schadenfreude ——幸灾乐祸。这是一种非常接近残忍的感情，也是从残酷的心态中产生的情绪。他说："幸灾乐祸心理是残酷可怕的，它所带来的笑骂，简直是来自地狱的笑声。"[③]

叔本华就是从这些卑劣的人性中为人们描绘出一幅人间地狱的图画。

人生悲剧论的第三要点是论证人生幸福仅具消极性。不管叔本华把人生描写得如何可悲和不幸，但毕竟追求幸福是人类的天性，而且人类也的确会在不同的程度上享受得到人

---

② 叔本华：《爱与生的苦恼　生命哲学的启蒙者》，中国和平出版社，1986 年，第 124 页。
③ 叔本华：《人生的智慧》，黑龙江人民出版社，1987 年，第 108 页。

间的幸福。这便同叔本华的学说不甚相合，为了解决这个问题，叔本华便向人们论述幸福的消极性。

叔本华称意欲的实现和满足为幸福。他所谓的幸福的消极性有以下三层基本含意。其一是说幸福是极其短暂、稍纵即逝的。因为愿望获得满足后，幸福感即告消失，因而快乐也随之俱灭。其二是说人们在幸福状态中往往是身在福中不知福，对幸福没有积极而强烈的感觉，而只有等幸福消逝了，当痛苦、忧虑、恐惧、灾病降临到头上来了时，才体会到往日的幸福。叔本华说：

> 这就是因为唯有痛苦和缺乏才有积极性的感觉，因为它们都能自动呈现。反之，幸福不过是消极性的东西，例如，健康、青春和自由可说是人生的三大财宝，但当我们拥有它们时，却毫无所觉，一旦丧失后，才意识到它们的可贵，其中的道理正是在此，因为它们是消极性的东西。总之，我们都是在不幸的日子降临，取代往日的生活后，才体会到过去的幸福。享乐愈增，相对地对它的感受性就愈减低，积久成习后，更不觉自己身在福中。反之，却相对增加了痛苦的感受性。④

叔本华因此引用伏尔泰的名言说："幸福不过如同梦幻，痛苦才是现实的。"引用佩脱拉克的话说："一千个享

---

④ 叔本华：《爱与生的苦恼 生命哲学的启蒙者》，中国和平出版社，1986 年，第 120 页。

乐，也不值得一个痛苦。"

　　幸福只具消极性的第三点是说，无论人们如何追求福乐，最终的结果仍只有痛苦和不幸。因为且不说追求的过程充满着艰辛和曲折，充满失败和不顺，就是所有的追求都满足了，人类仍然得不到幸福。

　　叔本华说，如果世界是一个安乐园，遍地布满着蜜糖与香乳，每个人都能随心所欲，各取所需，这样的世界，人若不去上吊，也会烦死的。如果人事事顺遂，不劳即获，会使生命妄自尊大以致任性膨胀到疯狂的地步。甚至大家要相互残杀，到这时，人类冲突灾难的结果，也许比现在自然的手加于人类的灾难还要大。在这个世界上，穷人所要忍受的是贫困之苦，而富人所受的煎熬则是厌倦，富有的结果也成为对自己的一种惩罚。无所事事的空虚无聊也许比辛勤劳作的艰难更令人不堪忍受。

　　也许人们还会说，人所追求的还有一种心灵的快乐，这种快乐应该是积极的。但叔本华也不同意。他认为任何心灵的快乐，即使是最高级的理知性的心灵快乐也都是伴随着痛苦的。总之，幸福是虚幻的，烦恼和不幸则是实在的。有拜伦（George Gordon Byron, 1788—1824）的诗为证：

　　　　我们的生存是虚伪的，

　　　　残酷的宿命，注定万事不得调和；

　　　　难以洗脱的罪恶污点，

　　　　像一棵庞大无比的毒树——使一切枯萎的树木，

　　　　地面是它的根，天空是它的枝和叶，

把露珠一般的疾病之雨洒落在人们身上；

放眼到处是苦恼——疾病、死亡、束缚，

更有眼睛所看不到的苦恼，

它们经常以新的忧愁填满那不可解救的心灵。

人生悲剧论的第四要点是论证人生无法避免的空虚和死亡。

叔本华说，生存之所以空虚，主要在以下六点上表现出来：

第一，在生存的全部形式中，时间与空间本身是无限的，而个人拥有的却极其有限；

第二，唯一现实的生存方式，只是所谓的"刹那的现在"；

第三，世上没有"常驻"的东西，一切都在不停地流转、变化；

第四，一切事物都是相关联、相依凭的，个体不能单独存在；

第五，人类的欲望是得陇而望蜀，永远无法餍足；

第六，人类的努力经常遭遇障碍，人生为了克服它，必须与之战斗，但不论战斗的结果如何，人类都必须面临最后的空无——死亡的陷阱。

以上六点除第四和第五两点之外，均是讲生存的"时间性"，因为一切的变化与消逝均是在时间的形式中发生的，时间以其特有的力量使所有的东西在我们手中化为乌有，万物由此而丧失了真实价值。因为曾经存在的东西，如今已经不复存在，现在不存在的，恰和曾经存在的东西一样，而现在所有的存在，转眼之间又成了"曾经"存在。我们的生存除了"现在"渐渐消失外，再也没有可供立脚的任何基础。所以生存的本质是以不断的运动作为其形式，我们经常追求的"安宁"根本是不可能的。我们的生存就像走下陡坡的人一样，一停止下来就非倒下不可，只有继续前进，以维持不坠。它如同运行不绝的游星，一旦停止运行，便立刻坠落在太空之中。所以生存的形式是"不安"。

我们的一生虽然做了许许多多的事情，虽然曾经"拥有过"，但只不过是一瞬间而已。对于人的生存，只有"现在"是真实的，其他的一切不过是思想的游戏。因而，许多人产生了"及时行乐"的想法，叔本华认为，这种见解是最愚蠢的见解，因为"现在"在其后的瞬间里就不复存在，如梦幻般完全消失，这样的收获，绝不值得我们费偌大的苦心和辛劳去争取。

人生的"时间性"根源于人是面向"死亡"的存在，人一生下来，死亡就在向它招手。我们每走过一天，实际上都是在向死迈进。叔本华很看重从死亡来分析人生的悲剧性，在他看来，死亡是给予哲学灵感的守护神和它的美神，如果没有死亡的问题，恐怕哲学也就不成其为哲学了。

叔本华说，单从形式方面看，人的个体生存已经就是现在不停地转入逝去的过去，这就是一种慢性的死，我们的肉体生命也只是不断被拦阻了的未即死亡，只是延期又延期了的死亡。我们每一口气都在击退时时要侵入的死亡，在每一秒钟就是用这种方式和死亡进行着斗争。人生最大的悲剧就在于，人的一生也就只是为着这个生存本身而不断地斗争，并且明知最后还是要在这斗争中失败：

> 到了最后必然还是死亡战胜，因为我们的诞生就已经把我们注定在死亡的掌心中了；死亡不过是在吞噬自己的捕获品之前，（如猫戏鼠一样）逗着它玩耍一会儿罢了。在这未被吞灭之际，我们便以巨大的热诚、想方设法努力延长我们的寿命，愈长愈好，就好比吹肥皂泡，尽管明知一定要破灭，然而还是尽可能吹下去，吹大些。⑤

死亡使人生彻底空虚了，使万事万物都变得毫无价值，同时它也使得人生成为一种罪过，成为赎罪的过程。叔本华意在告诉人们，不必那么畏惧死亡，他引用伊壁鸠鲁的话说："死是与我们无关的事情。"因为我们存在时，死亡不会降临，等到死神光临时，我们又不存在了。我们即使丧失些什么，也并不是灾祸。真正的灾祸，只是我们的生而绝不是我们的死。"对于死亡的认识所带来的反省致使人类获得形而上的见解，并由此得到一种慰藉"。⑥

以上我们分别从四个方面完整地概述了叔本华的人生悲剧论或者说悲观主义的人生观，现在我们来讨论一下，叔本

---

⑤ 叔本华：《作为意志和表象的世界》，（中文版）北京商务印书馆，第426—427页；（德文版）莱比锡，1859年，第404页。

⑥ 叔本华：《论死亡》，载于《爱与生的苦恼 生命哲学的启蒙者》，中国和平出版社，1986年，第149页。

华所述的这些"悲剧性"是否得当，并该如何面对叔本华的悲观主义。

在讨论这个问题之前，我们先明确一下，到底什么叫作悲观主义，我们在什么意义上称叔本华为悲观主义者。

从现象上看，悲观主义就是以一种失望的心情来对待生活中的挫折、不幸和痛苦，并把这种不幸和痛苦看作是本质的、不可解脱的。而叔本华之作为悲观主义者就因为他论证了世界的本质即为痛苦，痛苦和无聊构成人生的两个端点。但我们可以想想，霍布士（Thomas Hobbes，1588—1679）从人性恶出发，说人对人就像狼一样，却并不被认为是悲观主义；鲁索（Rousseau）认为科学和艺术的进步非但没有给人类带来幸福，反而只意味着道德的沦丧和人性的泯灭，也没有人说他是悲观主义者，为什么呢？因为单就理论本身而言，并不存在悲观主义问题，也并不是说一种理论证明了世界、人生本质上存在着痛苦和不幸，这种理论就是悲观主义的。悲观主义实质上是一种痛苦而无奈的情绪，它一方面直观到人生的痛苦和不幸，另一方面却又总是去与这种痛苦和不幸进行抗争，最后以抗争的失败和价值的毁灭来体现出悲剧性。

有人说，悲观主义可以有两种情况，一种是在愿望与可能之间所表现出来的悲观情绪，一种是希腊神话中西西弗斯精神，他必得一次又一次地走下山来，把推上去再滚下来的巨石重新推上山去。实际上，人们很难把叔本华归之于这两者中的任何一种。因为光有悲观情绪和光有西西弗斯式的对命运的蔑视、挑战和反抗，均不构成真正意义上的悲观主义。叔本华的悲观主义实际上是在渲染一种悲观的超脱情绪，即在明白了一切挣扎的徒劳和虚空之后，对人生的超脱。这种超脱，是对意志的否定，是以取消人的一切生存欲望为代价、虽生犹死式的绝对的清静无为。

但叔本华的悲观主义过于渲染了世界的痛苦，过于夸大了人性的丑恶。人生虽然会有种种痛苦和不幸，贫穷、疾病和挣扎的确是每个人不可避免地要面对的，这只能说明人生的苦难，但并不就因此能说明这些构成了世界的本质。人性虽然有自私自利和凶残丑恶的一面，但人类也的确有着善良、仁爱和同情之类的美好情感，一味地把这个世界看作烦恼痛苦的生物互相吞食以图苟延残喘的角斗场，看作是动物间相互残杀的活坟墓，这既不符合实际，更缺乏理论上的说服力。人生虽然在生死之间仅有短暂的时间性，虽然必须面对必然的死亡，但时间性的流转并不能造就人生的空虚，死亡也决不能把人的一切财富（尤其是精神性的财富）带入虚无。在有限中追求无限，在流变中追求永恒，一直是人类的创造性欢乐所在。

当然，叔本华自己并不认为悲观主义是一种消极的人生态度，著名学者陈铨先生在他于二十世纪四十年代出版的《叔本华的生平及著作》中也认为叔本华的悲观主义并不是一种消极的人生态度，理由何在呢？因为这种悲观主义在告诫人们一切挣扎的徒劳和空虚之时，让人产生一种"超脱"的人生态度。在这种"超脱"中，人并不为痛苦而悲观，而是以怡然自得的欢欣彻底否定生存的意志。在叔本华看来，"超脱"人生比之"奋斗"人生更有价值。因为"奋斗"乃表明你仍属"意志之表现",仍未看穿人生的真谛,而"超脱"则是一种审美的人生意境。所以他说:"世界上所能出现的最伟大、最重要、最有意义的现象不是征服世界的人而是超脱世界的人。"这种超脱也就是对意志的超脱,使人能在无所欲中成为一个静观万象的纯粹认识之镜。叔本华因此把是否拥有悲观主义的人生观看作高超人和平庸人的区别。因为真正高超的人的悲观主义并不是指对于日常不如意的事情的厌恶,而是对于身外空虚的意识,对于人类生命痛苦(而非仅是个人痛苦)的意识,因而是对世界之本质和人类之命运的明晰认识。

然而在这一点上,我们无论如何也不能赞同叔本华,因为他的悲观主义的超脱,是同厌世主义、虚无主义连在一起的,是以否定人的一切生存意志(欲望)直至否定人生为代价的。这种人生观虽然具有一定的超功利、超世俗的审美意义,但确无积极的意义,它正体现了尼采所说的"衰弱的悲观主义"之内涵:"悲观主义一定是衰退、堕落、失败的标志,疲惫而羸弱的本能的标志吗?——在印度人那里,显然还有在我们'现代'人和欧洲人这里,它确实是的。可有一种强者的悲观主义?一种出于幸福、出于过度的健康、出于生存的充实,而对于生存中艰难、恐怖、邪恶、可疑事物的理智的偏爱?"[7]尼采正是通过他的"强力意志"(Wille zum Machte)把叔本华的衰弱的悲观主义发展成为强者的悲

---

[7] 尼采:《自我批判的尝试》,载于《悲剧的诞生 尼采美学文选》,生活·读书·新知三联书店,1986年,第271页。

观主义，它不再像前者那样是认识到生命意志的虚幻性而产生的听天由命感，而是从世界的变化无常中，从个体的无常毁灭和艰辛劳作中看出生命的坚不可摧的力量感，感觉到生命意志的充盈和生存的巨大力量。因此，尼采才真正赋予了生存一种审美的意义，世界不断创造又毁掉个体生命，乃是意志在其永远洋溢的快乐中借以自娱的一种审美游戏，现实的痛苦和毁灭在审美的游戏中化作了悲剧性的快感，个体的生命意志由盲目挣扎的消极力量变成了生生不息的创造力量。只有从尼采的强者的悲观主义出发，我们才能感受到一种积极的力量，这是在叔本华的悲观主义中找不到的。

二、人生智慧论

人生本质上是痛苦的，但叔本华并不叫人天天流着眼泪悲痛欲绝；人生是虚幻而荒诞的，不值得过的，但叔本华并不叫人去自杀，了此一生。相反，叔本华探讨了快乐和幸福的源泉及其构成要素，以及如何获得快乐和幸福等等。这些探讨完全没有形而上学的抽象意义，而是以人自身的性格、健康为基础，联系到具体生活中如何对待财产、地位，包括名誉、官位、名声、骄傲等等问题展开的，所以这些可以称之为"世俗的生存智慧"，通过这些"世俗的生存智慧"人们对如何度过此生会获得一种尼采所说的"世俗的慰藉"，以区别于"形而上的慰藉"。后者可以说是生存"大智慧"，我们将放在下一节去探讨，在此我们专门探讨叔本华有关的"世俗生存智慧"。

（一）快乐的基本要素和幸福的源泉

在所有能影响人的快乐和幸福的条件中，叔本华认为有一种自然本身赐给人的东西就其影响之大和深刻而言远远超过了其他的，这便是人格。因为人格是人的内在素质，它包括健康与精力、美与才性、道德品性、智慧和教育等等。叔本华把人等同于人格，把人格看作人的内在生命性质，认为"生命幸福的主要因素，我们存在的整个过程，在乎我们内在的生命性质是什么"[8]。这是因为，虽然外在世界也能影响人，但这种影响只不过促使我们体悟自己的观念、感受和意欲，也就是说它必须通过我们的内在之物才能发挥作用，即只有间接的影响。我们所处的世界如何，主要在于我们以什么方式来看待它，这就取决于我们内在的生命性质，因为它是使我们心灵满足的直接源泉。

在内在的生命性质中，叔本华尤其看重"内在的品格"即"愉悦健全的精神"，认为它最能给人带来直接的快乐，因为美好的品格本身便是一种幸福。愉快而喜悦的人是幸福的，只因其个人的本性就是愉快而喜悦的。因为人最重要的在于他自己是什么，当我们独处的时候，也还是自己伴随自己，美好的品格、健全的精神是没有人能拿走，一旦拥有就不会失去的，它比我们所能占有的任何其他事物都重要，甚至比别人如何看我们更重要。没有美好品性的人，没有愉快

---

[8] 叔本华：《人生的智慧》，黑龙江人民出版社，1987年，第2页。

精神的人，即使在十次事业里成功了九次，还是不快乐，只懊恼那失败的一次；而有健全而愉快精神的人，虽只成功了一次，却在这次成功里得到安慰和快乐。所以，叔本华说："我们追寻幸福的最高目标就是如何保障和促进这种愉快的心情。"

什么东西能够促进愉快的心情呢？叔本华说，不是财富，而是健康。人的健康甚过任何其他幸福，一个身体健康的乞丐比疾病缠身的国王幸福得多。但叔本华同时指出，健康，严格地说来并不只是脑满肠肥，若如此，是对我们的快乐没有什么帮助的。健康的体格要与平静欢愉的气质、良好健全的精神结合在一起，才能真正地使人幸福。一个如此良好、温和优雅性格的人，就是在贫乏的环境中也能怡然自得，然而一个贪婪、充满嫉妒和怨恨的人，即使他是世界上最富有的人，他的生命也是悲惨的。

人的内在品性是快乐和幸福的直接源泉，所以，拥有足够内在财富的人，他向外界的寻求也就很少，甚至一无所求，这种人是何等幸福啊！这样说来，任何人都不应向他人或外界索求太多，每人能为他人所做的事情，本来就很有限，人在任何事情当中最后仅能求助的永远是自己。人愈能做到这一点，就愈能使自己幸福。亚里士多德说："幸福就是自足。"揭示的也正是这一真理。所有其他的幸福来源，本质上都是不确定的，它们都如过眼烟云，无法把握。所以叔本华说，为自然和命运赋予智慧的人，必急于小心地打开自己内在幸福的源泉，这样他就需要充分的独立自主和闲暇。人要获得独立自主和闲暇，必须自愿节制欲望，随时养神养性，更须不受世俗喜好和外在世界的束缚，这样人就不致为了功名利禄，或为了博取同胞的喜爱和欢呼，而牺牲自己去屈就世俗低下的欲望和趣味；叔本华坚信，像他这样有智慧的人是决不会如此做的，而只有傻子，才为了外在而牺牲内在，以及为了光彩、地位、头衔和荣誉而付出全部或大部分闲暇和自己的独立。在叔本华眼里，歌德不幸正是这样的傻子！

人类幸福有两种敌人：痛苦和厌倦。生命本身就是在痛苦与厌倦之间剧烈地摆动，即使人们幸运地远离了痛苦，那就会靠近厌倦，若远离了厌倦，那便又会靠近痛苦。在叔本华看来，这是生活的本质，是任何人都无法改变的。但是，人完全可以通过自己的努力，使痛苦和厌倦的程度得以减轻。有什么办法来达到这一点呢？前面说过，对待痛苦，可以通过培养自己愉快的性情来加以缓和，因为生命的幸福与困厄，不在于降临的事情本身是苦是乐，而是看我们如何面对这些事情，我们感受性的强度如何。而就厌倦而言，因为心灵的空虚是厌倦的根源，而知识的贫乏又是心灵空虚的主要原因，所以，人要避免灾祸的最好方法，莫如增长自己的心灵财富，人的心灵财富愈多，厌倦所占的地位就愈小。愚蠢的人，一旦脱离了困乏的苦痛，便立即不顾一切地求得娱乐消遣和社交，唯恐与自己独处，与任何人一拍即合。只因孤独时才委身于自己。然而才华横溢的有智之士，即便身处荒野，亦不会感到寂寞，他会享受他自己内在的财富。针对"现代人"在大量的闲暇中消磨时光、追求感官享乐的倾向，叔本华感叹，这是多么可悲呀！他认为像玩牌这种娱乐，不但没有价值，而且是思想破产的象征。

叔本华把人们在闲暇时的娱乐分成三类，分别代表三种基本力量，人们可以从这些力量的满足中，发现三种幸福的源泉，以使自己快乐。

第一类是满足"生命力"而得的快乐，代表生命力的有饮食、消化、休息和睡眠。叔本华认为这种基本的快乐是典型的，几乎人人都要得到这种快乐。

第二类是满足"体力"而得的快乐，此种快乐可以自散步、奔跑、角力、舞蹈、击剑、骑马以及类似的田径和运动中得到。有时甚至可以在军旅生涯和战争里消耗过剩的体力。

第三类是满足"怡情"而得的快乐，诸如在观察、思考、感受、诗与文化的体会、音乐、学习、阅读、发明以及哲学中所得的快乐。

前两类快乐同时为兽类所具有，甚至兽类具备更多些种快乐；唯有充足的"怡情"方面的快乐是人类所独有的，这也是人与禽兽不同的地方。满足怡情而得的快乐，无疑地要比其他两种根本快乐要高，因为快乐的获得，涉及自身力量的使用，我们所运用的力量愈是高贵，所获得的快乐也就愈大，而一连串快乐顺利地一再显现是构成人类幸福的主要因素，愈是高贵的力量所带来的快乐，其再现性就愈高，所获得的幸福也就愈稳定。所以，叔本华合理地得出了如下的结论：心灵的财富是唯一真正的宝藏，天生具有充足睿智的人，是最幸福的人；人的心性决定了我们是否能够觅取较高生命精神价值享受的能力；心性不高，又不加以外在努力，别人或者财富是不能把他提升到人的一般快乐和幸福以上的，虽然人也具有一半的动物性，但心性高的话，是可以提升自己的。心性不高的人幸福和快乐的唯一源泉是他的感官嗜好，充其量过一种舒适的家庭生活，与低级的伴侣在一起俗不可耐地消磨时光。人生的根本智慧，就是要发展和成熟自己的智性机能，享受生命内在的宝藏。这样的人终其一生，每时每刻都能成为他自己。他若注定成为整个民族的精神领袖，那么能否完美地发展心智力量至巅峰以完成其精神使命，便是他幸福或不幸福的标准，其他都是无关宏旨的。

叔本华的这些论述，的确是充满睿智的真知灼见，尤其是在现代，在人们越来越追求感官享受，追求金钱至上，而导致精神空虚的今天，聆听叔本华这些教导，无疑会使人们的心灵豁然开朗。

（二）如何对待财富

人生的快乐和幸福总是同一定数量的财富联系在一起的，人们虽说可以苦中求乐，但贫穷决不能够被称之为幸福。如何对待财富，实是人生一大内容。

叔本华首先认为，追求金钱和财富是十分自然而不可避免的事，因为人类的生存就是建筑在各种各样的需要之上，而对财富的需要是一种最基本、最自然的需要。不占有一定的物质财富，人就无法生存。所以，财富在人生中占有极为荣耀的位置，人们把财富看作比世上其他东西更为尊贵，甚至有人把追求谋利当成生命的唯一目标，热爱金钱超过一切，这些都是可以理解而用不着惊讶的。叔本华自己认为，世界上的各种东西都只具有相对的价值，只有在它们满足一个希望和一个需要时，才是好的。食物只有在饥饿时才是好的，药品只有在有病时才是好的；在冬天火炉是好的，年轻时爱情是好的，如此等等。但世界上有一种东西是绝对的好，这就是金钱。"因为金钱不但能具体地满足一个特殊的需要，而且能抽象地满足一切。"

但叔本华的这种说法是自相矛盾的，因为假如钱真的是绝对的好的话，人间就不会因钱而带来灾祸、带来罪恶了。实际上，钱本身抽象地说，当然是好东西，但关键在于人们对待钱的态度。叔本华也深刻地看到，财富就像海水一样，喝得愈多就愈是口渴，如果人对钱的贪欲膨胀到不择手段时，往往就会导致不幸。所以叔本华正确地说，人若有一笔颇足自给的财富，他便该把这笔钱财当作抵御他可能遭遇的祸患和不幸的保障，而不应把这笔钱财当作在世上寻欢作乐的许可证，或以为钱财本当如此花用。叔本华作为富商的子弟，作为靠继承遗产而一辈子凭银行利息而过着优裕闲适生活的人，对如何保管钱财、如何花费钱财当然是有一套看家本领的。对于钱财的好处，他深有体会地说：若有一笔钱可以使人不需工作就可独立而舒服地过日子，这是件很大的便宜之事，因为有了这笔钱，便可免除那如慢性恶疾般紧附于人身上的贫穷，可以从几乎是人类必然命运的强迫劳役中解脱出来。只有在这样良好命运下的人方可说是生而自由的，才能在每个清晨傲然自语地说，"这一天是我的。"他批评那些白手起家的人尽数地花用所赚的钱，却不晓得保存一部分来作为固定的资本，以免日后再度陷于穷困之中。他认为只有像他这样的出身富裕的人，因早已习惯支配金钱，才知道谨慎地花钱；而一个因为结婚而首次获得金钱支配权的女子，会非常喜欢花钱，以至于十分浪费而奢侈。所以叔本华奉劝那些娶了贫家女子的人，不要把本钱留给她花用，只交给她利息就够了，而且要千万小心，别让她掌管子女的抚养费用。这便暴露出叔本华小市民式的庸俗与精明的一面。

有一点叔本华说得十分精确：继承来的财富若为具备高度心智的人所获得，才能发挥其最大的价值，这种人就好比获得了上天双倍的赐予，更能发挥其聪明才智，完成他人所不能完成的工作，这种工作能促进大众福利并且能增进人类全体的荣耀。

从叔本华的生活上讲，他对于财富，只能从他的立场讲这些了，至于如何在劳动中创造财富和积累财富，对于他是陌生的和不感兴趣的事。因此，他的财富观是有严重缺陷的。

（三）如何对待荣誉

在人的一生中，金钱或财富的确影响着人的幸福和快乐，这是从人的物质生活而言的。人除了物质生活之外，更为重要的还有其精神生活，因而，在人的一生中，许许多多的焦虑、困扰、苦恼、麻烦实际上并不直接源自物质财富的贫乏，而源自精神上的得失。在人的精神得失中，荣誉感、名誉感都占着相当大的份额，如何对待荣誉、名誉和名声，对人的心情或幸福影响极大，可以说，它也构成了人生的一大内容，在此方面，叔本华的有些论述是发人深省的，值得我们进一步深思。

　　叔本华把荣誉感同良心并列，认为荣誉感是外在的良心，而良心则是内在的荣誉感。他进一步把荣誉分成主观和客观两方面，就客观方面言，荣誉是他人的评价和观感；就主观方面言，荣誉则是人们对他人评价及观感的重视。他把各种各样的荣誉感分成三类：公民的荣誉、官场的荣誉和性爱的荣誉。

　　所谓"公民的荣誉"即是对每个具有公民权的人应该具有且不应丧失的一些品格的期许，它是基于如下的设定：我们应该无条件地尊重他人的权利，所以不得用任何不正当与不合法的手段取得我们想要的东西。做到了这一点，就具有了公民的荣誉，它是人与人之间和平交往的条件，丧失或破坏这种和平交往的条件，都会毁坏"公民的荣誉"。

　　稍加分析我们便可清楚地看到，叔本华的"公民的荣誉"是近代个人主义道德观的体现，每个公民作为独立和平等的人，都应无条件地尊重他人的权利，只有这样，才能使自己的权利得到保障，每个人都在法律规定的范围内以正当的手段获得自己想要的东西。这样的人，既遵守了资产阶级的道德，又是守法的人，因而具有了"公民的荣誉"。叔本华十分重视"公民的荣誉"，要人们严肃地对待它，说它是不可丧失和不容毁坏的。谁丧失或毁坏了公民的荣誉，就是破坏了人际的和平交往关系，他不仅应受到道德上的谴责，而且要受到法律的制裁。就其劝人要严肃认真地对待公民的荣誉这一点而论，叔本华无疑是正确的，但就其说丧失或破坏了公民的荣誉，就要受到法律的惩罚，这一点就言过其实了。

所谓"官方的荣誉"，叔本华说，它不只是一般人民对官员的一种尊敬，从广泛意义上讲，它是指一定职位上的官员，尽职尽责地干好他的本职工作，赢得人民的信誉，相当于因履行其职业道德而赢得的荣誉。所以，官方的荣誉要求接受某种官职的人必须尊敬自己的官职，为他的同僚及其后来者做个好的榜样。官位越高，因其肩负的国家的责任越大，他所受的荣誉也就越大。叔本华合理地要求，精于某种事业的人，如医生、律师、教员和军人都应该有种荣誉感，也就是誓言为众服务的荣誉。就军人荣誉的真实意义而言，叔本华说，一个人既为捍卫国家的军人，就应该具有足够的捍卫国家的军人气质，其中诸如勇敢和视死如归的决心，在任何情况下誓言为他的国家而英勇战斗的气概等等。

至于"性爱的荣誉"，叔本华从大男子主义立场出发所做的议论，在今天看来，实无多大价值，让我们省去笔墨，就此止住。

叔本华对荣誉的这种划分是随意的而非科学的，在上述三种荣誉之外，他还讨论了欧洲上流社会中盛行的一种武士式的荣誉，具体内容我们在此也不去管它了。现在我们来讨论叔本华关于荣誉同名声及名誉之间的关系，以及它们对人生幸福的影响。

荣誉和名声好比双生兄弟，十分类似，但是，它们二者之间也有着明显的区别。叔本华认为，荣誉感是每个人都能具有的一种品格，荣誉是每个人在相似情况下应有的表现；而名声则不是每个人都能具有的，只有那些具备卓越成就的人才获得名声，名声也不能由自己赋予，而只能由他人来赋予。荣誉可以与他人分享，名声却只能由个别人独有，它虽然很不容易获得，却是极容易保存的。

那么在人生中应如何对待名声呢？叔本华认为，名声的好处是能证实他人对自己的看法。但名声并不代表价值，因为它只是偶然的机运下显现于外的征象，真正有价值的是促使成名的内在因素，即一个人伟大的头脑和心灵以及他卓越的品格，这些东西是直接存于自身的内在之物，在任何情况下都不会为他人剥夺，是值得追求而且可以增进幸福的东西，具有绝对的价值。所以，叔本华十分正确地说：

> 名声到底只是次要的，是回响，是反映，是真正价值的阴影与表象；……令人幸福的不是名声，而是能为他带来名声的东西；更正确地说，是他的气质及能力。[9]

即使真正的名声，一般人只能在死后才能享有，在生前不能亲自领受，但这样的人仍然是个幸福的人，因为他拥有他赢得名声的伟大质量和能力。"名声躲避追求它的人，却追求躲避他的人"，一个为功名心所驱使的人往往得不到他所渴望的名声，而只有那些不计功利得失，以真善美为追求目标的人，才能最终赢得名声，叔本华以此来奉劝人们淡泊名利、勇于向世俗挑战。

表现叔本华之深刻之处还在于他通过人性的弱点来分析

---

⑨ 叔本华：《人生的智慧》，黑龙江人民出版社，1987年，第75页。

人们为什么普遍地重视名誉。他是在与荣誉和名声相同的意义上来使用"名誉"一词的，或者说，"名誉"包含了"荣誉"和"名声"。叔本华说，人们之所以重视名誉，乃是出于人的"喜褒恶贬"的本性。人人都会喜欢听好话，当听到赞美之词时，人的脸上便浮起一丝愉快而甜蜜的表情。尤其是，只要你所赞美的正是他引以自傲的，即使这种赞美是明显的谎言，他仍会欢迎之至。人性的这种奇特的弱点因人必定是在社会交往中生存而得到加强。叔本华认为，就幸福的观点着眼，我们应该制止这种缺点的蔓延。但这种缺点既然是人的本性带来的，又如何能够得以克服呢？

叔本华认为，必须依赖于人们清醒的认识。就是说，既然荣誉感是因人们过分重视他人对自己的评价而产生的，那么，当人们清楚地认识到别人对自己的看法并不能影响我们可以获得的幸福时，就可以减轻对他人意见的高度敏感性。叔本华高度重视的是人在自己心目中的价值，在他看来，这种价值是集合了造成我们存在和存在领域内的一切事物而形成的，是对自己的性格、能力和社会角色加以反省而形成的自我意识，而别人的评价只能是一种他人意识。叔本华从个人幸福的角度，说自我意识、自我评价对幸福有直接的影响，因而劝人不要在乎别人怎样说，不要陷进别人为自己造成的愚昧的虚荣中，这的确是很有道理的，因为虚荣的确是没有坚实的内在价值的东西，虚荣心重的人就像吝啬鬼，热切追求手段而忘了原来的目的，并且，由于过分重视荣誉感（虚荣）使一个人很容易受他人和大众舆论的控制。但是，当叔本华论证大众的意见，他人的意识不值得认真对待时，所表现出的蔑视大众的言辞却又是一般人所不能接受的，因为一般的人都是属于这种"无知的大众"：

> 尤其当我们认清了大众的思想是何等无知浅薄，他们的观念是何等狭隘，情操如何低贱，意见是怎样偏颇，错误是何其多时，别人对我们的看法就更不相干了。……只要我们有机会认清古来多少伟人曾受过蠢虫的蔑视，也就晓得在乎别人怎么说便是太尊敬别人了。⑩

叔本华的结论是：切勿过于重视荣誉感，太重视名誉是一般人最常犯的错误，这种错误有害于真正的幸福，幸福的源泉只能在自身所具备的事物中，即在性格和财产中去寻找。

（四）官位与骄傲

在"前现代化"的国家，尤其像我们中国有所谓"官本位"之现象的，官位价值之高是无与伦比的。叔本华所处的时代，德国也正处在封建制度向现代国家演化的途中，由国王颁授的爵位等级仍然是人们身份、地位和价值的标志，在人们的普遍心理中，不可避免地有一种对官位的渴求和期待。像歌德虽然深知宫廷生活并不适合他，但他仍然在宫廷中度过了他的辉煌生涯。尤其是浪漫派的一些首领，尽管他们在理论上追求浪漫而诗意的生活，厌恶世俗的价值，但

---

⑩ 叔本华：《人生的智慧》，黑龙江人民出版社，1987年，第39页。

是，他们仍然在官位上实现自己世俗生活的成功。像浪漫哲学家谢林就担任过巴伐利亚皇家枢密顾问和科学院的院长等职，弗·施莱格尔于 1809 年在梅特涅手下当上高官，随后又相继擢升为奥匈二元帝国的公使团顾问、罗马教廷的基督团骑士和维也纳造型艺术研究院院士等，他所赢得的殊荣和高位，在他著名的先人中没有一人能相比。看来，"学而优则仕"并不是我们中国独有的现象。

　　叔本华本人是个完全献身于哲学的人，而且是个非常不得志的人，因此官位与他无缘，这使得他对官位的价值能够采取一种超然的态度。他在许多地方都明言批评歌德在宫廷生活中浪费了自己的才华，认为歌德不值得为了官场的荣耀而耽误了自己文学和学术的事业。而对于像黑格尔这样的哲学家，因官方的提倡而大获殊荣，叔本华则不放过任何一个可以利用的机会对之进行无情的攻击与批判。

　　叔本华说，"官位纯粹是一种约定俗成的价值。严格地说，它只是一件虚伪的外套，目的在于索取人为的尊敬，而有关身份的所有事情根本就是一场闹剧"[⑪]。这集中反映了叔氏对于官位价值的态度。我们认为，如果一个社会把官位当作衡量人生是否成败的唯一价值目标，那么这个社会肯定是不健全的。对个人而言，人生的价值目标是多种多样的，到底想在官场上获得社会的承认和尊重，还是在其他许许多多可供选择的事业中取得成功，则完全取决于个人自己的兴趣、志向、抱负以及机遇等等。对于官位价值，人们既没有

---

⑪　叔本华：《人生的智慧》，黑龙江人民出版社，1987 年，第 47 页。

必要贬低它，当然也无须去颂扬它。

在论及人性的愚昧时，叔本华认为由这种愚昧繁殖出了三个对人生有影响的嫩芽，那就是野心、虚荣和骄傲。叔本华把虚荣和骄傲当作两种对立的心理活动，虚荣是借外在的喝彩来建立内在的确信，是引起他人对自己有这种信任的欲望；而骄傲则是一种内在的活动，是基于对自己有强烈的自信而表现出来的。与我们中国的传统观念相反，叔本华称骄傲为一种好的品德，谦虚则是笨人的一种德性。因为在他看来，只有品性优良、才华出众且自信心强的人才有资格表现出骄傲，而谦虚则是不表现自己，是一种压抑的过程，好像人人都一样，因而它使世上的笨人占了很大的便宜。这种态度表现出叔本华的立场是西方文化中重视个性的特点，他甚至认为个性比国家性要重要得多，更值得人们重视。他说，骄傲中最廉价的一种是国家骄傲，因为当人以国家为荣时，就表示他自己没有足以自傲的品格，不然他也不会把骄傲放在那与千百万同胞所共享的东西上了。这些思想与我们中国的传统观念是格格不入的。

（五）女人与性爱的形而上学

众所周知，叔本华因同母亲的性格不合造成两者断绝往来，一直得不到母爱的温馨，又因同女裁缝玛奎特持续数年的诉讼官司，赔掉了数目可观的抚养费，使他一辈子对女人抱有深深的成见。所以，在他的一篇《论女人》的散文中，对女人的评价是大为不恭的，在许多地方表现出对女人的蔑视，颇有中国式的大男子主义的口气。

到底女人的弱点表现在哪些方面呢？

首先，叔本华认为女人既愚蠢又浅见，像个小孩。说女人愚蠢，是因为她们天生只为男人活着，只为种族的繁殖而生存，她们的思维偏重于种族方面的事情。她们的一生只为着"如何虏获男人的心"这唯一的一桩事而苦恼，对其他的事情都认为是无足轻重，毫不介意。所以，女人的智力普遍不高，对于音乐、诗歌、美术和其他的艺术，她们一般都缺乏真正的热爱，既没有真实的感受，也缺乏欣赏和创造的一点天才。以绘画为例，叔本华说，在技法上，本来男女同样的适合，但有史以来，即使最卓越的女人也从未产生出一件真正伟大或富有独创性的作品来。即使在欣赏方面，也许女人会显出一副认真、十分内行的神态，但这在叔氏看来，只不过是女人为了迁就他人的一种幌子罢了。他说，在音乐会或剧院等场合，即使是对于最伟大的杰作，即使是演唱到最精彩的时候，女人们仍然会像小孩子似的叽叽喳喳。叔本华认为，全世界的剧院都应像古希腊人那样禁止女人进入，至少应该在幕布上要以大字书写上"妇女在剧院中应肃静"的告诫。

说女人们浅见，是因为她们事事带着主观性，理性非常薄弱。她们直觉的理解力，对周身的事物观察力非常敏锐，但远距离的东西则无法入目。凡在她们视界所不存在的，不管是有关过去的也好，有关未来的也好，她们都漠不关心，无动于衷。所以，说女人是精神上的近视者的确十分确当。她们对于事物的理解方法和男人截然不同，她们只生活于现实，做起事来总是选择到达目的地最便捷的路径。男人们对于眼前的事物，起先是毫不在意地一眼晃过，但思前想后，绕了几个圈子，最后的结论重点仍在眼前的事物上。不过，女人只就眼前的事实看问题，头脑单纯也有好处，因为不会被那些纷然杂陈的思想所混乱。而男人则不然，一激动起来，往往把存在的事物加以想象或扩大，结果不是小事化大就是钻进牛角尖。

其次，叔本华认为，女人因其智力不高、缺乏理性，只顾眼前和身边的鸡毛蒜皮似的小事，所以她们平凡俗气得很，一辈子都不能摆脱俗不可耐的环境和生涯。她们思虑的中心不外就是如何表现自己的外貌，获得男人的欢心，以及化妆、跳舞等与此有关的事情。女人的浪费癖就根源于这种心理，她们很了解及时行乐的道理，以为尽可能地花完丈夫所赚的钱是她们应尽的义务。过分地表现欲，使女人们彼此敌视，相互嫉妒。男人和男人之间可以漫不经心地相处着，只有在特殊的情形之下才会发生嫌隙，而女人则拥有一种商场中独霸市场的心理。她们所憎恶的对象包括所有的同性女人，就是在路上相遇，也好像是意大利的教皇党徒碰到保皇党徒一样，彼此怒目相向。对于初见面的朋友，男人大半都很爽朗，女人则充满矫饰做作，她们间的客套话和奉承话，听起来就显得十分滑稽。男人们当着晚辈或下属，尚能保持若干的客套和人情味交谈，而高贵的妇女同身份较低的女人谈话，态度大抵都很倨傲，大有不屑与之一谈的神气。

再次，女人最大的、根本的缺陷在于"不正直"。叔本华认为这也是由于理性欠成熟而导致的，是与生俱来的缺陷。因为女人天生是弱者，没有雄浑的力量，造物者就赋之以"狡计"俾赖以生存。所以，女人们先天上就有谲诈、虚伪的本能，正如狮子有锐爪和利齿、象有牙、牛有角、乌贼有墨汁一样，造物者使男人有强壮的体魄和理性，对女人也赋予其防卫的力量：佯装的武器。无论是贤女还是愚妇，虚伪和佯装对于她们都是天经地义、顺理成章的事，绝对诚实、毫不虚伪的女人几乎难得一见。因为女人有这个根本缺陷，不贞、背信、忘恩负义等毛病也随之而来，在法庭上做"伪证"，女人就远比男人多。所以，对女人发誓赌咒之类的事，男人们大可不必太相信。

叔本华认为，女人毕竟是女人，她们永远都落在男人后头，因而对女人的弱点无须太认真，大可睁一只眼闭一只眼地装糊涂。但对女性太过尊敬，也未免显得可笑。唯有理性被性欲所蒙蔽的男人，才会以"美丽的天使"这个名衔赠给那矮小、窄肩、肥臀、短腿的女人。

对女人的缺点做了如此苛刻的批评之后，叔本华又进而批判浪漫主义的女性崇拜，说这是日耳曼民族的"愚不可及"之举，他觉得，古希腊罗马民族及东方民族对女人的认识远比日耳曼民族正确得多，给予妇女的地位也更为恰当，尤其是西方诸国给予部分女性以"淑女"的地位实是大错特错。对现代的读者而言，对于叔本华所述的女性的弱点大可一笑置之，作为茶余饭后的调侃倒觉得津津有味，但对于他反对欧洲的婚姻法给予妇女与男人同等地位：实行一夫一妻制的错误说法，则应该进行严肃地批判。

叔本华说，欧洲人一夫一妻的制度，无异减少了男人一半的权利，而增加了他们一半的义务。他甚至认为，给予女人与男人同等的地位，对女人太过尊敬，违反了大自然的法则。因为他觉得能够真正享受法律所给予的这些"特权"的妇女很少，只有部分的所谓"淑女"才能享受这些特权，因此就剥夺了多数妇女的"自然权利"。叔本华对此现象的解释是很荒唐的，他推论说，因为一夫一妻制度是以男女平等为基础的，男人婚后势必做出很大的牺牲，因此一些聪明的、深思熟虑的男人面对结婚往往就犹疑踌躇、逡巡不前，如是之，能够结婚的妇女的人数就大为减少，社会上就会产生大量失去扶助的怨女。这些女人，如果是出身名门，就成养尊处优的老处女；下层女人则只有靠自己找些粗重的工作赖以维生，而等下之者，则流入花街柳巷，过着卖淫卖笑的生涯。他说，伦敦当时约达八万的卖春妇，正是一夫一妻制的牺牲品，为着全体妇女着想，一夫多妻制倒更为有利。

叔本华在此问题上的错误简直不值一驳，我们倒是从他错误地推论中看出了他一辈子只"恋爱"不结婚的缘由：不愿为女人承担义务。正如叔本华的整个思想主旨同其一生的行为是矛盾的一样，他对于女人的言论同他在日常生活中对女人的态度也有诸多矛盾冲突之处。他虽一辈子未结婚，但他却不乏许多寻欢作乐的风流韵事。正如我们在第一章其生平中所述，他在德累斯顿时就有了一个"私生女"，在柏林时又与一位风流的女演员保持了多年的情人关系，在意大利旅游时，还因"吃醋"而误了与英国诗人拜伦的会见呢。情况是这样的：

叔本华当时完成了《作为意志和表象的世界》一书的写作，急于要登上哲学的舞台，在出书的问题上太过急躁，导致了与出版商布罗克豪斯关系的破裂，写信给歌德请求"指导"和"忠告"。歌德未能在出书问题上给予什么"指导"和"忠告"，却附上一封推荐书，把叔本华介绍给拜伦相识。此时拜伦正在威尼斯，同古依西奥丽（Guiccioli）伯爵夫人闹着恋爱，每天都要在威尼斯的滨外沙洲骑马溜达。而当叔本华看见拜伦骑马而来，正要上前与之相见之时，陪同叔本华一起游玩的女子见到拜伦时却发出了尖锐的欢叫声，对于这个女人"很迷醉的"欢叫，叔本华觉得受到了伤害，醋意翻起，一怒之下没有拿出歌德的推荐书结识拜伦，扭头走往别处。后来一想起此事便觉得恼火，女人又一次误了他的大事。后来他给其妹妹阿德勒写信时也承认，只要女人要他，他的心头也会涌起一种"极为美妙的柔情"。

由此便可得知，叔本华对女人的仇视和尖刻，实际上是他一生不得志造成的，尽管他带着特殊的情绪对女人说了许许多多的"坏话"，但他心底对女性的价值还是承认的，这从他十分欣赏法国作家朱伊（Jouy，1764—1846）的这几句话中就可看出来："如果没有女人，在我们生命的起点将失去扶持的力量；中年失去欢乐，老年失去安慰。"拜伦在他的剧本《萨丹那帕露斯》（Sardanapalus）中的这段道白也颇得叔本华的赏识：

在人类呱呱坠地之始，就必须靠女人的乳房始能赖以生长，婴儿的牙牙学语也是出自女人的口中传授，我们最初的眼泪是女人给我们抑止，我们最后的一口气也大都是在女人的身旁吐出来……

　　叔本华认为这段话颇能真切、具体、传神地道出女人的价值所在。

　　如果说，叔本华的《论女人》只可作闲谈的笑料的话，那么他的《性爱的形而上学》则有更多理论的意味和价值。

　　性爱是人生的一大内容，甚至是幸福的重要因素，每个人都可从自身的经验中获知这一点。然而，令人感到惊奇的是，人们对这一重要问题总是力图回避，不做正面的探讨。人们从各门艺术中可以看到对于性爱的描述，这种描述可以说是文人们主要的题材。小说、戏剧、诗歌、绘画，倘若去掉了性爱的内容，那将显示出不堪入目的枯燥和抽象。然而，当叔本华着手探讨性爱的哲理时，他十分惊讶地发现，历来哲学家竟对这人生的重大要项几乎全然未加观审探究。那么，作为人生观的哲学失却了对人生的主要事务之一的性爱问题的反省，还能是一种完全的富有内容的人生观吗？

　　因而，叔本华与《论女人》一文地带着情绪的调侃态度相比，对性爱问题从一开始就确立了对人类激情进行形而上学反省的严肃的探索精神，并把对性爱的形而上学探讨作为其整个哲学的一个重要环节。可以说，在哲学史上，叔本华首开了性爱哲学研究的先河，在后来者当中，也唯有弗洛伊德（Sigmund Freud, 1856—1939）能够与之比肩。

　　具体说来，令叔本华心智困惑并百思不得其解的难题是爱的激情何以具有那种足以凌驾一切之上、排斥一切顾虑、打破一切障碍不达目的誓不罢休的力量呢？为什么它甚至可以让人毫不迟疑地以生命作赌注，一旦满足不了它则以身殉之的强力呢？叔本华看到，许多人为了爱情而不惜自杀，有的则进了精神病院。而他们既然要享受激情的乐趣，希望通过至死不渝的爱情寻觅至高的幸福，为什么不想设法继续求得生存，反而只诉诸死亡一途呢？

叔本华找到了看似简单，实很深刻的"性本能"概念来解释。因为所有的恋爱，不管其呈现的外观是如何的神圣和灵妙，它的根底只是存在于性本能之中。性本能是生命意志中力量最强大、活动最旺盛的一种原始冲动。说它"原始"，因为它与生俱来，与生命同在；说它是"冲动"，因为它是排除理性算计的强烈的激情和欲求；说它力量最强大、力量最旺盛，因为它占据人类大半的思想和精力，从青年到银丝白发的老人都为此力量所控制；它会使最为紧要的工作中断；它会光明正大地闯入道貌岸然的政治家的办公室或学者的书房；可以使善良的人想出恶毒的计划，拆散最珍贵的父子之情，断绝最强固的羁绊；它可以使一向正直的人谎话连篇，使本性忠厚的人忘恩负义；它甚至可以让人牺牲健康、地位、财富和生命。总之，它像恶魔一样，可以使一切混乱、颠倒。

性本能之所以如此强盛，以本质言，它就是"求生的欲望"。而这种"求生的欲望"又不仅仅是针对着个体自身的生存，而是向着个体之外的另一个异性对象来表现的，因而叔本华认为，这是一种"传宗接代的生存意志"。这时的性欲本能，即使是个体自身的主观要求，也巧妙地戴上客观赞美的面目，是"自然"本身为了它的目的而采取的策略。在这里，叔本华提出了著名的性爱之"生殖原则"。他认为，性爱不论表面上如何带有纯洁、崇高的色彩，但所有的热恋唯一所期望的，不外只是产生一个与种族的固定性质相同的个体。他甚至认为，在情侣们充满爱慕的眼神相互交接的那一刹那间，就已开始燃烧新生命的火焰！叔本华自信地认为，所有的恋爱都是为了生殖，这是千真万确的事实：

> 那些敏感自负的人，尤其是目下正陷于恋爱中的人，恐怕会笑我的见解太粗野、太现实吧！不管别人如何嗤笑，这是千真万确的事实，我自信绝对没有错误。想想看，精确的决定下一代的个体这一件事，不是比他们所夸张的超绝的感情更崇高、更有价值吗？世界上所有名之为"目的"的东西中，还有比它更重大的吗？初尝恋爱时的认真、热恋中的缠绵悱恻，以及恋爱周遭的琐碎事物之所以赋予重要意味，都是在考虑上述目的的存在时才能领略出来，……也唯有把它当作真正的目的来考虑，为获爱侣所费的繁杂劳苦和努力，才能和事件相应和，因为这些活动和劳苦，关系着第二代呵！ ⑫

叔本华提出的这种现实的"生殖原则"更多地符合于我们中国封建时代的传宗接代的婚姻观，而同现代的实际不相符合。现代的处在恋爱中的男女，无论中国还是德国，无论西方还是东方，首要考虑的因素绝非是生殖，绝非是为了传宗接代，而是为了两人之间的快乐和幸福。至于生儿育女那只是恋爱中第二步才考虑的问题，或者说，生殖现象只是性

---

⑫ 叔本华：《叔本华论文集》，百花文艺出版社，1987年，第129页。

快乐所带来的副产品而已。实际上，这种情况在叔本华本人身上表现得很明显，他同那么几个女性都闹过恋爱，但很少考虑同她们结婚。显然他就没有受"生殖原则"的支配，而是受"快乐原则"的支配。因此，在分析性爱活动时，也许弗洛伊德的"快乐原则"更符合现代人的恋爱心理。

当然，无论是叔本华还是弗洛伊德，他们都没有单纯地提出一个"生殖原则"或一个"快乐原则"，而是同时看到了这两方面，只是对它们谁起支配作用的看法不同而已。叔本华更多地把"生殖原则"看作是支配性的，因为恋爱属于当事者自己的私事，而生殖则属于"种族"绵延的大事。恋爱的当事者往往为了性的满足，违反一切理性，有的糊里糊涂就结婚了，有的以财产、荣誉和生命为代价，有的甚至以诱奸或强奸来达到目的，往往牺牲了自身的幸福。这在叔本华看来，完全是种族的强大意志力在起作用，冥冥中似乎到处高呼着："要服从自然的意志，即使牺牲个体也要为种族而尽力。"这当然是夸大其词的说法，表现出叔本华为了贯彻其意志本体论的思路而不顾现实的牵强附会。

事实上，叔本华也看到了性爱中追求快乐的重要性，但他把性爱的快乐只当作是肉体的享乐而同所谓的"爱的交流"这种精神性的快乐区分开来，继而又把"肉体的享乐"等同于生殖活动，这才有了他的"生殖原则"。他说：恋爱的主要目的，不是爱的交流，而是占有——肉体的享乐。所以，纵是确有纯洁的爱，但若缺乏肉欲的享乐，前者也无法予以弥补或给予慰藉，反之，对某一异性怀有强烈喜爱的人，若得不到爱情的交流，也能以占有肉体的享乐而自甘。

在这里，叔本华无疑承认了性爱中肉体享乐的重要意义，它甚至可以取代真正的爱情的交流，这实际上同弗洛伊德所强调的"快乐原则"相差无几。但叔本华的不足在于，他把肉体的享乐等同于生殖原则，没有发现两者的巨大对立，从而不能真正揭示性爱的心理机制。实际上，在性爱活动当中，生殖与快乐一直是矛盾地存在着的，只有在极其特定的情况下——双方都想生个小孩时——两者才达成一致。在大多数情况下，它们是对立的。一方面，人们在堂堂正正地生孩子的同时，却又对整个性爱活动过程遮遮掩掩，要遮掩的恰恰是快乐。处于热恋之中甚至同男性已经同居的女人，为了掩饰自己的真相，常常总是虚伪地告诉别人："其实我并不快乐！"另一方面，在恋爱的双方关起门来心照不宣地寻欢作乐之时，却又总是对其后果提心吊胆，要回避的恰恰是生殖。

叔本华把整个性爱活动过程中所产生的欲望、冲动、激情与满足的快乐都当作是大自然实现其种族繁衍活动之"客观目的"的狡计，从而把两性活动看作是以生殖原则为主宰的。在此观点之下，女人只是为种族的繁衍而存在，恋爱首要的条件是健康、力和美，为的是使男方（父）的意志力和女方（母）的柔美高度适合地产生出新的个体、新的生存意志。这种偏颇的观点，使叔本华得出一个错误的结论：

结婚不是心与心的结合，而是身体和身体的结合。

这一错误的结论让叔本华把两性之间心灵的沟通与激情

的勃发看作只是身体之协调的补充，以男女身体上的相适替代恋爱中"真情"的巨大意义。他说，不论男女，娇小玲珑的都对高大健壮者特具好感，男人的体质愈瘦弱，愈想找个健硕的配偶，而女人因其体力本来就较弱，所以她们通常都喜欢手大臂粗的壮汉。撇开"情"的成分不谈，一般地这样说，倒也不错，但若把两性身体上的"取长补短"看作是性爱的第一原则，看作是"自然"本身的选择，则让人既无法相信，也从理性上拒绝接受。特别是，当叔本华说，狮子鼻的人，一见鹰鼻或鹦鹉鼻的人，就感到一种无法言喻的满足；躯体和四肢的构造过度瘦长的人，只有看到五短三粗的异性才以为美时，人们更多地只把此当作调侃的笑料，并不以为是多么重要的真知灼见。因为一旦把爱情中"情"的崇高贬低为与动物同出一辙的性本能的表现时，无论怎样试图把性爱通过种族的"生存意志"而拔高到"形上学"的高度，其实这只能成为"形下学"的荒唐说教，这在叔本华的这段话中鲜明地表现了出来：

　　但对男人来说，热望与某女人同衾，实际上也和其他任何女人共枕并无太大的差别，不外是肉体结合和生育，除此外再无收获。这种强烈的激情和其他的激情相同，也可发现连当事者都感到惊奇的事实：它在享乐完了之同时，立刻消失不见。又者，此激情也可由女性的不妊，不能达成形而上的目的而消失。[13]

---

[13] 叔本华：《叔本华论文集》，百花文艺出版社，1987年，第149页。

　　这种排除和贬低感情作用、以生殖为目的的性爱观，叔本华总是试图把它同"种族利益"联系起来而使之合理化。他认为，爱情中的憧憬和悲痛，在个体身上往往总是以大喜大悲的形式表现出来，喜时，犹如酒神狂醉时的欢愉，悲时，则是撕心裂肺式的痛苦，因为个体只是在无意识地为种族效力，个人爱情的成功与失败与种族利益休戚相关。恋人为情敌夺走，这种损失之所以无法估量，之所以会引起个人无限的哀伤悲恸，因为这不但关系他本人，连带他永恒的本性，即种族的生命也受到侵害。英雄虽耻于一切哀叹，但唯独对恋爱的叹息不引为耻，因为这时悲泣的不是英雄本人，而是种族。在如此"种族利益"的花环之下，叔本华甚至为那些昧着良心偷情通奸的行为找到了合理的解释，因为他们自觉到，自己的行为是为种族的利益，比起只是为个人利益的行动，具有更高的权利，因而能心平气和地干那"不可为"的大事。

　　到此为止，我们不愿再往下继续介绍了。叔本华把人类最美好的情感贬低为"自然"的本能的种族繁衍（所谓种族利益），必然引起绝大多数"有情人"的激烈反对。他甚至不可救药地在爱情问题上也得出了悲观主义的结论，说什么"恋爱的结婚，通常结局都是不幸的，西班牙有一句谚语说：'为爱情而结婚的人，必定生活于悲哀中。'"这怎能不导致那些陷入爱情憧憬中的年轻人对叔本华的不屑与仇视呢？不过，这也为那些失恋者和许许多多为无爱情的婚姻而苦恼的人，提供了一点心灵上的安慰。

　　以上这些世俗的生存智慧，除《性爱的形而上学》外，均不具有抽象的纯粹的哲学意味，然而却对人生具有实在的工具性的参考价值，是人生观的一大现实内容。这些内容，无论是对于哲学研究者还是对于一般的读者，只要是认真地对待生活，就都不能不认真地加以省察。叔本华的重要性，不在于他自己对待这些内容的态度和提供的答案，而在于他所提出的这些问题本身，应该说，它与下面将要讨论的所谓的生存的大智慧——人生解救论一样，是激发后学产生思想的不竭的源泉。

三、人生解救论

世俗的生存智能所针对的目标是如何获得人生的幸福，而作为"大智慧"的人生解救论所针对的目标则是如何摆脱人生的痛苦；前者立足于具体经验，后者依据的是形而上学原理；前者以积极而激情的心态肯定人生（生命活动作为意志的表现）；后者以消极而悲观的情绪否定人生，两者共同构成了人生哲学的生动画面。

在叔本华哲学中，人生的解救是围绕着意志的否定展开的。这种对生命意志的否定，不仅使叔本华的哲学思想充满着矛盾，而且使得人生的解救步履维艰。说它充满矛盾，因为一方面叔本华把意志确立为世界的本体、人生的根本，而世界所存在的一切包括人的生命活动等等都只不过是意志的表象。表象是遮人耳目的"摩耶之幕"，唯意志真实而恒在。从这而论，叔本华是肯定意志而否定表象的，意志作为最内在的生命本能、最旺盛的生命活力，是宇宙中最有价值的本体之物。另一方面，又因意志是一切欲望的根源，因而也是一切痛苦和不幸的根源，所以，从人生的积极意义而论，要获得解脱，必须从根本上否定意志，意志成为人生中最无价值的万恶之首。说它步履维艰，因为否定意志，是对生命的原始本能之否定，否定了意志，就否定了生命本身，不仅不存在人生，连整个世界都不再存在，只剩下空无一片，这又如何可能呢？

仅就人生解救而论，叔本华认为，虽然否定意志困难重重，但并非完全不可能。其首要的条件就是摆脱认识为意志服务的关系，看穿个体化原理，看穿人生的"摩耶之幕"，从而自觉走上否定意志的解救之途。艺术和禁欲是人生解救的两大法宝。

（一）艺术对人生的解救

用艺术来拯救人生是德国浪漫主义传统的一个基本意向。叔本华从属于这一传统并以其自己的独特方式，使浪漫主义的诗化人生改变了基调。

叔本华同浪漫派诗哲一样，都不能忍受他们生活于其中的这个世界的功利化、庸俗化和机械化，在这个人情日益淡化和冰冷的世界中，他们觉得极不自在。然而，在马克思主义产生之前的德国，思想家们均未产生出像马克思、恩格斯那样的以暴力革命为手段的社会革命方案，他们所能想到的只是在思想上造反，在心灵深处发动狂风暴雨式的"革命"。叔本华和浪漫派的思想革命，实际上是一场"审美革命"，他们所谓的用"艺术"、用"诗"来拯救人生，实则是以一种审美的眼光来对待人生，或者以审美为手段，使枯燥无味而又散杂的日常生活变得诗意盎然，情趣横生，自然而又神奇。但是，在浪漫派诗哲和叔本华之间，仍然存在着巨大的差异。对浪漫派诗哲而言，我们生活于其中的这个世界（即人的社会生活）虽然枯燥无味，虽然极其庸俗和功利化，虽然使人们的灵性无法安寓于其中，从而使生活失去了本真的价值和意义，但是，世界的本来面目却不是如此，本来的世界——自然——是充满诗意并令人向往的，那里有美丽的花朵和自由的圣所，只要我们返归于自然，人生则会变得美好。他们认为，返回自然，并非就是脱离社会回到原始森林中去，而首先要返归的是我们心灵的"自然"，人性的"自然"。所以他们呼唤自然而纯真的情感，把激情和爱情看作是生活的价值砝码，看作是化腐朽为神奇的力量。此外，天才的想象力、自然的创造力和诗意的"反讽"都能让机械、呆板而无味的"散文化"生活得以改观。因而，浪漫派对生活仍然抱有乐观的信念，充满诗意的生活是他们崇拜的对象之一。而在叔本华，对生活的态度则完全不同，他以其绝对悲观的情绪认为生活本质上就是不幸的，充满着劳苦、挣扎、贫乏和痛苦，这是无法改变的事实。人的任何努力均只有消极的、暂时的意义，它只能使人摆脱眼前的痛苦，却不能让人免却更大的痛苦。幸福是消极而短暂的，而不幸则是常态而永恒的。既然如此，艺术或者说审美又是如何、并在多大程度上能够为苦难的人生提供解脱或拯救呢？

　　叔本华说，艺术之所以能够解脱人生的苦难，是因为艺术本质上是一种独立于充足理由律之外的考察事物的方式，是按照事物之完美的原型——理念——观照事物的方式。服从于充足理由律的理性的认识方式和独立于充足理由律的、艺术的认识方式的差别在于，前者按照因果关系寻求事物之原因，力求认识的是世界的现状，目的是求真，因而所依赖的手段是事实、求证和逻辑；而后者则是按照诗意的想象，力求把握事物之完美的原型，目的是审美。因而艺术不仅反映事物的"现状"，而且参与到事物之中去，使之趋向于其原型的完美，使事物本已的物性更加显明、丰满和强盛。因而艺术以审美的眼光参与了可见世界之按其本质（原型）的自我完善。艺术之作为这种观审事物的方式，叔本华认为，它从下述三个方面为人生提供了解救的契机：

第一，艺术观照（认识）摆脱了为意志服务的关系，领会了被直观到了的事物之理念，从而摆脱了欲求和功利，摆脱了一切个体性和由个体性而产生的痛苦，随之产生出怡悦和恬静的审美心境。这里的问题在于，为什么认识只有摆脱为意志服务的关系才能产生超功利、无欲求的审美心境呢？原因在于，叔本华把意志看作是一切欲求的主体，为意志服务的认识就是从功用上、从事物间的因果关系上对事物的把握，因而是从功利的、占有的关系出发的。例如，对于一株参天大树，科学的理性的认识是从该树木的质地出发，考察其在实际生活中的效用，商人更是盯着该树能为其带来的巨大经济利益，这样的认识便是为意志服务的。而艺术的认识则完全不同，它不考虑这棵树是否有用，是否能给人带来经济效益，而只关注该树的审美价值，大自然如何通过这棵树表现出树的理念（完美的典型）。在审美的观照之下，那些最无实用价值的歪脖子树，那些枯枝败叶，却常常有着美的外观，给人的心灵以强烈的震撼。叔本华说，荷兰风景画把审美的直观集中于一些最不显耀的自然景物上，为精神的恬静立下了永久的纪念碑，这块纪念碑把艺术家那种宁静的、沉默的、脱离意志的胸襟活现于观审者之前，使观者在惬意的欣赏中成功地摆脱了主观性，摆脱了为意志服务的奴役而转入纯粹认识的状况，甚至使观者脱离了自身的个体性生存处境达到了与观审对象的审美共存。所以一个即使为情欲或为贫困和忧虑所折磨的人，只要放怀一览大自然，也会突然地重新获得力量，振奋精神而挺直了脊梁。这时情欲的狂澜，愿望和恐惧的迫使下，由欲求而生的一切痛苦都立即在一种奇妙的方式之下平息下去了。

第二，艺术之所以能使人摆脱痛苦，是因为艺术是按理想的方式，按想象的方式去观审对象。每个对象作为个体而言，是有缺陷的，是不完美的，而个体对象的理念则是无缺陷的，是完美的典型，艺术即是以理想的方式按其理念来表现个体事物，因而艺术是对现实的美化，是对事物的补充和完成。所以，通过艺术表现出来的对象要比实在的对象更美，正如画家所画的人物应该比真人更美一样。这样一来，艺术世界赋予了现实世界一种美的幻觉，它使人按美的原型去看现实，从而掩饰了现实的缺陷和不足。即便是丑恶的现实，在审美的观照之下，也会产生出新的意义。艺术对现实的这种美化，从另一方面说，是由于人们把作为表象的这世界和欲求分开了，孤立地以理念为原型去观照它，因而这一面"就是人生中最令人愉快和唯一纯洁无罪的一面；——那么，我们都要把艺术看作这一切东西的上升、加强和更完美的发展；因为艺术所完成的在本质上也就是这可见的世界自身所完成的，不过更集中、更完备，而具有预定的目的和深刻的用心罢了。因此，在不折不扣的意义上说，艺术可以称为人生的花朵。如果作为表象的整个世界只是意志的可见性，那么，艺术就是这种可见性的明朗化，是更纯洁地显出事物，使事物更便于概览的照相机"[14]。

柏拉图曾说过，美感是灵魂在迷狂状态中对于美的理念的回忆。叔本华也以一种类似的回忆说，阐述审美快感之让人摆脱痛苦，获得美感享受的心理机制。他认为，在美的欣赏中我们的体验会在过去或遥远的情景之上铺上一层美妙的幻景，从而遗忘所曾经历的痛苦。因为在委心于客观的审美观赏中，我们的想象力所召回的仅仅是当时的客体，而不是意志的主体，这意志的主体在当时怀着不可消灭的痛苦正和今天一样；可现在，他在纯粹地客观鉴赏中，通过眼前的对象，如同通过遥远的对象一样，能够产生出美的幻觉，使自己融入美的情景之中，从而达到美的怡悦，摆脱一切痛苦。审美快感的这种心理机制通过美的幻觉、回忆、遗忘、融化这四个阶段把审美主体从意志的奴役下解放出来，使自己个体的自我和意识得以遗忘，上升为纯粹的、不带意志的、超乎时间的、在一切相对关系之外的审美主体，因而达到了超

---

[14] 叔本华：《作为意志和表象的世界》，（中文版）北京商务印书馆，第369页；（德文版）莱比锡，1859年，第351页。

脱现象世界之必然的因果锁链的自由和任意，超脱了功利欲求的劳累与痛苦而达到了内在的精神安宁与审美愉悦。这便是艺术对人生拯救的第三方面。

综观艺术解救人生，第一方面是从艺术表象的总的特征说明这种表象依照天才的逻辑独立于充足理由律之外，是一种自由的表象，创造性的游戏；第二方面着眼于审美对象，从理想方面依据事物的理念去表现事物，从而美化了对象，掩饰了现实世界的缺陷和不足，给人以美的期望和超越；第三方面着眼于审美主体，在审美观照中忘却其主观性和个体性，沉浸于纯粹的鉴赏，迷失于客观之中，作为纯粹的认识主体而存在，因而摆脱了现世的痛苦和烦恼。这三个方面都把人从身处的这个欲求世界中拔了出来，从时间之流中超升了出来，在审美愉悦的瞬间达到了与理念世界共同的无限和永恒。人生失却了审美，完全陷入意志所限定的功利欲求世界，那是不堪忍受的不幸，是完全不值得过的灾难，审美、艺术为人生献上了一朵美丽的花，这朵花点缀着生命的绿色，使人生具有了价值和意义。

然而，叔本华看到，审美愉悦是短暂的，它迷醉一时，因鉴赏的自由游戏而强化了的精力随着游戏的中止而疲倦，从而又要返回到生活的严肃中去。现实不会因理想的美化而改变，缺憾不会因想象力的补偿而真的消失，严峻的生存意志仍然是人们必须去面对的可怕的陷阱。所以，艺术、审美只是把有此心境的人从其劳顿的生活中拖出来休息片刻，获得瞬间的解脱，而不是意志的清静剂，尚不能让人获得永久的解脱。因而，叔本华说，艺术与其说是对人生的拯救，毋宁说是生命中一时的安慰。

在这里，有一个至关重要的问题必须做进一步的探讨：审美愉悦能否超越暂时的安慰成为人生永恒的花朵呢？叔本华对艺术解救功能的强调是否过于保守和悲观了呢？

笔者认为，叔本华关于艺术只能提供短暂的安慰的理由并不充分，因为无论是"安慰"还是"解救"，都关涉到对世界人生的基本信念和人生态度问题，这种信念和态度不能以时间来划分，它与时间性无关。如果在观赏一幅美丽的风景画或一出戏剧时，观者只在当下为此艺术品的美所打动，而没有由此而确立一种人生态度或信念，那么这种内心的激动只能说是一种情绪波动而绝不是一种人生的安慰或解脱。人生的安慰或解脱，真正说来应该说是通过艺术品的审美欣赏或艺术创造，从艺术中吸取了一种积极向上的力量，从美感中体悟出一种自由而博大的精神，从而有勇气和毅力去直面人生的艰难和生存的险恶，甚至能用一种审美的眼光来审视现实的缺憾、不幸和悲惨。叔本华的错误在于武断地把人生划分出审美和非审美两个基本区域，狭义地理解艺术的审美愉悦在生活中的作用，他没有明确地看到艺术的审美愉悦只有在确立为对世界人生的一种审美态度和美感信念之时，才能真正抚慰人类孤苦的心，从而具有某种解救的力量。作为这种审美态度和信念所产生的愉悦绝非是瞬间的，而是永恒的，或者说它把瞬间铸成了永恒。

审美的人生态度和信念是人生获得拯救的重要法宝，是人生意义的源泉，是振奋人的精神，增强人的意志力的兴奋剂，这从尼采哲学持久不衰的影响力便可得知。尼采比叔本华高明的地方，就在于他不把艺术和审美看成瞬间性的愉悦，而是看作确立人生信念的基石、人生态度的核心。他之所以能把叔本华求生存的意志改造成为表现生命力量的意志，关键就在于他更强化了艺术和审美作为人生信念和态度所具有的魔力。阿波罗艺术和狄奥尼索斯艺术之划分，实质上正是叔本华关于艺术的审美快感的第二和第三方面。也就是说，尼采所谓的阿波罗艺术是通过对现实的美化而赋予现实一种审美的外观和幻觉。"梦"是日常生活中的阿波罗状态，史诗和造型艺术是它的主要表现形式；而狄奥尼索斯艺术则撕去这层美的纱幕，直接肯定和拥抱那缺陷得可怕的存在，如醉如狂地沉浸于与自然现实合为一体的欢欣之中。"醉"是日常生活中的狄奥尼索斯状态，痛苦和狂喜交织的癫狂是其表现形式，在艺术中，音乐代表了这种艺术。可以说，在叔本华的审美快感理论中已经具有了尼采区分阿波罗艺术和狄奥尼索斯艺术的决定性萌芽，但他们对待艺术拯救人生的态度存在着巨大的差别。在叔本华，无论是艺术赋予现实以美的幻觉（第二方面），还是审美主体在纯粹观审中的沉浸与个体性的迷失（第三方面），他始终注目的是以梦幻般的审美形象来掩饰和弥补存在的恐怖和痛苦，由此获得一种瞬间的解脱；而在尼采，则更多地强调撕去美的虚幻的外表而直面生存的可怕和严酷，在艺术本能的癫狂醉迷之中直接肯定和拥抱残缺和不幸的现实，欣赏到生命中"悲剧的诞生"，在悲剧英雄的毁灭中感悟到事物基础上生命的坚不可摧和意志丰盈的快乐。因而，尼采把叔本华的生命价值毁灭的悲歌转化成生命意志强盛不衰的喜剧，把现实的苦难转化成世界不断创造和毁灭的自娱的审美游戏和快乐。这样一来，艺术才成为对生命的最高肯定和祝福，才真正成为人生的救主。

由此可见，叔本华关于艺术对人生解救的智慧之花只有在尼采这里才结出了丰硕的果实。不过，能够品尝这颗果实之甘美的人，不是一般的平庸之辈，也不仅仅是艺术的天才，而是生活中的强者，是"超人"。这个"超人"是上帝死后的补缺者，但他不像上帝那样把人救出尘世的苦难去享受天福，而只在人所生存的大地上实现审美的解放和超脱。但对叔本华而言，他虽然高度赞美艺术中的天才，但他既不想让艺术的天才成为"超人"，也不想使一般人成为天才，艺术只能拯救那些生而具有天才素质的少数人，而且只能获得暂时的安慰，不能获得永久的解脱。艺术只是引渡人们走向彻底解脱的桥梁，是让人看穿生命本质的痛苦和不幸从而走向彻底否定生存意志的永恒启示。对于既无力使自己成为"超人"，又不愿皈依基督教主的人来说，甘愿放弃生命的欢乐，彻底否定生存意志而过一种清心寡欲的禁欲主义生活，似乎只能是其可悲的但却必然的归宿。

（二）禁欲主义的人生之路

在叔本华看来，艺术只是人生中短暂的审美游戏，在此美妙的游戏中恬息片刻之后，必须要重新返回到严肃的生活中来。人生要获得真正的、彻底的解救必须走上禁欲主义的人生之路，达到清心寡欲、无我无求的涅槃境界。

为什么一定要走上禁欲主义人生之路呢？因为在叔本华

看来，欲求是生命意志的表现，意志愈强烈，人生愈痛苦。只要有意志存在，人生就被捆扎在欲求挣扎的痛苦和空虚无聊的两极之间，必然得不到解脱。禁欲实质上就是要彻底否定生存意志。彻底否定生存意志并不是让人立即去自杀，结束自己的生命。叔本华认为，自杀并不导致生命意志的否定，相反，它是强烈地肯定生命意志的一种现象。这是一种违背常理的说法，因为按叔本华自己的意识，人的身体本是生命意志的客体性，只要有身体在，有生命在，必然就有生命意志在，再清心寡欲的人，只要生命还活着，生命意志之火就有可能重新燃烧起来，因此，要否定生命意志，应该说最简捷的办法就是自杀，取消了生命，当然也就否定了生命的意志。但叔本华并不这样认为，他觉得自杀离意志的否定还远着。因为意志之否定的本质不在于对痛苦深恶痛绝，而在于对生活的享乐深恶痛绝。叔氏认为自杀者自杀的理由是对轮到他头上的生活条件的不满，是对不堪忍受的痛苦的逃避。因而，在自杀者的内心他是要生命的，他要这生命、这身体畅遂无阻地生存，这实际上是更强烈肯定意志的一种现象。另外，自杀者所否定的只是个体的生命而不是物种，所以对意志之否定来讲是无济于事的。原因在于，个体生命只是意志之现象，个别现象的自甘毁灭，自在之物（意志）却依然无恙，犹如不管彩虹所依存的雨点是如何迅速地在替换更易，彩虹自身仍坚持不收一样，意志在这里就正是以取消它的现象来肯定自己。所以叔本华说，自杀是一个完全徒劳而愚蠢的行为。

既然如此，叔本华认为只有禁欲主义才是彻底否定意志的必由之路，原因有二：首先禁欲要求不近女色，这就阻断了新意志现象的繁殖之路，预示着意志将随这身体的生命一同终止；其次，禁欲是自愿的受苦，自动克制欲求，达到与世无争、真正无所为和完全无意志的状态，这才是人生的真正解脱。

有没有比禁欲主义更好的人生解救方法呢？叔本华虽未直接提出和回答这个问题，但从他的阐述来看，他不承认有比此更好的解救方法，因为在他看来，禁欲主义是佛教、印度教、喇嘛教和基督教共同推崇的人生智慧。在《吠陀》《普兰纳》以及古印度的诗歌、神话和圣者的生活轶事与戒律中，表现出印度教及佛教的伦理戒律就是禁欲主义的：要完全否定一切自爱以爱亲邻；慈悲不仅以人类为限，而要对一切生命（包括动物）；施舍要不惜散尽每日辛勤所得；对一切侮辱我的人要有无边的容忍；不论对方如何恶劣，要以仁德报冤仇；禁各种肉食；追求圣道的人绝对戒色并禁止一切淫逸之乐；要散尽一切财产，抛弃任何住所和亲人；要绝对深密的孤寂，在静默的观照中度此一生；以自愿的忏悔和可怕的、慢性的自苦而求完全压制住意志。叔本华说，这些已有四千余年来历、至今仍被印度人所遵守的戒律，"不可能是任意想出来的怪癖，而必然是在人性的本质中有其根据的"[15]。不仅如此，基督教的伦理与印度教的禁欲主义有着惊人的类似，它不仅是导向最高度的博爱，而且也导向克制

---

[15] 叔本华：《作为意志和表象的世界》，（中文版）北京商务印书馆，第533页；（德文版）莱比锡，1859年，第498页。

欲求。不过，叔本华认为，只有在后来的基督教里，才把在基督教圣者和神秘主义者的著作中看到的那种禁欲主义萌芽发展成为茂盛的花朵。在基督教的布道中，除了讲求纯洁的仁爱而外，还讲求彻底的清心寡欲，自愿的彻底贫困，真正的宁静无争，彻底漠然于人世的一切；讲求本人意志的逐渐寂灭和在上帝中的再生，完全忘记本人而浸沉于对上帝的直观中等等。

既然认定了禁欲主义是彻底否定生命意志、解救人生的最好方法，那么剩下的就只是禁欲的途径和步骤了。尽管叔本华把禁欲主义鼓吹得如此美好和必要，但他深知，真正能够并愿意接受禁欲主义的，只是少数人，绝大多数人只顾置身于生活的享乐之中，是不会走上禁欲之路的。自愿走上禁欲之路的少数人，在叔本华看来是些圣者、哲人或看破红尘者。这里有个认识上的前提，即只有那些真正认清了意志的本质，看穿了个体化原理，进入了纯粹认识的形式，而这认识作为意志的清静剂带来了真正清心寡欲的人，才能走上禁欲主义的解脱之路，才达到了解脱的途径。

所谓认清意志的本质，看穿个体化原理，是说要认清意志即欲求，即痛苦的根源和不能获救的锁链；所谓看穿个体化原理即要明确认识到，个体生命只是意志的表象或客体性，是意志肯定自身的工具，个体生命本身是无价值的。认清了个体化原理就意味着人意识到自己与别人都是受苦的不幸的现象之物，从而意识到自己与别人的同一性，意识到现象世界的同一的普遍的本质，以致这人不再在人我之间做出自私自利的区别，就会自然而然地把一切有生之物的痛苦看作自己的痛苦。他不管往哪儿看，都是看到这受苦的人类、受苦的动物界，和一个不断生灭消逝中的无意义的世界。所以，他便会对所有的一切表现出同等的关切，产生自觉自愿的公道、真正的善和无私的爱。这样的人才能走上自愿禁欲的解救之道。而所谓的这种认识作为意志的清静剂，说的也就是对于意志的内在矛盾及其本质上的虚无性的认识。根据这种认识，自愿走上禁欲主义有两条道路：

第一条道路是在完全认识了意志的本质，看穿了个体化原理，而这认识又成为意志的清静剂之后出现的对生命意志的彻底否定。只有在有了这种认识之后，人才看清了生命的享受是对生命意志的肯定，而生命的享受本身现在却令他战栗。他所体会到的痛苦不是他个人的痛苦，而是世界的痛苦，人人共有的痛苦，这样他才能真正地使意志背弃生命，达到自动克制欲求和与世无争的状态，达到无为和无意志的状态。这样的人与那些仅仅沉重地感受到自己的痛苦或生动地看到别人的痛苦而产生生命空虚意识的人，是不一样的，后者也许会想以彻底坚决的克制来拔去贪欲的毒刺，以便堵塞一切痛苦的来路。但是，只要他没有真正看穿摩耶之幕的虚伪性，现象的骗局仍然会缠住他不放，希望的诱惑，眼前的欢乐，享受的甜蜜，在偶然和错误之下分享的安乐等等，肯定会把他拖回到现象的骗局从而重新拉紧捆住他的绳索，解脱是不可能的。当然，即使是那些完全认清了意志的本质、看穿了摩耶之幕的人，生命意志的否定也是必须以不断的斗争时时来重新争取的。

第二条道路不单是认识到全世界的痛苦，自愿承担这痛苦，而是由于自己感到本人过度的痛苦，而自愿走上清心寡欲之路的。大多数人都是在这第二条道路上先由本人的最大痛苦把意志压服了，然后才能出现意志的自我否定。但并不是说，每一个人在遭受到巨大的痛苦后都能走向意志的否定，这里同第一条道路一样，仍然有着一个认识论上的前提，即通过对巨大不幸的承担和对剧烈痛苦的体验，要认识到享乐的虚幻和可怕，认清在悲痛中生命自行向他们透露出来的最后秘密，即是说，看穿了受难与作恶、忍痛和仇恨、折磨的人和受折磨的人，虽然在服从根据律的认识里是那么不同，然而在本体上却是同一回事，是同一个生命意志的显现。只有达到了这一认识，个人在经过激烈的挣扎抗拒中，陷入绝望的边缘之后，才会心甘情愿地突然转向自己的内心，转向无欲无争的静心境界。他这时整个的人都变了样，已超乎自己的一切痛苦之外，好像是由于这难以承受的苦难而纯洁化、圣化了似的。他会在不可剥夺的宁静，极乐和超然物外的心境中甘愿抛弃他前此激烈地追求过的一切而欣然接受死亡。即令是过去很坏的人，经过深刻创痛的纯化作用，在完全的绝望已成事实之后，也会在上述方式之下完全转变过来。他们现在表现着心意上真正的善良和纯洁，宽恕了自己的仇敌，终于欢迎自己的痛苦和死亡，因为生命意志的否定已经出现了。他们每每拒绝人家提供的救援而欣然地、宁静地、无上幸福地死去。这在叔本华看来是至上的解脱。

通过上述两条道路走上禁欲主义，一般的具体步骤也往往是两步：其一是彻底的不近女色，只有戒淫戒色才能否定超出个体的生命意志，意味着人种的绝灭。这是最为关键的一步，做不到这一点的人，不可能真正禁欲，因为他随时会重新燃起享乐和欲望的烈火。所以叔本华真诚地说，恋爱是人生解脱的叛徒。第二步即是自愿地担当生活的清苦，以无限的耐心和顺从承受羞辱和不幸，带着寂灭的极乐欣然接受死亡的洗礼。

　　叔本华的这套否定意志的禁欲主义学说，是西方资本主义文化孕育的怪胎，是人文主义发展的自我讽刺。众所周知，作为资本主义文化源头的文艺复兴运动以及随着这场运动兴起的人文主义学说，是以反对宗教神学的禁欲主义为目标，以肯定人的自然的世俗的享乐为内容的。表现人文主义精神的一个主要口号就是："我是人，凡是人的一切特性，我无不具有。"它的意思就是要以"一切为了人"的主张来反对宗教神学宣扬的"一切为了神"的要求，主张人完全有权力按人的自然本性行事，有权享受现世的物质生活的幸福，反对要人们放弃物质生活享受的禁欲主义学说。当时的人文主义学者无不歌颂人间的爱情、世俗生活的享乐和今世的幸福。荷兰鹿特丹的爱拉斯漠（Erasmus，1466—1536）在其《愚人颂》中对贵族僧侣生活上的腐败堕落和思想上宣扬的禁欲主义百般嘲弄，歌颂人性的解放，公开赞扬人们寻欢作乐，把此看作是人生的目的。他说："如果把生活中的欢乐去掉，那生活成了什么呢？它还配得上称作生活吗？"又说："如果没有欢乐，也就是说没有疯狂来调剂，生活中哪时哪刻不是悲哀的、烦闷的、不愉快的、无聊的、不可忍受的？"⑯人们甚至还可以在宗教改革家马丁·路德的口中听到这样的话："谁若不爱美酒、女人和歌，他就终生是个傻瓜。"⑰在这样的世俗化运动中，物质欲求的满足，私利和财富的追求，感性欲望的膨胀都成为合理合法的了。这些被赞誉为符合人类自然本性的要求，以其不可抗拒的诱惑，迅速渗透到资本主义文化的方方面面。连保守的天主教也意识到消灭肉欲的理想和人类的本性过于矛盾，而在上帝和魔鬼，即神圣的精神和粗鄙的物质之间寻求一种妥协。通过这种妥协，教会对肉欲的满足做出了一些让步的聪明制度，即对任何肉欲行为都要盖上谴责的烙印，同时给精神保留了嘲讽的特权。你尽可倾听内心缠绵悱恻的爱情，拥抱一个漂亮的姑娘，但你必须承认那是一种可耻的罪恶，而且你还必须通过金钱来为这种罪恶赎罪。这种妥协实质上加剧了肉体和灵魂、精神和物质之间人为的不和，必然会被越来越注重享乐的资本主义文化所抛弃。

经过十八、十九世纪边沁、密尔等人的精心发挥，文艺复兴和人文主义所打开的欲望的闸门被精确表述为"功利主义"的学说，成为刺激经济增长的有效动力而得到人们的大力赞美和执意奉行，资本主义早期加尔文宗和路德宗所提倡的合理节敛的有限禁欲主义这一所谓的"新教伦理"，被经济繁荣的资本主义文化所淡忘。因而，享乐主义、个人主

---

⑯　全增嘏：《西方哲学史》，上海人民出版社，1983年，第368页。

⑰　〔德〕海涅著：《论德国宗教和哲学的历史》，北京商务印书馆，1974年，第38页。

义、功利主义和拜金主义像放出铁笼的洪水猛兽在欧洲大地上肆意横行。叔本华作为一位敏感、富有诗性的哲学家，虽然在其个人的生活上，他也时时感受得到金钱的好处，有时也迷醉于物质享受和肉欲之欢的汪洋大海之中，但从学者的良心上却发现了可怕的残酷的"真理"：意志、欲望的主体一方面构成了世界的本质、人生的根本，没有意志，世界不在，没有欲求，人生不存。但是，另一方面，意志、欲望的确又是世界痛苦的根源，人生罪恶的魔鬼，不限制它，不彻底否定它，人生永不安宁，绝无乐趣可言。于是，在叔本华身上我们看到资本主义文化发展的漫画，看到了人文主义运动的怪胎：一辈子作为靠着银行利息而过着富有安逸生活的资产阶级学者，却不领情于资本主义带来的享乐的生活，偏要对资本主义文化的价值核心——功利主义和享乐主义，横加指责，大肆倒戈；作为一位人文主义哲学家却对早期人文主义者提出的现世享乐，自然人性大加鞭挞，更要提倡一种早期人文主义作为批判目标的禁欲主义！表面上看，这简直是太让人不可思议了！叔本华的同时代人冷落他，后来者也不领他的情，的确不是没有原因的。现在，是到了我们对他做出客观公正评价的时候了。

首先，笔者认为，尽管叔本华返回到古老的东方宗教和基督教经典之中以一种被现代社会抛弃了的禁欲主义作为解救现代社会人生的文化药方，颇值得商讨或批判，但他对现代资本主义文化的矛盾、危机及其根源的领悟是准确的，抓住了现代资本主义文化矛盾的核心。现代资本主义文化的危机实质上就是一场价值危机，人的生活方式的危机。具体说来，它表现为自私的利己的物欲膨胀，享乐主义的盛行，精神家园的丧失。由于物欲被现代资产阶级的经济学家看作是刺激经济增长的直接动力，物欲的满足，消费的畸形发展都被看成是合情合理的。丹尼尔·贝尔说："资产阶级社会与众不同的特征是，它所要满足的不是需要，而是欲求。欲求超过了生理本能，进入心理层次，因而是无限的要求。"[18]这样一来，因过分强调物质欲望的无限满足，生活的绝对享乐，交往过程中的聪明算计，轻视精神上的超越从而取消或模糊了人与其他动物之间的质的区别，失去了人格的尊严和人生的价值。因此，从十九世纪末跨入二十世纪初，许多有识之士就不断地惊呼西方文化陷入了前所未有的危机。斯宾格勒的《西方的没落》，胡塞尔的《欧洲科学危机和先验现象学》，法国作家加缪的"荒诞哲学"，存在主义的流行等等，都是西方文化危机的理论表现。两次世界大战的爆发更是西方资本主义的物欲从本国向海外扩张，不惜牺牲他国的利益，甚至人类的生存为代价的血腥暴行，它全面而深刻地暴露出资本主义文化所难以脱离的困境和危机。物欲的洪流真正成为将要毁灭人类的恶魔。叔本华在十九世纪初，当人们还沉浸在对资本主义所能带来的种种物质福利的遐想和梦幻之中，当黑格尔正在高歌"凡现实的都是合理的"教条时，他就深刻地洞悉出欲望的恶魔将给人生和世界带来无限的痛苦和不幸，劝人要彻底否定它，坚决根除它，从这里我

---

[18] 〔美〕丹尼尔·贝尔著，赵一凡等译：《资本主义文化矛盾》，读书·生活·新知三联书店，1989 年，第 68 页。

们不能不对他的睿智感到由衷地敬佩和折服，我们不能不对他对宇宙人生的大彻大悟感到由衷地喜悦和欢愉。如何对待"意志"这一本体上的原罪和恶魔，将是叔本华对于人生提出的永恒话题，将是所有的文化必须要试图去解答的疑案。

其次，就叔本华提出的禁欲主义作为社会尤其人生之解救的药方而言，这是极端反人性而不起效用的处方，其中的荒谬性和错误性必须经过认真清理后坚决予以抛弃。表面上看，叔本华是对西方的理性主义感到失望后转向东方佛教中寻求人生的智慧，实质上，他的禁欲主义学说，既不全是佛教的，也不全是基督教的，而是以一种极端的形式，比这两者更为彻底的方式把佛教和基督教中的禁欲主义糅合在一起。佛教劝导人们戒淫戒色、斋戒素养、清心寡欲、抛弃红尘中的肉体享乐，这自然是禁欲主义的。但是，佛教的禁欲主义是通过静心、无我来达到的，它既不要求通过灭绝种族来彻底否定生命意志，也不要求彻底毁灭这个世界。它要求的是"静心"，所谓"静心"，即头脑里什么也没有，头脑纯洁得像是一面镜子，完全是空的。因为只有"空"才能如镜子般地反映。当头脑空得如一面镜子时，慢慢地，所有思想的灰尘都会消失，所有欲望的浮云也都会消失，然后没有什么东西留下来，在此情形之下，当然也没有"我"了。"无我"是佛陀对世界最大的贡献之一，也是最基本的"静心"之一。只有达到"无我"才切断了欲求的根。"无我"不要求人们抛弃占有物，而要求抛弃占有者，不要求否定世界，而要求否定自我。叔本华要求的虚无，否定了意志、否定了种族、否定了世界，而佛教的"无我""涅盘"，只要求否定自我，无须抛弃世界，因为抛弃了自我而生活在世界里，世界不会对他有任何伤害。当饥饿了的时候就吃，当疲倦的时候就睡，"那是一个圣人真正的生活，头脑里面什么东西都没有：涅槃。"[19] 由此可见，叔本华以更彻底的虚无主义和禁欲主义超过了佛教。另外，叔本华的禁欲主义也比基督教更为彻底。无论是天主教还是经过加尔文和路德改革后的新教，虽然都提倡过禁欲主义，都有消灭物欲和感官享乐的理想，但他们都在不同程度上对物欲享受采取了一种妥协和较宽容的态度，上帝和魔鬼、亚当与基督、物质与精神、灵魂与肉体在相互矛盾和斗争中共存于世。而叔本华则要求彻底消灭一切欲望，连同一切欲望的源泉——意志本身也要连根拔掉。实际上，即使基督教不对物欲享乐采取一种妥协态度，也不能真正算作是禁欲主义的，因为它在告诫人们不要欲求此岸世界东西的同时，让人们虔诚地渴望着彼岸世界。从更高的意义上说，无论是此岸世界的欲望还是彼岸世界的欲望，都是同样的欲望，至于你欲求物质的感官的享乐还是欲求彼岸的精神超越，那是无关紧要的，因为欲求之心，欲望之根仍然存在。叔本华要彻底地否定意志，按其本意来讲，那是不应该再有任何欲望的了，他拔除了所有欲望的根本。

在现在全球经济和文化越来越走向一体化、竞争愈演愈烈的情况下，叔本华的禁欲主义学说非但不能提供人生的解

---

⑲ 〔印度〕奥修著，林国阳译：《生活智慧 放轻松些 一休禅诗》，上海学林出版社，1996年，第27页。

救，而且是一种十分有害的学说，谁奉行这种人生哲学，谁就只有死路一条，哪个国家奉行这种哲学，哪个国家就会被开除球籍，注定要被强国所欺压和蹂躏。原因在于，首先，对个人而言，人生解救的基本力量仍在自己的信念和意志力。没有强大的意志力，个人就不可能在社会上立足，就会被激烈竞争的现代社会所抛弃，成为一个对社会无用，对自己无能的人。诚然，个人都在社会集体中生活，人生的解救最终必然要依赖于人类文明的进步和社会生活的逐步改善，但个人作为集体中的一员，如果只是一个无意志力的消极的依赖他人救助的人，那绝对是一个无用之辈。叔本华的禁欲主义，要求彻底否定生命的意志力，成为一个无我无欲、既不努力进取，又无生活热情的人，欣然接受任何损失，任何羞辱，任何侮慢，只以无限的耐心和柔顺来期盼着死亡的临近，这样的人，如同行尸走肉一般，虽生犹死，对社会对自己都将是极大的祸害。这样的人生观是现代社会所要坚决抛弃的。其次，叔本华的禁欲主义不仅要让人们压制各种欲求的满足，而且也要压抑各种自然的本能的需要之满足，这是一种极端反人性的学说。从弗洛伊德的病态心理学我们得知，过分地压抑人的生理本能的满足会导致严重的生理缺陷和精神疾病，弗洛伊德以大量的病例证明，不仅个人，而且整个现代文明的种种病态都与对人的本能需求的压抑有关。美国现代心理学家马斯洛（Abraham Maslow, 1908—1970）则从与弗洛伊德相反的健康心理的角度出发，研究了正常的基本的生理需求和精神需求之满足的重要性。他的心理学理论，从需要的角度一方面证明了叔本华对人生的基本看法是正确的，即认为人的一生实际上都处在不断追求之中，人是一个不断有所需求的动物，一个需要满足了，更高一级的新的需要就又会出现，几乎很少达到完全满足的状态。但是，另一方面，马斯洛却并不把这些基本需要的满足看作是人类的灾难，相反，他觉得一个健康的自我实现的人，就是要使自己的潜能得以充分发挥，把自己需要的满足从最基本的生存需要引导到高级的真善美的需要和发展的需要之满足之上，这样的人格才是健康的、积极向上的。由此看来，人生的困境并不在于需要和欲望本身，而在于需要和欲望无休无止地膨胀，不可遏止地扩张，私欲的恶性发展。人生的解救，生存是其最为基本的前提，否定了生存本身，就无所谓人生的解救了。对于叔本华这样的一个并不相信基督教之彼岸天国的人，更是如此。而要生存，就必须首先满足人的基本的生存需要，心理需要和发展需要，不能把这些基本的需要当作罪恶的欲望一下子彻底否定掉。对于欲望本身，人们也只能尽量地把它限制在一个合理合法的限度之内，把那些过剩的精力和欲望引导到高尚的精神追求之上，使之在科学创造、艺术审美及其人格完善等方面得以升华。只有这样，才能形成个人精神上的良性互动，成为一个精神振奋、意志力强、人格健全的全面发展的人；只有正视并合理地满足人的正常的感性欲求，又把过剩的欲望升华到高尚的精神追求之中去，使之内化为人的精神动力，个人才能依靠自身保持肉体和精神、感性和理性的恰当平衡与和谐，才是一个既有积极向上，奋发进取的精神，又有感性物质生活的全面的健康的人。达到了这一点，也就达到了基本的人生解救，因为这样的人既未被物质欲望的锁链捆绑，又不是逃离"红尘"的禁欲主义者，他会充满信心，带着坚强的意志力和审美心态立足于现实的大地，在艰难的人生旅途中实现自己的人生超越。而叔本华的禁欲主义只能导致出世的、病态的、软弱无能的人格，是为现代社会所不容的。再次，对于正在向现代化迈进的国家来讲，一味地强调禁欲主义会严重地导致人格的不健全和经济的不发达，而若一味地通过刺激人们的物质消费欲求，虽然能够成为经济繁荣发展的动力之一，但会带来许许多多的社会病态，导致社会精神家园的丧失，价值追求的物化，从根本上抵消物质丰余所带来的解放。如何合理地对待禁欲主义成为当代文化必须面对的难题。欧洲资本主义文化自近代以来就一直在禁欲主义和享乐主义之间进行着尖锐的斗争和难舍难分的妥协。文艺复兴运动对宗教禁欲主义进行了尖锐的批判和无情的嘲讽，而另一面，加尔文宗和路德宗所提倡的适度的禁欲主义又被看作是资本主义得以发展的内在精神支柱[20]。当资本主义完成其早期资本原始积累的艰难时候之后，便慢慢抛弃了禁欲主义而向彻底世俗化的享乐主义迈进。因为刺激消费，鼓励花钱被看成是经济繁荣和增长的有力杠杆。所以，现代资本主义不再假借"上帝"之名，去为无孔不入的赢利活动做"恪尽天职"之类的辩护，消费、享乐本身就成为响当当的合法理由。正如丹尼

---

[20] 请参阅马克斯·韦伯著：《新教伦理与资本主义精神》，尤其是第五章："禁欲主义与资本主义精神"，读书·生活·新知三联书店，1987 年。

尔·贝尔所说："资本主义文化的正当性，已经由享乐主义取代，即以快乐为生活方式。"㉑有了分期付款制度之后，"信用卡让人当场立即兑现自己的欲求。机器生产和大众消费造就了这种新制度，新欲望的不断产生，以及用以满足它们的新方法也促成了这一转变"㉒。彻底转向享乐主义后，人们不再是同上帝打交道，而是同魔鬼打交道，耶稣基督背负十字架的苦行禁欲不再对他们具有启示性的典范意义了。因此，资本主义陷入了不可克服的种种困境和危机之中。

然而，倘若只看到资本主义文化所陷入的困境和危机，就像叔本华那样以禁欲主义来抗拒它，则又是不切实际的空想。如今，全球性的激烈竞争，就看哪个国家能建立起越来越强大的物质财富，看谁能拥有越来越先进的科学技术，看谁能创造出越来越快的经济发展速度，这一切，如果说不是靠贪婪和野心的话，那也是以奋发进取的人为支撑的。奉行禁欲主义的人绝不可能造就经济的繁荣，更不可能推进国力的强大。当今，不管你愿意不愿意，文化发展的严酷现实就在于，若不想被挤出世界民族之林，无论哪个国家都逃脱不了贪得无厌的全球经济快速增长的惯性和竞争的无情裹挟。所以，如果说，个人的人生解救在某种程度上必须依靠国家、社会的合理性进步以及人类文明的进化的话，在现实性上，个人必须积极参与到国家的经济建设中去，在禁欲主义

㉑〔美〕丹尼尔·贝尔著：《资本主义文化矛盾》，读书·生活·新知三联书店，1989年，第67—68页。

㉒〔美〕丹尼尔·贝尔著：《资本主义文化矛盾》，读书·生活·新知三联书店，1989年，第67页。

和享乐主义之间寻求某种适度的平衡，使物质欲求的满足和精神追求的升华都互不矛盾地实现各自的目标。这才是人生解救的根本方向。

第七章　叔本华哲学对后世的影响

　　由上一章我们可以清楚地看出，在叔本华的哲学中，深刻的洞见是同其错误的结论紧密地联系在一起的。然而，即使是这样，也往往并不影响叔本华在哲学史上所已占有的重要地位。原因在于，一个哲学家的伟大，通常并不因其得出了多么正确的结论（真正的哲学问题往往是无定论的，因而其结论正确与否并不显得特别重要），而在于其所思的问题的重要和洞见的深刻。只有问题和洞见才是属于哲学家本人的，它一经确定和形成，就将铸成一具永不磨灭的丰碑，而结论总会有后来者去修正、批判和接受。叔本华的哲学破坏了黑格尔为哲学家们立下的清规，即所谓"哲学家越少将个人感情注入哲学之中，则他的哲学也就越好"。叔本华不仅把他独特的感情融化到其哲学的始终，而且为他的那种反理性主义的情绪找到了理论化的形式和哲学本体论上的确证，形成了形而上学与伦理学相统一的新体系。可以说，叔本华在整个哲学史上的重要地位就在于他的那种反理性主义的情绪，意志本体论和悲观主义、审美主义和禁欲主义的人生哲学。通过他的反理性主义情绪，他为后世确立了这一值得反复思索的问题：理性化的合理性及其限度何在？通过他的意志本体论，他为新的时代确立了新的价值丰碑和价值坐标；通过他的悲观主义、审美主义和禁欲主义，人生如何获得解救将成为不断启示后学加入共思（Mitdenken）行列的永恒话题。正是通过这种"共思"式的"活的对话"，叔本华哲学没有成为死的文献和僵化的哲学传统，而是将永远活跃在思想家的心中，成为激励后学的不竭的思想源泉。下面，我们从五个方面，考察叔本华哲学作为后世的思想源泉所起的作用和产生的影响。

一、叔本华哲学在向非理性主义哲学转向过程中的作用

德国古典哲学是西方理性主义发展的顶峰，在此顶峰之巅，叔本华的前人：康德、费希特、谢林、黑格尔各自以不同的形式为高扬理性主义的旗帜确立了一块坚不可摧的界碑。然而，德国理性主义之不同于英法启蒙理性的地方主要在于，在他们大力颂扬理性的能力，呼唤历史理性进步，极力赋予理性以某种"上帝"般的权威的同时，一直进行着对启蒙理性的反思与批判。如何一方面确认理性之牢不可破的基础性地位，另一方面又不完全贬低和排斥非理性因素的价值，是德国哲学家们为之殚思竭虑的一个根本问题。具体说来，在世界、社会和历史的理性化过程中，如何安置和对待非理性，构成了从康德到黑格尔之哲学发展的一大特色。

在此情形之下，非理性因素的价值获得了不同程度的承

认，非理性主义也在暗暗地往前推进。我们知道，理性从一开始就构成了康德哲学的基石与主线，在《纯粹理性批判》里，他把人的认识能力分为感性、知性和理性三大类，从而标出理性之为最高的自发的思维能力，说"在理性之外，便没有再高的能力来把直观的材料进行加工，并把它带到最高的统一之下。"[①] 但真正构成康德哲学特色之处，并不是他对理性作为最高认识能力的这种规定，相反，却是他对理性能力的限制。因为在康德那里，理性的这种"最高"能力并没有也不可能完成那绝对完整的综合统一之使命，而是与错误的产生，即所谓的"先验幻相"联系在一起。康德十分严肃而理智地阐明了，无论我们依赖理性能力获得多大程度上的成功，但我们终究不能摆脱人类主观构造的各种殊相的束缚。因此，康德在把理性作为高于知性的最高认识能力的同时，又防止理性对超自然、超经验世界的超越。他通过对理性认识能力的这种限制，为信仰留下了地盘；通过现象界和本体界的二元区分，为审美直觉，天才式的想象和艺术性创造力等非逻辑、非理性的能力之存在提供了合法的依据。所以，可以说，康德哲学既是对理性主义衰微的第一次真实洞见，他对非理性因素的合理承认，又是后来非理性主义浪潮的生长点。

浪漫主义在法国大革命失败后对于启蒙理性的批判，从思维水平上并未超出康德对所谓的旧形而上学的批判，但在

---

① 北京大学哲学系外国哲学史教研室：《西方哲学原著选读 下》，北京商务印书馆，1982 年，第 331 页。

实际效果上却导致了人们对理性的怀疑、否定以致形成了一股强大的对非理性的狂热崇拜的热潮。而在这股非理性的热潮从文学艺术领域席卷到哲学之前，由于浪漫主义的巨大影响，在德国古典哲学中，试图以理性的形式去蕴含一切非理性的内容成为一个鲜明的特点。

费希特尽管在康德奠基的理性之途上迈进，继承了重逻辑、重概念化论证和推理的理性主义思维方式，在社会历史和人生观上，也是极力发掘理性的能力和作用。但是，在论证其知识学原理时，他一开始就把一种既不能用概念来阐明，也不能以逻辑来展示其本性的理智直观当作精神的内在本性，这无疑是一种非理性的力量。费希特的"理智的自我"正因为秉承了这种原始的非理性能力，才具有了创造一切的非凡能力。

黑格尔试图在纯粹的思辨中，把激情、感性、诗意等非理性的因素归纳在绝对理性之中，以绝对理性的辩证法使理性和非理性统一起来。如果说，理性和非理性的统一仅仅是思辨领域内的事，是辩证逻辑中的内容的话，也许他的理性和非理性会相安无事，非理性可屈从理性的统一。然而，若把这种统一推进到现实领域，放入到社会历史中来作为建构的原则，那么其错误不实就马上暴露出来了。法国大革命后的欧洲社会现实，正是非理性主义盛行，理性难以贯彻之时，黑格尔不顾个体生存的真实处境，不顾非理性为人造成的痛苦、不幸和灾难，片面地为理性大唱赞歌，颂扬历史理性的胜利及其对非理性的统治，使得理论和实践之间产生出不可弥合的断裂。非理性以其不可阻挡的方式呈现出来，逼得人们必须正视它的存在和价值，必须重估它在人生和社会历史中的独特作用。叔本华站出来彻底否定和批判黑格尔的绝对理性，实乃现实历史演化出的结果。早在叔本华之前，谢林就已经在清理审查理性的局限，在向黑格尔的理性主义发动进攻。可以说，谢林是德国古典哲学中向非理性主义转向的第一员猛将，叔本华在其之后把这种转向推向完成，并进一步实现了向理性主义转变的本体论变革。

谢林哲学分为前期和后期两个有着明显不同的阶段。在前期他虽然极力把绝对理性构成为宇宙人生的本体基石，但他却从浪漫主义者那里借用了审美直观的方法来改造思辨理性重逻辑、重推理的概念式的思维方式，转向无意识的直观和不带功利的审美。以此方式建构起来的"绝对理性"已同启蒙运动所倡导的科学理性具有了不同的内涵和意义。谢林以这种诗意化、艺术化的审美直观的所谓"理性"把宇宙变成了一首本源的诗，进而又以诗来改造日常的"散文化"生活。他一反启蒙运动所推崇的科学、实用、规范、理性的社会理想，而突出地强调个人内在的生命价值和意义，从而着力建构一种自然的、情感的、审美的、神话般的超世俗生活世界，这是向非理性主义的人生哲学迈出的关键一步。

谢林向非理性主义迈出得更为彻底的一步是在其后期宗教哲学中做出并完成的。在其 1809 年出版的《论人的自由之本质》一书中，谢林试图从"现实"和"理想"的统一中去把握人、神和世界。他认为人的本质特征虽然关键在于"理想"，但"理想"绝不是无"现实"的，什么是人身上的"现实"呢？显然，并不能简单地把它看作是物质性的、肉体性的东西，而是一种冲击力、爆发力、意志力等所有能给予人以力量的东西。谢林更多地考察了这些"现实"如何产生了"恶"，而这种"恶"又如何与神性存在相关而又不直接来源于神。在该书中，谢林大胆地突破了以往的基督教对上帝的阐释，把上帝看作是现实和理想之完善的同一性，以便让人正视现实中的黑暗、罪恶和充满恐怖的东西，以便从上帝的"理想"原则，即"光明原则"中获取拯救之力。他深入地挖掘了存在之根基中所蕴藏的非理性和各种冲动与激情，希望人从中获得真正属于生命意志的这些内在之力，希望人能像上帝一样以爱的意志来支配和照耀这些现实的黑暗深渊。上帝这一宇宙之创造者，在谢林的解释中，既是光明也是黑暗，既是理智也是意志，既是爱也是威严。通过这种阐释，谢林已把上帝的意志确立为世界的本原，而把世界看作是"表现于外的上帝之意志"②。这已十分类似于叔本华的思想了。事实上，不论叔本华本人是否承认，他是在谢林的这种非理性思想的启发和影响之下建立起他的非理性主义哲学的③。

　　当然，承认谢林在叔本华之前转向了非理性主义，并不

---

② 参阅拙译：《论人的自由之本质》〔德〕谢林著，新版德文编者 Horst Fuhrmans 在其撰写的《导论》中认为，谢林的这些非理性的带有意志论色彩的思想，直接影响了叔本华和尼采。香港汉语基督教文化研究所编。

③ 叔本华在其《论充足理由律的四重根》中有几处都提到了谢林的这部著作，但他并未承认自己的思想同谢林的非理性主义之间有什么关系，从不承认受到过谢林的启发和影响。

是否认叔本华在创立非理性主义哲学中的奠基者地位，而只是想更准确地把握他的思想起源和特征。事实上，谢林尽管在其后期宗教哲学中已经阐发出一套以上帝为基础的非理性主义哲学，而且也发动起了对黑格尔绝对理性主义的猛烈批判④，但是，他始终只想以浪漫的非理性（审美、诗性、直观、神性）力量去改造或代替逻辑化的、概念性的理性，他似乎从未真正地反对过理性。而叔本华则明显的是反理性的。这样就使得他以一种十分彻底的心态完全摧毁理性主义大厦，从基础到构架都要以全新的非理性取而代之。所以，叔本华建构起来的唯意志论的哲学，是欧洲近代哲学史上第一个非理性主义的哲学体系，并开创了现代非理性主义的先河。这种非理性主义哲学的重要地位表现在，它彻底扭转了把"知识论"当作"第一哲学"的近代理性主义传统，使人生的价值与意义、生命的痛苦与生存的解救这些更为根本的问题成为哲学思考的主题。也正是在此意义上，人们往往不把叔本华放在德国古典哲学家之列，而把他视作现代人文主义哲学的开山鼻祖。因为正是靠着叔本华、尼采和克尔凯郭尔（Sieren Kierkegaard，1831—1855，港台地区一般译为祁克果）等人的努力和影响，才真正使浩浩荡荡的理性主义运动走向了没落。

---

④ 参阅拙著《谢林》第五章第一节：对理性哲学的批判和"肯定的哲学"中的非理性，台北东大图书公司，1995 年版。谢林对黑格尔理性主义的批判，比起叔本华那种带着强烈情绪的谩骂式批判，无疑要深刻得多，更能抓住理性主义哲学的通病。

二、叔本华哲学对尼采的影响

具体地说，叔本华哲学对现代哲学的影响，在很大程度上是通过尼采的哲学而间接发生的，因为叔本华的悲观主义被尼采改变成审美的乐观主义后，人们更乐于接受尼采的哲学。但是，倘若不理解叔本华，是难于接受和真正理解尼采的，因为两者有着十分密切的渊源关系，两者的思想只有在相互对比中，双方的特征才可得到更为清楚地把握。

众所周知，尼采是个桀骜不驯的狂人，他不承认任何绝对的权威，即使是最为密切的好友，如果思想不合，他便会毫不留情地与之决裂。就像他同瓦格纳（Richard Wagner）的关系一样，当尼采从瓦格纳的歌剧《帕西法尔》（*Parsifal*）中听出了一种天主教的禁欲主义理想（这是瓦格纳在叔本华思想影响之下的产物）时，感情立即发生了彻底地转变，从瓦格纳的宣传者一变而为其最激烈的批判者和敌手。但他对叔本华这位青年时代的精神导师却表现得相当地温和，尽管他后来也极为讨厌叔本华那怜悯、同情的道德观，厌倦那自我克制和忍辱负重的悲观主义而抛弃了叔本华的思想，但他却从未失去对叔本华曾有过的敬慕。这说明在尼采的内心，他对叔本华哲学对其思想产生过的直接影响是相当领情的，他没有重现与瓦格纳决裂时的情景，没有因为急剧的思想转变，而将自己曾经认为是最有价值的东西贬得一钱不值。

正如许多文献记载的那样，当年轻的尼采翻开叔本华的《作为意志和表象的世界》的第一页时，便被深深地吸引住

了，立即意识到，他一定会逐页读完这部著作的全部，认真
理解其中的每一个词，甚至对那些可能是错误的内容也不例
外。他像许多渴望得到精神指教的青年人一样，为自己崇敬
的导师的思想所迷醉，希望从中获得推动自己思想发展的最
大的解放力量。他告诉别人说，他借以娱乐休息的有三件东
西，即："我的叔本华、舒曼的音乐和孤独的散步。"⑤ 稍
后，他又崇拜上了瓦格纳，"对我来说，一切最好和最美的
东西都是和叔本华、瓦格纳的名字联系在一起的，我为了能
和我的最亲密的朋友们共享这种感情而感到骄傲和愉快"⑥。
并认为他在生活和思想上的基本的真实问题已由叔本华给他
清楚地指明了。

　　那么，对青年尼采发生过深刻影响，又由叔本华清楚指
明了的"基本问题"到底是什么呢？这无疑就是叔本华非理
性的唯意志论，悲观主义的人生观，以及其中的审美理论
等。当时尼采正处于信仰危机状态，尤其是在莱比锡上学期
间，他"绝对地孤独，充满了最痛苦的经验和失望"。原因
在于，他已开始怀疑从小就被灌输到头脑中的基督教教义，
正在公开背叛原来被动接受的基督教信仰，"上帝死了"的
思想开始萌芽。尼采这时的精神痛苦正是失去上帝之后的无
所适从的孤独感，因而在极度痛苦的情况下，一下子被叔本
华的悲观主义所吸引。他说，在叔本华的这部杰作中，每一

---

⑤ 《1866 年 4 月 7 日致格尔斯多夫的信》，见《尼采通信集》第 1
卷第 2 册，第 121 页。
⑥ 《1866 年 4 月 7 日致格尔斯多夫的信》，见《尼采通信集》第 2
卷第 1 册，第 105 页。

行字都发出叫人放弃、否定生活和退让的呼声。他在其中看到了一面镜子，一面把整个世界、生活和心灵都描画得令人可怕的镜子。那时的尼采不仅接受了叔本华的世界观，认为现象界只不过是幻影，并没有什么目的和意义，只是背后有一个盲目的生存意志；而且他也接受了叔本华的悲观主义结论，主张唯一的解脱之道在于通过自我否定，放弃人生的享受和幸福，彻底禁欲，否定生存意志。这种对叔本华哲学的全盘接受，一直保持到了尼采前往巴塞尔大学担任教授（二十五岁）前后的时期。

三年之后尼采出版了他的代表作《悲剧的诞生》，这时他才二十八岁。正像德国许多年轻的哲学家一样，自己新颖独到的思想实际上超出了其老师，但自己往往意识不到。只是到了该书第二版刊印时，尼采在前言里做了一个批判性的回顾，批评自己当时还缺乏勇气去冒险用新的语言来表达自己彻底新颖的思想，而是笨手笨脚地运用从康德和叔本华哲学中借来的术语。的确，尼采的《悲剧的诞生》一书的主要思想和精神已经完全超出了叔本华，已经通过狄奥尼修斯艺术的阐明，把叔本华退让、屈从、禁欲的悲观主义改造成为进取、健康、坚强的乐观主义，把叔本华否定意志的人生哲学改造成为让生命意志不断壮大、丰满、有力的超人哲学。它的真正价值和超出叔本华的地方就在于，尼采通过希腊人的阿波罗精神和狄奥尼修斯精神的对立，从审美主义的立场出发，阐明了人生应如何对待现实中令人恐怖的痛苦、不幸和灾难，如何超出和克服悲观主义。

但是，尼采的思想不论多么新颖、独到，他都是在叔本华的基础上所实现的超越，其基本的本体论构架和人生悲剧性的观念都是由叔本华确定的，没有叔本华就不会有尼采。两人最终的思想虽然是对立的两极，一极着力于对意志的否定，一极着力于欣赏对意志的肯定；一极让人忍让、退却、禁欲，一极让人努力进取，癫狂强盛，但连接两极的是同一根主线——意志和人生，其出发点是叔本华确立的。具体说来，在世界观和人生观问题上，叔本华从两个方面给尼采提供了进一步思索的"范式"：

首先是叔本华提出的世界是盲目的意志，人生是此意志的现象这种意志本体论。尼采在基本思想方面直接接过了叔本华的意志学说，但在此基础做出了自己的思想创新。他一开始就把叔本华的生命意志（Wille zum Leben，或译为"求生意志"）重新解释为表现生命力量的意志，是强力的意志（Wille zur Macht）。这一改变，直接地转化了叔本华世界观和人生观的悲观主义腔调：在叔本华，生命意志驱动着人们去满足自己的永无止境的欲望，从而使人陷入失败的痛苦之中。因此人生是悲惨的，是注定要失败的。摆脱人生悲剧的根本途径就是在禁欲生活中、在涅槃境界里完全弃绝意志，使意志得到彻底否定。而在尼采，由于本体的意志是超强的意志，世界呈现出一派趋向强化的欣欣向荣的景象。人生虽受意志的驱使，但并不必然陷入失败，即使陷入了失败，具有超强意志的人也会拥抱这一失败并从中体验到生命的另一种滋味。尼采认为，生命意义的有无和大小取决于生命意志力的强弱，生命的欢乐是不断地创造，是对与痛苦抗争的体验。

其次，叔本华关于艺术提供人生暂时解脱的观念，是激发尼采提出彻底的审美人生态度的思想范式。现在一般普遍认为，尼采关于日神艺术即阿波罗艺术，和酒神艺术即狄奥尼修斯艺术之区分，在叔本华著作中找不到来源，因而认为尼采审美的人生态度不来自叔本华，而直接源自古希腊。这是一个颇值得进一步考证的问题。诚然，从艺术的或美学的形态上讲，叔本华的确从未明确区分阿波罗艺术和狄奥尼修斯艺术，在其美论的字里行间甚至也很少直接引论这些古希腊神话传说，从这方面说，叔本华对尼采没有影响是符合事实的。但是，从审美心理以及审美心理对人生解救这一实质层面论，叔本华完全可以说是尼采的先驱。之所以如此，原因在于，一方面，叔本华认为事物的美是理念的表现，从对象论，只有当它不是作为个别事物，而是作为理念，亦即标志意志在其可认识的最高程度上的充分而恰当的客体化时，才可成为审美对象。也就是说，个别事物是不完美的，现实是不完善的，它们之所以成了审美的对象就在于审美主体按照美的理念，按照事物和对象的原型之美补充到其身，从而参与了对象的完成和创造。审美快感因而也就成了一种想象力的游戏、一种梦幻般的艺术，它使审美主体从受意志主宰的现实苦难中摆脱出来，欣赏到意志本身自在而完善的美，从而使自己疲倦的心获得片刻的休息和快意。这便是尼采所说的阿波罗艺术、日神艺术，它的光辉使万物呈现出美的外观，它以其梦幻世界的美丽形象弥补了存在的恐怖和痛苦，使世界和人生具有了存在论上的理由。从另一方面说，叔本华认为人之走向否定意志的解脱之路，是因为他所体验和经历到的人生痛苦和灾难，并不是他个人的痛苦和灾难，而是由欲望和享受所带来的世界的痛苦，是伴随着意志的肯定而对人生的惩罚。因此这时，生命的享受使人战栗，他便达到了自动克制欲求与世无争的禁欲主义之路。这种由直接面对痛苦、不幸、灾难而生的解脱，也十分接近和类似于由尼采阐述的狄奥尼修斯艺术。因为所谓的狄奥尼修斯艺术，就是撕去现实的美的外观、直接肯定和拥抱现实生活中的生存恐怖和痛苦，在世界本体的高度来把个体的生成毁灭当作意志自我肯定、自我表现的永远洋溢着快乐的游戏来欣赏。尽管叔本华在欣赏生存的痛苦和灾难时走向了退却、否定的禁欲主义，但叔本华本人从不承认他的学说是消极的悲观主义，因为在他看来，真正的禁欲主义必须通过同意志的不断斗争才能达到，否定意志同肯定意志相比，其内心的斗争更为剧烈。另外，叔本华也不强调，在禁欲过程中，人的心情是悲观的，因为他强调的是在对人生的享乐产生彻底的失败后，心甘情愿地自动走上禁欲主义的，这样他才会以愉悦的心情欣然迎接死亡的到来。所以，虽然叔本华并没有描绘出一种狄奥尼修斯的酒神形象来，但尼采仍然完全可能从中找到灵感的源泉。实质上，所谓的狄奥尼修斯艺术，从审美心理上讲，它是一种对壮美的感受，对生存毁灭性的悲剧性壮美的体验，从这方面，尼采也完全能够受到叔本华的影响。

总之，叔本华直接影响了尼采哲学的产生，并通过尼采，唯意志主义才形成了一股声势浩大的洪流，冲垮了西方根深蒂固的理性主义传统，使西方文化的价值根基彻底动摇了。可以说，直到今天，西方文化仍未走出叔本华和尼采重估一切价值之后所陷入的虚无主义景观。

三、叔本华哲学对现代西方哲学的影响

叔本华哲学不仅直接影响了尼采，而且还通过尼采对现代西方哲学产生了广泛的影响。受其影响最大的哲学流派当然得首推生命哲学（Lebensphilosophie），其次还对马赫主义、实用主义、甚至弗洛伊德的精神分析学说、维特根斯坦的世界观都有着不可忽视的作用。

我们首先分析叔本华对生命哲学的影响。

生命哲学是于1880至1930年这近五十年间流行于德国的一个重要的哲学流派，并有法国的博格森（Henri Bergson, 1859—1941）为其发扬光大。在德国，生命哲学的著名代表人物有西美尔（Georg Simmel）、奥伊肯（Rudolf Eucken, 1846—1926）、狄尔泰（Wilhelm Dilthey, 1833—1911）等等。从类型学上，现代学者往往把德国生命哲学划分为三种：一种是"形而上学的生命哲学"（Metaphysische Lebensphilosophie）；二是"历史哲学的生命哲学"（Geschichtsphilosophische Lebensphilosophie）；三是"伦理学的生命哲学"（Ethische Lebensphilosophie）[7]。

---

⑦ Herbert Schnädelbach：《1831—1933年的德国哲学》，法兰克福 Suhrkamp 出版社，1983年版，第183页之后。

其代表人物分别是克拉格斯[8](Ludwig Klages, 1872—1956)和法国的博格森，斯宾格勒(Oswald Spengler, 1880—1936)，尼采。还有人更宽泛地把海德格尔和雅斯贝尔斯的生存哲学(Existenzphilosophie)也看作是生命哲学的一种变体。这样说来，叔本华对现代西方哲学的影响就太大了。

　　具体而论，生命哲学总的特征在于把生命的原始冲动当作世界的本源、人生的力量、文化的标准。它并不在生物学或医学的意义上看待生命，而是把生命当作一个文化上的斗争概念(Kampf-begriff)和一种向新的彼岸进军的号角。生命表征着反抗死亡和僵化，反对理智性的和敌视生命的文明，反对被束缚于习俗之中的与生命相互外在异化的教养(Bildung)。对一种新的生命感觉而言，生命意味着一种真正的体验，一种动力过程、创造性(Kreativität)、直接性和青春。因此，正如李凯尔特(Henrich Rickert, 1863—1939)在其《生命的哲学》一书中所说的那样，生命哲学是他那时代的时髦哲学。西美尔当时主张，"生命"在二十世纪要成为哲学的中心概念，正如"存在""自然""上帝""自我"在其他时期成了哲学的中心概念一样。在二十世纪二十年代，生命哲学的确赢得了广泛的接受和流传，奥伊肯的一本名为《伟大思想家的生命观——从柏拉图到当代人类生命

---

⑧　克拉格斯是我们汉语学界完全陌生的一位哲人，其主要著作是《精神作为心灵的敌人》(*Der Geist als Widersacher der Seele*)，三卷本，1929—1933 年出版。他把生命和精神看作是两种完全本原的，但本质上对立的力量；肉体和心灵只是生命统一性的不可分的相互从属的一极。

问题的发展史》在 1919 年竟出了十四版 ⑨，这种盛况便可想而知。

由于把生命当作某种与精神和理智相对的本能力量，冲动、直接的创造性，生动的体验，总之，把它当作某种与理性 (Rationalität, Vernuft) 在本质上相对立的非理性的东西。当生命哲学把这样的"生命"确立为原则，确立为宇宙人生及文化历史的标准时，"人们因此可以把生命哲学作为非理性的形而上学 (als Metaphysik des Irrationalen)，并也就在一种非贬义的意义上把它表征为非理性主义。" ⑩

生命哲学的非理性主义的前史自然可以一直追溯到德国浪漫主义，但是，生命哲学的历史只是当把生命作为原则、原理 (Prinzip) 与唯心主义的诸原则相对立时才开始的，而在浪漫主义中绝不是这样的情况。所以，"只有在同他自己的同一性体系相对立的谢林后期哲学中，当然首先还是在叔本华的著作中，才把理性主义倾翻在非理性的形而上学里。他的作用是如此强大，以至于生命哲学的历史本质上是同叔本华的影响史紧密联系在一起的。" ⑪ 因为叔本华本身也属

---

⑨ 奥伊肯的著作在十九世纪二十年代就已传入我国，笔者在湖南师范大学的图书馆里就发现了该书，以及奥伊肯的其他三本代表作：《当代精神潮流》(Geistige Strömungen der Gegenwart) (第九版)、《为一种精神生活内容而斗争———一种新的世界观基础》(第三版) 和《一种新的生命观的基本思路》(第二版)。以上图书均为柏林和莱比锡德文版，只可惜这些图书从未有人去阅读它们。

⑩ H. Schnädelbach：《1831—1933 年的德国哲学》(德文版)，法兰克福，1983 年，第 174 页。

⑪ H. Schnädelbach：《1831—1933 年的德国哲学》(德文版)，法兰克福，

于浪漫主义传统，但他对费希特、谢林和黑格尔进行了强烈的批判，在他这里，才真正具有了为日后生命哲学发展所需的非理性的萌芽。因为在叔本华，绝对、自在之物这些作为宇宙基础和本原的东西，不再是理性、理智或纯粹的精神或自我，而是生命意志，也即某种盲目的、非理性的东西；真正的存在（Sein）甚至不是存在，而是冲动、过程和黑暗；理性、意义、真理、善不再是世界的本质，而只是些表皮的现象（Epiphänomene）。这些非理性的东西正是生命哲学把它确立为原则的东西。生命哲学完全可以说就是唯意志主义发展的第二代。

狄尔泰和斯宾格勒又进一步把生命的形而上学用于对精神、文化和历史的阐释，把活生生的生命力确立为历史文化的评价标准，展开对西方精神文化的批判研究，这也是来自于叔本华的影响和作用。叔本华虽然没有专门的历史哲学著作，但他在《作为意志和表象的世界》中也有关于历史问题的论述，以及对黑格尔历史哲学的批评等。对叔本华来说，历史虽然是一种知识（Wissen），然而却非科学（Wissenschaft）；科学是概念的体系，表述的是类（Gattungen），是普遍性，而历史则是经验的、个体的（Individuen）；所以，叔本华基本的论据在于，历史飘浮于表面，而不能深入到世界的本质和自在之物。在此，重要的是，叔本华的个体性原则被用作反抗历史知识科学性的

1983 年，第 177 页。

证据，以其名义使正在形成中的历史主义 ⑫ 摆脱了黑格尔式的历史哲学轨道。叔本华的意志形而上学在融入生命哲学的历史主义学说中去之后，几乎就被当作了那个时代文化情绪 (die kulturellen Stimmung) 的表达。斯宾格勒以生命原则建构起来的文化历史哲学正反映了西方文化的一种没落的情绪，在第一次世界大战之后，他的《西方的没落》(*Der Untergang des Abendlandes*) 一书之所以产生出那么大的影响，原因就在于它表达出了西方文化没落的情绪。这样的文化历史哲学实质上就是透过历史表面的精神而深入到文化根基中的生命、人性中去发掘文化历史得生绵延不息的力量源泉。这种以人性的自然根基、生命本能为原则和标准去评价文化发展的文化哲学观，在现代西方的文化哲学中得以坚持和发扬光大了。文化批判中的巨将马尔库塞 (Herbert Marcuse, 1898—1979) 和弗罗姆 (Erich Fromm, 1900—1980) 都试图以不受压抑的人性为根基来探讨文明发展的方向和对现实的资本主义文化进行批判。他们都把文明社会的目标放到生命本能的解放上，马尔库塞把人的生命本能称作爱欲 (Eros)，弗罗姆则要求重塑以生命本能为基础的新的人格作为社会革命和文化变革的力量。从他们的文化批判理论中，我们都能察觉到叔本华生命意志学说的根源和作用。

---

⑫ 这里的历史主义 (Historismus) 指的是流行于十九世纪末二十世纪初的德国历史学派，代表人物有德罗伊生 (Johan n Gustav Droysen, 1808—1884)、狄尔泰等。他们早年受黑格尔历史哲学的影响，抵抗历史领域内实证主义；后以生命为原则脱离了黑格尔，批判历史哲学 (Geschichtsphilosophie)。

当然，就马尔库塞和弗罗姆的文化批判理论来说，叔本华的影响只能说是间接的，因为他们直接的理论来源是弗洛伊德的精神分析学说，而叔本华的意志学说对后者来说，无疑也提供了理论原型。一般而论，叔本华对弗洛伊德的影响主要有两个方面，一是叔本华首开了对性爱本能的形而上学研究，他所提出的生殖原则和性快乐心理分析为弗洛伊德的性爱现实原则和快乐原则提供了理论雏形。至于他们之间的区别，我们已在上一章做过简要分析，在此不再赘述。二是叔本华意志和表象的区分为弗洛伊德把人的心理结构分为无意识和意识提供了前提。对叔本华而言，意志是盲目的无意识的黑夜，是构成人的心理欲望和动机的源泉，它是深层的、内在的；而表象则是心理的、意识的、概念的。尤其是意识，它是照亮意志之黑夜的明灯，是表现人类智性之觉醒的标志，但相对意志而言，它是浅层的、外在的、表现性的。而对弗洛伊德来说，他对心理学的主要贡献是关于人类动机的研究，这种动机，他不认为来源于心理中的意识部分，而是来自潜意识、无意识。因此，弗洛伊德坚持了一种认为人的一切行动都决定于潜意识的欲望这条非理性主义的路线。这条路线的祖师爷无疑就是叔本华。有关叔本华如何分析人的动机直接是一切欲望的主体——意志——的表现，可参阅第五章有关"意志自由论"这一节。叔本华和弗洛伊德的区别在于，前者从悲观主义的人生解救论出发，着力于思考如何压抑和否定欲望——意志——，走上禁欲主义，认为这是最终的解脱之道；而后者则从病理学出发，发现导致精神病的根源在于对本能欲望的压抑，从而致力于找到如何通过自由联想法使压抑了的本能欲望得以缓释和发泄，从而治愈精神病。但透过这种不同，弗洛伊德的深度心理学的本能决定论和叔本华的意志形而上学的确具有渊源关系。

通过对生命哲学和精神分析学说的影响，叔本华的哲学原则和非理性主义精神在现代人文主义的哲学中得到了近乎普遍地流传和贯彻。同时，叔本华对于西方哲学的语言转向，对于分析哲学家维特根斯坦关于伦理、人生问题的思考也有很大的影响，对此，我们已在第三章"叔本华的世界观"这一节做过分析。我国著名的分析哲学研究专家陈启伟先生也说："叔本华对维特根斯坦无疑有深刻的影响，关于作为意志主体的神秘的自我的思想，显然是从叔本华那里吸取而来的。"⑬ 由此足以看出，叔本华对现代西方哲学影响之大之广，是别的哲学家难以与之相匹敌的。

四、叔本华哲学的"后现代性"

叔本华的哲学不仅开创了现代西方哲学的先河，而且在"后现代"（Postmoderne）语境中不断地被提及和探讨⑭，这

---

⑬ 陈启伟：《"逻辑哲学论"从酝酿到写作》载《名理论》（逻辑哲学论），北京大学出版社，1988年，第143页。

⑭ 国际叔本华协会于1988年5月24至27日在德国汉堡（Hamburger）举行了第三届国际叔本华哲学研讨会。在该次会议上，各国与会专家专门探讨了叔本华哲学的后现代性问题，讨论的成果后来以《后现代中的叔本华》（*Schopenha uer in der Postmoderne*）为书名出版，维也纳，

说明在叔本华的思想中尚有不少可待开发的"后现代"思想资源。

然而，由于"后现代主义"的极端庞杂性，对什么是"后现代性"并未达成一种普遍的共识，因而谈论叔本华哲学的"后现代性"也总是困难重重。但它作为后工业社会所出现的一种世界性的文化思潮，自有其大致相同的精神倾向和在文化各领域内的独特表现，也许我们从这些方面来谈，更能切中其实质。

从字面上讲，后现代的"后"（Post）并不仅仅是个时间概念，也就是说，"后现代"并不是指现代之后的这一时代。对于"后"字，从德文的"nach"更能表现出它的真实含义。在德语中，"nach"不仅有"在……之后"的意思，更有"在对照中追溯到……之后"的意思。比如"反思"这个概念，在德语中即为"后思"（Nachdenken），即对照现有的思想，以思想为对象，追溯思想之背后的源泉等等意思。所以，在德语思想家中，他们往往主张"后现代"是一种文化反思空间，即以现代文化作为反思对象，对照现代之种种不足，力图与之保持一种距离，造成一种断裂，从而超越于

Passagen 出版社，1989 年。该书主要从《后现代政策》《后现代的人》《后现代中的伦理学》《审美经验》《难以抉择的生活》等五大部分展开对叔本华哲学后现代性的研究。这说明，发掘叔本华哲学的后现代性思想资源已成为国际叔本华研究的前沿阵地，在现代文化的普遍危机面前，叔本华能为今人提供什么启示，也必将是我们不得不关注的重要问题。

现代⑮。德国当代著名哲学家哈贝马斯（Jürgen Habermas, 1929—　）正是以反思式的文化批判眼光，从现代性的源头追溯现代性为何成了问题并遭遇到危机的，现代性是否已经终结而必须以后现代性取而代之？在此意义上，"后现代"或"后现代性"，即是对"现代"或"现代性"的一种批判性反思或解构的态度。

哈贝马斯在这种反思式批判的意义上，追溯了西方哲人对现代性反思批判的历史轨迹。所谓"现代性"即标志着"现代人"对待文化或知识的一种态度或状态，一种话语系统，这就是以启蒙理性为标志的。那么，对启蒙理性的批判自它确立的那一天起，就已开始了，整个德国古典哲学都在不同程度上对启蒙理性进行批判反思，也就是说，康德、谢林、黑格尔等人也都具有了"后现代性"的某种特征⑯。在此历史轨迹中，因叔本华以意志取代了理性，因而使以理性为标志和核心的现代性话语体系发生了摧毁性的动摇和破坏，当然是具有"后现代性"的。叔本华的这种思想在当时迟迟得不到社会的理解和承认，也说明他的这一思想或话语体系是属于"后现代的"。

后现代主义作为对现代性进行批判反思和解构的文化精神和价值模式，总体特征表现为：消解既定的精神价值，消除任何中心性的权威话语，主张非同一性，彻底的多元化，

⑮ Schirmacher 编：《后现代中的叔本华》（德文版），维也纳，passagen 出版社，1989 年，第 22—23 页。

⑯ 王岳川著：《哈贝马斯：对抗后现代性》，载于《东西方文化评论　第 4 辑》，北京大学出版社，1992 年。

解构"元话语"和"元叙事"，不对已有成规加以沿袭，睥睨一切，专事反叛，冲破旧范式，不断地创新。由此看来，在叔本华的哲学中，既有后现代的反叛和解构精神，也有现代性的同一性和中心化的元叙事；既有冲破旧范式，创造新范式的后现代特色，又落入了将自己创立的新范式确立为中心的现代性窠臼。当他激烈地批判和摧毁以理性为中心的现代性价值中心时，他是后现代的；当他把非理性的意志确立为一元性的本体，并从意志出发去解释和说明一切，这就造成了极端的"深度模式"，构成了新的同一性中心，因而他又是现代的。

后现代主义的这种精神倾向，在不同的学科里均有不同的表现形式，在叔本华的思想中，也通过其美学、伦理学及其对人生和文化的态度表现出来了。在美学领域，现代主义和后现代主义是通过维护或批判美学的形而上学而表现其区别的。后现代主义美学通过批判美学的形而上学走向彻底的审美经验和反审美，反对美学对生活的证明和反思，反对美学以人性自由解放为主题去感受生命的存在状况，认为艺术只是审美游戏，行为本身即艺术。从这一标准来看，叔本华的美学几乎没有什么"后现代性"，他的美学初衷可以说完全是现代的，甚至可以说是传统的。他的美学的一个基本命题即是继承了柏拉图的美是理念这一古希腊的传统思想。然而，现在德国柏林的一个学者米克·单特波特（Mike Sandbothe，生年不详）在一篇题为《叔本华的美学——传统性、现代性、后现代性》的文章中，认为从对形而上学进行批判的角度，叔本华的美学具有某种"后现代性"[17]。他区别了较弱意义上的形而上学批判和较强意义上的形而上学批判。从前者而论，叔本华从其解救论（Erlösungslehre）出发暴露出其美学理念论前提（Ansatz）的局限性，也就是说，按其美学的理论前提，美存在于永恒的、不变的、无时间性的理念世界，而按其表象论，则按意志到表象的直线性时间结构使美得以在现实的千差万别性中表现出来，而人生解救论从审美的角度恰恰是要通过审美把人从时间性中超拔出来，达到对意志（形上本体）的否定。就理念是意志的直接客体性而言，叔本华对意志的否定也就会暴露出他理念论的困境了，使得他的审美形而上学基础发生动摇。就较强意义而言，叔本华的形而上学批判表现在他退回到体系现象（Phänomene）的背后去阐述他的拯救主题，而这既摆脱了其美学的前提，也与其美学的目的没有牵连。审美经验的认识价值恰恰在于要阐明"真正形而上学的"人类时间性基础。总之，就美学思想本身（而非美学对人生解救的意义）而言，叔本华的后现代性是极其微弱的。

在伦理学中，叔本华的后现代性得到了较为明显的表达。一般说来，传统的及现代的伦理学均在询问"我们应该做什么（Was sollen wir tun）"？尤其是康德的理性主义伦理学，更是从无条件的"应该"出发确立人类行为必须遵守的道德戒律。行为只有出于对责任、对普遍道德规律的

---

[17] Schirmacher 编：《后现代中的叔本华》（德文版），维也纳，passagen 出版社，1989 年，第 157—165 页。

敬重，才有道德价值。他的伦理学就是依靠纯粹理性确立这种纯之又纯的真实的道德规律。而后现代的伦理学则放弃了对这样的纯粹客观而又普遍有效的道德律的寻求，志在探讨"我们应该放弃什么更好些（Was sollte wir besser lassen）"？叔本华的伦理学一方面通过对康德理性主义伦理基础的批判而摧毁了理性的神话，对人们的思想进行了再一次启蒙，从而表现出其后现代性；另一方面，叔本华则通过让人们彻底放弃生命意志而获得最终解脱这种虚无主义的人生观而具有后现代性。后现代的解构和摧毁一切的作风，在叔本华最终对意志本体的彻底否定中得到了预先的表演。

的确，从叔本华对意志的否定中，人们可从中发现更多的后现代性。本来，意志是作为解构和摧毁现代性的价值中心——理性——而确立的另一个中心，正是以这个非理性的价值标准，叔本华促使现代文化精神向后现代转变。而叔本华在摧毁了现代性的核心价值之后，又以无情地彻底性摧毁了自己刚刚确立起来的价值核心，从而走向了文化价值的无中心的虚无主义。这可以说，是最能体现叔本华哲学后现代精神的地方。

限于篇幅，我们只能就叔本华的后现代性做此简略地追溯，更为详尽地探讨只得留到以后去做。下面我们要探讨的是，叔本华哲学对我们中国二十世纪文化的影响。

五、叔本华哲学对二十世纪中国文化的影响

自 1840 年，我国封闭的国门被帝国主义列强的坚船利炮打开之后，西学也开始了东渐的历程。一些开明之士把在军事上抵抗外来侵略和在文化上向西方学习结合起来，寻求富国强民，挽救民族危亡的精神力量和技术水平。西学的输入大大改变了我国文化的思维品性，开阔了民众的视野，特别是西方哲学的传入，更是带来了另一种全新的精神。

叔本华哲学正是在此背景之下最早传入中国的西方哲学之一。

（一）王国维对叔本华哲学的研究、介绍和传播

最先传播叔本华哲学的是王国维（1877—1927）。他于1898 年维新变法运动的高潮来到上海，担任了维新派喉舌《时务报》的校对和司书。在这里，他有机会接触到了日文本的康德和叔本华著作，从此醉心于其中不能自拔。他不仅读了保尔逊（Friedrich Paulsen, 1846—1908，又译包尔生）的《哲学概论》和文德尔班的《哲学史》，而且直接阅读了康德的《纯粹理性批判》。不过只读了该书的《先验分析论》就觉得几乎全都不明白，于是改读叔本华的《作为意志和表象的世界》。叔本华明白晓畅的文笔，思精而笔锐的特点给他留下了深刻的印象。很久时间以来，他终日都把自己浸泡在叔本华的书之中。他不仅反复阅读《作为意志和表象的世界》，而且把叔本华其他几部主要著作，如《充足理由律的四重根》《自然中的意志》和《悲观论集》等也一一

通读了。于是便把叔本华作为他研究和在中国介绍的主要对象。

　　从 1903 年开始，王国维先后在《教育世界》杂志上发表了《叔本华之哲学及其教育学说》《叔本华与尼采》《书叔本华遗传说后》《附叔本华氏之遗传说》等文章直接介绍叔本华的思想，同时他还把叔本华哲学和美学之基本精神运用于《红楼梦》的研究，于 1904 年发表的《红楼梦评论》[18]是运用西方文论（叔本华的美学思想）整理我国文学遗产的一次最早的尝试，该文的"立脚地"（王氏语）全在叔本华的哲学、美学与悲剧论，根据叔氏的这些思想具体分析了《红楼梦》的根本精神、美学价值和伦理学价值，这对于把叔本华哲学精神融入我国学术之中起到了重大的作用。另外，王国维还把他所领悟的叔本华哲学之精神，运用于自己对人生答案的寻找上，他在接受叔本华哲学后写的《论性》《释理》和《原命》等文章，都是他对人生终极之理看法的体现。

　　王国维对叔本华哲学的介绍和传播有如下几个特点：

　　一是比较全面。王国维深悟叔本华思想之精髓，善于用自己的言语把它精练地表达出来，不用长篇大论，即可概括叔氏思想之大意，因而使叔本华哲学观点得以全面述介。从叔本华的意志本体论到美学的和伦理学的人生解救论，从性理遗传说到意志自由论，从审美境界说到悲剧论，从知识论

————————————

[18] 以上论文可参阅周锡山编校：《王国维文学美学论著集》，北岳文艺出版社，1987 年。

到教育学，在王国维的介绍中全都涉及了，这么全面的介绍甚至超过了如今一般教科书上的内容。尤其在 20 世纪初，的确是前无古人，后无来者的。

二是采取比较的方式，准确把握叔本华哲学之特色。王国维在介绍叔本华哲学时，往往喜欢在横向比较中更准确精到地表述叔本华思想的特色和在哲学史上的地位。比较得最多的是同康德和尼采之关系。他在比较中，介绍了从康德的自在之物之不可知学说到叔本华意志学说之建立，说明叔本华用一切都是意志的一元论，纠正了康德的二元论，以此来对比两者的差异。在谈到康德与叔本华的关系时，他说"汗德（即康德——引者注）之学说仅破坏的而非建设的。彼憬然于形而上学之不可能，而欲以知识论易形而上学，故其说仅可谓之哲学之批评，未可谓之真正哲学也。叔氏始由汗德之知识论出而建设形而上学，复与美学、伦理学，以完全之系统，然则视叔氏为汗德之后继者，宁视汗德为叔氏之前驱者，为妥也。"[19] 这种评价和定位，至今也未过时，这样精辟的比较，在王氏的文章里经常可见。由此我们便可知道他对德国哲学的学识和研究之精深了。

在《叔本华与尼采》这篇论文中，王国维对两位意志论大哲的关系也做了十分精彩的论述，他说：二人的学说"以意志为人性之根本也同，然一则以意志之灭绝为伦理学之理想，一则反是。一则由意志同一之假说，而唱绝对之博爱主义；一则唱绝对之个人主义。"王国维不同意尼采后来的学

---

⑲ 王国维：《王国维先生全集 续编5》，大通书局，1976 年，第 1687 页。

说背叛了叔本华的说法，写道："自圣人观之，尼采之学说全本于叔氏。其第一期之说，即美术之时代之说，其全负于叔氏，固可勿论；第二期之说，亦不过发挥叔氏之直观主义；其末期之说，虽若与叔氏相反对，然要之不外以叔氏之美学上之天才论，应用于伦理学而已。"[20] 这样的结论虽可商榷，但比起现在某些人那些教条式的"批判"文章来，不知要高明多少倍。

第三个特点更是今天大多数学者难以与之比肩的，那就是王国维运用叔本华哲学之精神对中国文化之现象进行入情入理的解剖，使西学之精华自然地融入汉学里来，达到中西文化的比较和融通。如前所言，他以叔本华哲学、美学和悲剧论为原则对《红楼梦》的评论，在学术上开创了一个新的局面，取得了举世瞩目的辉煌成就。他的《红楼梦评论》首先运用的是叔本华的"生存欲望"与解脱说来解释它，认为《红楼梦》就是通过描写男女之欲进而提出解脱之道的。比如他先解贾宝玉之来历，通过第一回那块女娲氏炼石补天弃在青埂峰下的灵性已通的石头，自怨自艾，日夜悲哀的情景，说明生活之欲先人生而存在，人生不过是此欲之发现也。"所谓玉者，不过生活之欲之代表而已矣。故携入红尘者，非彼二人之所为，顽石自己而已；引登彼岸者，亦非二人之力，顽石自己而已。此岂独宝玉一人然哉？人类之坠落与解脱，亦视其意志而已。……而《红楼梦》一书，实示此

---

[20] 王国维：《王国维先生全集 续编5》，大通书局，1976年，第1759—1760页。

生活此苦痛之由于自造，又示其解脱之道，不可不由自己求之者也。"[21] 由此推之，王国维认为《红楼梦》之精神，像叔本华哲学一样，是彻头彻尾的悲剧也。他并且认为《红楼梦》中描写贾宝玉和林黛玉的悲剧属于叔本华所说的第三类性格悲剧，它既不是因奸人作祟，亦不由盲目的命运使然，而是由于主人翁自身的性格，在通常境遇、通常关系，由于交互错综的原因造成的。这类悲剧价值最高，它告诉人们，不幸的事情，是人生所固有的，没有任何例外。所以，王国维说《红楼梦》以"生活为炉，痛苦为炭，而铸成其解脱之鼎"，是悲剧中的悲剧。这样的评论，虽然在论点上还可做进一步研究，但比起前人的各种各样的评论，无论是索隐派，还是自传说，其立论之新颖、方法之独到、论述之精辟，的确为近代文学批评的一块里程碑。它的重要意义还在于，他把西学的基本精神和新的价值观念融入中国文化中来了，使中西文化达到了一种新的贯通和融合。这种融合还表现在，王国维运用叔本华哲学对中国哲学的基本范畴及其价值观念进行了分析和批判。他首先赞赏叔本华哲学唯真理是从，不为政治、名利所缚的纯学术色彩，批评中国哲学只有一种道德哲学，以儒学为代表的旧学都是政治的附庸，没有哲学真理的独立价值，所以他提倡输入不具政治性的"纯粹哲学"。其次，他运用叔本华哲学的基本观念，对中国哲学史上的"性""理""命"等范畴做了系统的考察和分

---

[21] 周锡山编校:《王国维文学美学论著集》，北岳文艺出版社，1987年，第7—8页。

析，颇具西方的实证精神。他用中国哲学家的理论说明西方哲学家提出的问题，或用西方哲学家的理论来解释中国哲学史上的理论问题，做到了中西文化的会通和融合，这种研究方法开了一代之新风，叔本华哲学之精神正是靠着他的这种介绍、研究和传播而融入中国文化中来，对中国文化产生影响的。

经过王国维的推崇、介绍和传播，叔本华哲学开始在中国文化中生下根来，其独特的魅力不断地吸引着后学对其趋之若鹜。陈铨便是在王国维的推介文章感染下对叔氏思想发生兴趣并起而宣扬叔本华学说的第二代中国学人。

（二）陈铨对叔本华哲学的介绍和宣扬

二十世纪四十年代，较系统地向我国读者介绍叔本华生平和思想的，是当时昆明国立西南联合大学的陈铨教授[22]。他出版一本五万多字的小册子，名为《叔本华的生平及其学说》（独立出版社，1940 年印行）。在该书的《序》中，陈铨先生说，他是在清华中学读书时，看了一篇王国维先生所写的，按照叔本华哲学评论《红楼梦》的文章，开始对叔本华哲学发生兴趣的。陈铨先生认为，英国著名作家哈代(Thomas Hardy, 1840—1928) 的小说，是浸染着叔本华哲学之精神的，因此，他在 1928 年所写的长篇小说《天问》，

---

[22] 陈铨(1903—1969)，号涛角，四川富顺人。早年毕业于清华大学，后获美国阿柏林大学硕士和德国克尔大学哲学博士学位，回国后曾任武汉大学、清华大学、西南联合大学、南京中央大学和同济大学等校教授。

在技术方面，取自哈代，而在思想以及关于婚姻的见解方面则取自叔本华，其中带有不少悲观主义的色彩。陈铨先生于二十世纪三十年代到了美国留学，开始阅读叔本华的书籍，作者清新透彻的思想，简洁漂亮的文笔，令陈铨先生心悦诚服。尤其是，他师从著名哲学史专家克洛纳（Kröner，着有举世闻名的两卷本的《从康德到黑格尔》）教授，对于叔本华及其与尼采的关系有了进一步的理解。回国后便写成了我们提到的这部小书。按陈铨先生的愿望，他要马上写一本叔本华的哲学，但当时正值国难期间，手边书籍不够，未能如愿，这不能不说是我国读者的一大损失。

就《叔本华的生平及其著作》而言，陈铨先生则侧重于介绍叔本华的生平。从他的幼年、求学时期，一直追述着他生活中的寂寞和失望以至晚景，语言简练活泼，评述生动透彻，的确是部引人入胜的著作。其中对叔本华个性特征，与母亲的关系，与歌德的交往都有十分有趣的阐述。占有的资料特别充分，但又不限于材料的堆积，始终以他对叔本华的透彻理解，以他自己对人生和命运的关注，夹叙夹议，把读者带入了叔本华生活和思想的梦幻之境。书中字里行间，无不显示出陈铨先生对于叔本华人格思想的景仰和推崇。对于叔本华的为人，陈铨先生说：

> 我们不能不承认叔本华有许多的缺点。……但是在另一方面，他求真的渴想，奋斗的精神，独立的气概，又深深引起我们的惊讶佩服。他自己早年就知道他哲学的天才，他自己也就坦白承认他对于人类世界的使命。凭他

早年对人生丰富的观察经验，他未尝不知道，有天才的人，如果想要在社会上成功，在外表上一定要取一种和蔼谦恭的态度；会一些不愿会的人，说一些不愿说的话，做一些不愿做的事；明明知道别人愚蠢，也勉强说他聪明；明明知道别人是错误，也故意说他有价值；这样敷敷衍衍，随俗浮沉，自然可以讨得大众欢喜，求名求利，都可以达到目的。但是这一种乡愿的行为，是叔本华生平所最痛恨。哲学家根本不是政客，求真理不是猎取功名。叔本华虽然好名，但他所好的，是实至名归的名，不是欺骗逢迎得来的名。虽然他一生受尽了社会的压迫，他并不改变他丝毫的主张；他对人处世的态度，始终如一。这一种光明磊落的人格，在现在功利主义风行一时的世界，实在是太少见了。

对于叔本华思想学术的价值，陈铨先生也做了高度的评述：

叔本华的文章，在德国哲学史上开创了一个新纪元。……叔本华对古典文学，早年就有准备，他学近代语言的本事，也特别惊人。他痛恨不清楚的观念，无条理的文章。……因为叔本华有充分驾驭德国文字的能力，有清楚的脑筋，所以他要别人懂，别人就得懂，同时他的哲学并不因此变肤浅，文章也不因此降低他的风格。这种深入浅出的本事，是世界上千万的学者所没有的，尤其是现代中国的学术界，不是写一些晦涩古奥的文章让别人不懂而自以为深沉，就是用粗野无味的俗话让别人不能忍受而自以为通俗；叔本华的书籍，对于我们，真是对症的良医。

至于叔本华的思想，对于现代的意义，更重大了。

紧接着，陈铨先生概括并总结了叔本华哲学思想的五大重要贡献：

第一大贡献是创立了"意志哲学"。意志是宇宙人生的泉源和基本元素，是推动一切的原动力。陈铨先生认为，康德的哲学是"理性哲学"，黑格尔的哲学是"精神哲学"，而叔本华的哲学是"意志哲学"。

第二大贡献是发现了占人生最重要位置的，是意志，而不是理智，理智不过是意志的工具。意志是形而上的，理智是形而下的；意志是物的本身，理智是物的现象；意志是基本的原质，理智是偶然的外形。陈铨先生说：

叔本华的这一个发明，非常重要，是哲学的一个空前的革命，是欧洲思想史上一个新纪元。

第三大贡献就是他的悲观主义。叔本华从盲目的支配宇宙人生的意志出发，推导出人生痛苦的根源，要人们看清宇宙人生本来的悲剧性，明了一切自然现象的道理，然后鼓起生活的勇气，选定适当的态度来度完人生的傀儡戏。陈铨先生认为，叔本华力图告诉人们的，是大智大勇的生活智慧，不是"骗人的宗教神话"，不是没有根据的道德信条。"所以叔本华的悲观主义，绝不是失望颓废无聊的悲观主义，它是一种哲学的悲观主义，或者可以说是一种智慧的悲观主义。"

第四大贡献就是他的伦理教训。生存的意志是人生最大的罪恶，一个人的行为是否道德，完全看他能否压制生存的意志。假如一个人只求自己生存，牺牲别人、压迫别人来达到自己生存意志的目的，他就是不道德。在另一方面，假如一个人能够明了，生存的意志是普遍的，别人的生存里也有自己的生存，个人的生存不过是一种幻象，把自己的价值看得不高，牺牲自己，扶助他人，这个人就很有道德。一切的罪恶，都由于轻视别人的权利，图谋自己生存意志的发展。真正道德的行为，只有清楚明白地认识现象世界的罪恶，决心把它减少到最低的程度。唯一的方法就是克己。世界上只有克己的人，总是有道德的人。

第五大贡献即他的艺术论。陈铨先生没有全面地阐述叔本华的艺术理论及其贡献，而只是就艺术对人生的解救作用谈他的贡献。对生存意志的否定是绝对必要的，这是摆脱人生痛苦的根本，但真正地否定生存意志、达到"涅槃"是十分艰难的，遁世主义者走的就是这条路，想一劳永逸地得到解脱。但天才在艺术创造的静观中，也可以完全否定意志，但这种否定，只能得到暂时的解脱。因为在美的静观时，静观的对象，成了它同类的理念，静观的个人，成为纯粹的理智。静观者的人格，在这一顷刻，消灭无形，沉浸在对象中间，与对象合而为一。宇宙的谜团揭开了，静观者自身不再受幻象的迷惑了。

陈铨先生最后用这样的赞美之词总结叔本华哲学的价值：

> 考究推论，发现他对我们现代的世界，还有重大的意义。时代是转变的，真理是不磨的。八十年前的先知先觉，现在还是我们的导师。

陈铨对叔本华哲学的介绍是相当全面的，从 1942 年到 1946 年他先后发表了《叔本华的生平及其学说》《叔本华的贡献》《从叔本华到尼采》《叔本华与红楼梦》等著作和论文。他在介绍叔本华思想时的一个重要特点，便是站在现代的立场上考察先哲对于今人的意义，以先哲的思想解答今人面临的生存困境和文化困境。例如在考察叔本华哲学对于世界的贡献时，他问道："我们站在现在的立场，来重新考察叔本华哲学对于世界的贡献，我们心中不由地首先发问：叔本华的人格、文章思想，对于我们现代的世界，是否还有任何意义？"这种考察方式对哲学工作者来说，无疑是对的，因为只有在面临生存困境这同一问题时，我们才能找到一个共同的话题，找到一个切入点同先哲们展开对话，先人的思想正是在对后学的启示中展示其影响和魅力，成为万世不竭的思想源泉。通过陈铨的宣传介绍，叔本华哲学进一步融化到中国文化中来。陈铨的贡献是不可磨灭的。

但是，陈铨通过叔本华，尤其是通过对尼采"权力意志论"的介绍，来宣扬其自己的政治主张，并同林同济等在昆明办了一个取名为《战国策》的刊物，通过这个杂志公开宣扬军国主义和法西斯思想，表现了其错误的思想倾向，因而受到了当时不少受马克思主义思想影响的学人的批判。例如胡绳（现中国社会科学院院长）曾针对陈铨贩运尼采"超人"学说，把英雄人物神秘化的倾向，批判指出"谢谢这些德国思想的康伯度！这套玩意儿我们用不着。国货的'民可使由之，不可使知之'的思想已经被埋葬了，舶来的尼采的超人思想与英雄观念也没人领教"㉓。

　　从此开始，已预示出叔本华哲学在中国文化中的一种独特的命运。一方面，叔本华哲学通过王国维和陈铨等人的介绍和宣扬，其意志论、美学观和伦理学、人生观、悲剧论都在中国文化中产生了深远的影响，被广泛运用于对中国文化的评判、整理和分析之中，对改造中国文化的质量以及改变国人的思维定式，起到某种启蒙的作用。这种作用甚至在今天也一直在发生着。但另一方面，叔本华在中国文化中的地位和影响，受到了尼采哲学和马克思主义哲学的强大挑战。首先是尼采哲学。尼采与叔本华本同属意志主义，但尼采作为叔本华的学生和传人，一方面继承了意志主义的基本形而上学，把叔本华的思想发挥到极致，另一方面他也抛弃了叔氏思想中的悲观主义和遁世主义和禁欲主义，转而以审美的乐观主义，以超人学说取而代之。这样一来，无论在中国还

㉓　对于陈铨如何以宣扬叔本华和尼采哲学为手段，来达到其宣扬军国主义和法西斯主义的目的，笔者对此缺乏必要的了解和研究，不敢妄断。请参阅黄见德等著：《西方哲学东渐史1840—1949》，武汉出版社，1991年，第593—599页。

是在外国，人们往往从叔本华转向尼采，从叔本华那里接受的意志主义和审美态度要到尼采那里才能获得一种积极而乐观的信念与结论。因此，从某种意义上说，叔本华哲学的意义和影响力是借尼采的作用而发扬光大的。反之，人们对尼采的批判、贬低也就不能不波及叔本华，极而言之，当人们若想一棍子打死尼采时，叔本华也不得不死。叔本华哲学在二十世纪上半叶的中国的命运正是如此。首先人们介绍传播叔本华的思想，但像王国维那种带着固有的悲观气质而去接受他的人并不多见，因此随着新文化运动像茅盾、李石岑、鲁迅等人急于用尼采的超强意志和审美人生观来改造中国积弱不振的国民性时，叔本华哲学也随同尼采哲学一起在中国文化中达到传播的高潮。然而随着人们对陈铨等人的"战国策派"用尼采的国家学说和社会政治学说宣扬军国主义感到厌恶并对之进行批判，甚至是抛弃尼采哲学时，叔本华哲学当然也在被抛弃之列。尤其是，当马克思主义传入中国，中国共产党人接受了马克思主义，把它当作救国救民的理论基础和思想武器之时，叔本华和尼采的作为资产阶级意识形态的哲学自然就被成为"批判"的目标。到了二十世纪下半叶，马克思主义在中国大陆取得了意识形态上的领导地位，理论工作者们必须以马克思主义为指导来分析和批判各种非马克思主义的哲学，要分出其中的精华和糟粕，对之加以区别对待。因此，叔本华哲学虽然一直是作为批判的对象，但由于它在西方近代哲学史上有着不可忽视的地位和影响，从研究西方哲学史的需要出发，叔本华哲学仍然以其独特的形式，保留在中国文化的话语系统之中。二十世纪八十年代之后，因为邓小平实行了改革开放的开明政策，结束了"文化大革命"时期的"左"倾路线，对像叔本华等西方哲学的介绍和传播在中国大陆出现了前所未有的空前盛况。中国文化出现了"西学热"，各出版社争相出版各种西方哲学和文化名著，这些著作无论在当时翻译得多么粗糙拙劣，都是读者争相购买的抢手货，《西方哲学评介》成为大学校园最受欢迎的课程之一，各种西学研究的系列丛书和丛刊也纷纷与读者见面。尤其是青年人，对于西方哲学出现了"饥不择食"的局面。在此"西学热"中，叔本华哲学无疑是备受青睐的哲学之一。下面，我们从大陆对叔本华著作翻译出版的情况，分析一下叔氏思想二十世纪末期中国文化的影响。

（三）二十世纪末期我国对叔本华著作的翻译、研究和传播

二十世纪初期王国维对叔本华的介绍依据的是日文本的原著，二十世纪四十年代陈铨的传播依据的是他从德国带回的原版著作，对中国读者而言，只能从他们介绍的二手资料中去了解叔本华的思想，而很少能直接阅读其原著。

在我国出现的第一部叔本华哲学原著的完整译本是《意志自由论》，张公权译，商务印书馆 1941 年出版。该书因出版较早，现在一般图书馆均无此书，藏有此书的老图书馆也均因只有孤本而藏于"典藏馆"视为宝贝，一般读者很难找得到此书。即使有幸看到此书的人，也往往因该译本是繁体字，竖行印刷，表述上带有很强的古汉语文风，而不愿费劲去啃这块"硬骨头"。所以，这个译本在 1949 年以后的

大陆读者当中所起作用并不很大，很少见到有学者在著文时引证该书。

影响最大，也是 1949 年以后在中国大陆出现的第一个叔本华著作的完整译本是《作为意志和表象的世界》，石冲白译，杨一之校，商务印书馆 1982 年版，这个译本附有叔本华的《康德哲学批判》，是现今一般读者和研究者了解和分析叔本华哲学最主要的参考文献。因而，该书自出版后，多次重印，发行量颇大，对于叔本华哲学的传播起到了关键的作用。

除此之外，在二十世纪八十年代的"西学热"中，叔本华的一些小论文也纷纷地被译出。依笔者所见，至少有下列四本：1.《爱与生的苦恼》，陈晓南译，中国和平出版社，1986 年版。该译本加了一个副标题为"生命哲学的启蒙者"，共收录了《性爱的哲理》《漫谈男性性倒错——性爱形而上学补述》《谈禁欲》等九篇论文。2.《叔本华论文集》，陈晓南译，百花文艺出版社，1987 年版。该书共收录了叔本华《关于思考》《读书与书籍》《文学的美学》《论天才》等十一篇论文。3.《人生的智慧》，张尚德译，黑龙江人民出版社，1987 年版。4.《生存空虚说》，陈晓南译，作家出版社，1987 年版。该书同上面的《叔本华论文集》一模一样，仅书名不同，里面收录的十一篇论文均相同，区别在于编排次序不一样。这四本译文，对于特定时期的大陆学人，尤其是文学艺术界、大学生等非西方哲学专业人员了解叔本华的思想起到了很好的宣传作用。

在二十世纪八十年代，除了这些原著的翻译外，还有工人出版社和中国社会科学出版社出版的一套《外国著名思想家译丛》里有一本《叔本华》，较集中地反映了叔本华生平历程、人格修养和思想进展，是许多人了解叔本华哲学的一个重要窗口。该书尤其注重叔本华伦理学同康德实践理性批判之间的反批判关系，从正面介绍了叔本华的同情伦理学、忘我的美学、无神论的宗教，并把他作为"文化颓废的先知"，这些均对读者产生了强烈反响。

另外，在二十世纪八十年代初，对于一般读者了解叔本华思想，还有一本朱光潜先生的《悲剧心理学》，起了较大作用。这部著作是朱先生早年（三十年代）在法国用英文写的博士论文，对各种悲剧快感理论，尤其是叔本华、尼采和黑格尔等哲学家的悲剧理论进行了批判研究。由张隆溪译，人民文学出版社，1983 年出版。当时由于叔本华哲学原著的中文译本尚未出版，而一般学人又有一种急于了解西学的迫切需要，因此朱先生该书的出版，读者面颇广，对思想界的影响十分强烈。人们透过这本书，虽然只了解了叔本华的悲剧理论，但对了解叔本华整个思想的强烈欲望却被实实在在地引发出来了。

综观整个二十世纪八十年代我国学界对叔本华著作的翻译、介绍与传播，有一种重要的特点就是在新鲜感的驱使之下实行"拿来主义"。当然，在大学课堂上，简单的"拿来主义"是行不通的，大学教师们还是做着"吸取精华，去除糟粕"的艰苦工作，努力以马克思主义为指导，告诫青年学生如何正确地对待像叔本华这样的资产阶级学者的思想。自然，在此过程中也出现了不少以教条化的方式对叔本华哲学采取简单化批判的做法，但青年学生对叔本华哲学的兴趣一直都十分浓厚。

日前，正当笔者要结束本书的写作时，又在书店见到了一套《叔本华文集》，由青海人民出版社出版。该文集共有两卷，一卷是原商务印书馆出版的《作为意志和表象的世界》之重印；另一卷取名为《悲观论集》，其中收录了由王成译的《悲观论集》，由孟庆时、任立译的《伦理学的两个基本问题》和由刘林译，李文耀校的《论充足根据律的四重根》。这本文集的出版是学界一喜事，因为《论充足根据律的四重根》是首次译成中文，这部标志着叔本华思想之形成，作为其思想之"第一阶段"的著作，对于准确把握叔本华的思想脉络以及他对前辈哲学家在因果关系上的态度提供了一份完整可靠的文本。另外《伦理学的两个基本问题》中的《论意志自由》虽然以前已有中译本，但如前所述，那个译本现仅存于少数图书馆里，读者不易见到，有了这个新的译本，对于大多数不懂外文的学者和一般的读者了解和研究叔本华的自由意志学说提供了便利条件。尤其是其中的《论道德的基础》是首次译成中文，它对于研究叔本华的伦理学，特别是叔本华从意志本体论对康德理性伦理学的批判，必将起到推动作用。但遗憾的是，《论道德的基础》不是全译本，只是个节选本。

另外，刘林告诉笔者，他应商务印书馆之约，现正在着手翻译叔本华的《论自然中的意志》。这样一来，叔本华一生所写的主要著作几乎都有中译本了，我们相信，随着这些译著的问世，一个新的研究高潮必将会到来，叔本华哲学必将更多地参与到中国人对人生、世界及文化诸问题的思省之中，对中国文化产生更大的影响。

后　记

从二十世纪八十年代后期开始，我一直关注西方哲学从理性到非理性的现代转型，按计划我想对德国浪漫主义哲学这一发展线索上的三个对现代人本主义哲学颇具影响力的哲学家：谢林、叔本华和施莱尔马赫进行学理上的清理。促使我这样做的原因大致有二：一是国内学界对德国浪漫主义哲学的研究基本上是个空白，而不研究这一线索，我们就很难全面地把握德国古典哲学乃至西方哲学发展的内在规律，对现代人本主义的前提缺乏清晰的认识；二是上述三位哲人实现了哲学从知识论向生存论的转向，他们探讨的问题：生命的价值、个体的生存处境以及自我拯救的可能性，对人文学者而言，是颇有诱惑力的永恒的哲学难题，我试图加入与他们"共思"的行列之中。

当我的第一部研究成果，我的博士论文《论谢林思辨的浪漫哲学》以《谢林》为书名纳入由美国天普大学（Temple University）傅伟勋教授和台湾著名哲学家韦政通教授共同主编的《世界哲学家丛书》中出版后，傅伟勋先生热情鼓励并积极支持我完成上述研究计划，并多次来信催促我早日写出叔本华和施莱尔马赫的研究专著，这种积极关心、扶植后学的热忱每每使我非常感动，是我在生活面临重大挫折，而仍能留在大学教书，并且在校繁忙的教务之余仍能抓紧点滴时间从事写作的精神动力。然而，正当我准备提笔向这位尊敬的学界前辈写信，告诉他拙著已经写完时，却惊闻傅先生已在美国圣地亚哥（San Diego）不幸逝世的噩耗，这怎能不激起我的悲恸怀念之情呢现在，让笔者把此拙著献给这位令人崇敬的哲人，表达我们对他深切的哀悼和永恒的怀念！

我的博士论文指导老师杨祖陶先生和师母肖静宁教授多年来不仅严格指导我的专业研究，而且一直十分关心我的工作和生活，没有先生的教诲，就不会有我学业上的长进。我对先生的崇敬和感激之情是"感谢"二字远远不能表达的。

张世英先生、张志扬先生、刘简言先生、张传湘先生是使我步入德国哲学殿堂的启蒙老师，多年来诸位先生对我的关心、指教和厚望，都历历如在眼前。在我的研习过程中，长期以来，我还得到了梁志学先生、叶秀山先生、钟宇人先生、洪汉鼎先生、邓晓芒先生等等的指教和帮助，在此深表感谢！

湖南师大的张楚廷校长一直十分重视哲学，为我们创造了一个研究哲学的良好环境，借此机会我也要表达我对张校长由衷的感激和敬意。

在本书的写作过程中，也一直得到本系博士生导师唐凯麟先生的关心和支持，学友曾晓平博士（武汉大学）、刘林先生（中国科学院）为我复印了有关叔本华著作的德文资料，张国珍教授帮助我查阅了我国早期学者研究叔本华的材料，文学院的张红老师为我借阅了王国维先生研究和介绍叔本华思想的著作，对以上师友的帮助在此一并致谢。

　　三民书局的刘振强先生、韦政通主编为拙著的出版提供了机会，东大图书编辑部的同仁，为拙著的出版做了大量的事务性工作，付出了艰辛的劳动，谢谢你们！

　　使我感到歉疚的是，除了因为时间仓促，许多观点和研究尚未深入和展开外，本人浅陋的学识和功力也大大限制了本书的学术水平，其中难免存在不少错误和不当之处，祈盼学界同仁不吝赐教。

邓安庆
1997 年于长沙岳麓山

叔本华的生平大事年表

1788 年

2 月 22 日：阿图尔·叔本华生在但泽（今波兰格坦斯克）一个大商人家里，父亲叫海因里希·弗洛里斯·叔本华，母亲叫约翰娜·叔本华。

3 月 3 日：受洗礼于圣玛利亚教堂。

阿图尔和他母亲一起迁居奥里瓦庄园，他在那儿度过了童年。

康德：《实践理性批判》出版。

1789 年

阿图尔的外祖父克里斯蒂安·海因里希·特罗西纳租进斯图特庄园。

3 月 4 日：美国宪法公布。

5 月 5 日：法国在凡尔赛召开三级会议，这是自 1614 年来举行的第一次三级会议。

6 月 17 日：法国第三等级组成国民议会（即 1789—1791 年的制宪议会）。

6 月 20 日：国王封闭国民议会会场，代表们在网球场集会，宣誓"非俟宪法制成，议会决不解散"。史称"网球场宣誓"。

7 月 14 日：攻占巴士底狱。

1790 年

2 月 20 日：奥地利皇帝约瑟夫二世去世，利奥波特二世继位。

1791 年

1 月 15 日：奥地利诗人弗朗茨·格里尔帕尔泽诞生。

4 月 2 日：法国第三等级代表米拉波伯爵去世。

6 月 20—25 日：法国国王阴谋逃跑，但在发棱被发现，押回巴黎。

8 月 27 日：庇尔尼茨宣言。普鲁士国王弗里德里希·威廉二世和奥地利皇帝利奥波特二世决定支持法国君主专制。

12 月 5 日：莫扎特去世。

1792—1797 年

第一次联盟战争。

1792 年

3 月 1 日：利奥波特二世去世。其子弗朗茨一世成为罗马——德意志帝国皇帝。

8 月 10 日：法国"无套裤汉"革命群众攻进巴黎杜伊勒利宫。

9 月 20 日：法国革命军在瓦尔密力挫普鲁士军，普军撤退。法军占领中莱茵区。攻进比利时。

1793 年

1 月 21 日：法国国王路易十六被处决。普鲁士、奥地利、英国、荷兰、西班牙、葡萄牙、撒丁和那不勒斯组成第一次反法联盟。

波兰被第二次瓜分。但泽、波森（即波茨南）等被划归普鲁士。国王弗里德里希·威廉二世决定封锁但泽。

在但泽被占领前不久，叔本华一家离开了该市，迁住汉堡，住旧城新街 76 号。

6 月：汉堡开办了第一个德国公共浴室 ——"浮船浴场"。

7 月 13 日：让·保尔·马拉被杀。

9 月：法国恐怖统治。

10 月 16 日：法国王后被处死。

12 月 23 日：阿图尔的祖父安德烈亚斯·叔本华去世。

歌德：《莱纳克狐》。

1794 年

3—4 月：阿图尔的叔叔约翰·弗里德里希·叔本华在但泽去世。

4 月 5 日：丹敦和德穆兰被处死。

7 月 28 日：圣·鞠斯特和罗伯斯庇尔被送上断头台。

1795—1799 年

法国督政府统治。

1795 年

4 月 5 日：法国和普鲁士签订巴塞尔和约。波兰被第三次瓜分。

12 月 21 日：德国历史学家利奥波特·冯·朗克诞生。

1796 年

叔本华家搬到汉堡新万德拉姆街 92 号。拿破仑进军意大利。

11 月 17 日：俄国女沙皇卡塔琳娜去世。保尔一世继位。

歌德：《赫尔曼与多罗特娅》。

1797 年

阿图尔的外祖父克里斯蒂安·H. 特罗西纳去世。

1 月 10 日：德国女诗人安内特·冯·德罗斯特—许尔霍

夫诞生。

1 月 31 日：弗朗茨·舒伯特诞生。

6 月 12 日：叔本华的妹妹路易丝·阿德莱特·拉维尼亚
（阿德勒）诞生。

7 月：阿图尔和父亲一起去巴黎和勒阿弗尔。他在那儿
在格雷戈勒·德布雷西曼家住了二年，和德布雷西曼的
儿子安提姆交上了朋友。学习法语和法国文学。

9 月 4 日：拿破仑政变。

10 月 4 日：瑞士现实主义作家耶雷米亚斯·戈特黑尔夫
诞生。

10 月 17 日：法国和奥地利签订坎波—佛米奥和约。

12 月 13 日：海因里希·海涅诞生。

1798—1799 年

拿破仑出征埃及。

1798 年

1 月 19 日：法国哲学家奥古斯特·科姆特诞生。

2 月 13 日：浪漫派作家威廉·海因里希·瓦肯罗德
去世。

2 月：拿破仑计划在勒阿弗尔造船厂制造大炮和舰船。

1799—1802 年

第二次反法联盟战争。

1799 年

马蒂亚斯·克劳迪乌斯匿名发表《致我的儿子 H.》。

春季：阿图尔·叔本华的朋友戈德弗里特·雅尼施死于汉堡。

5 月 20 日：巴尔扎克诞生。

8 月：叔本华因法国的政治形势经海路回到汉堡。进龙格博士办的私立学校学习，直至 1813 年。和商人的儿子沙里士·戈特弗劳伊，酒商的儿子格奥尔格·克里斯蒂安·洛兰茨·迈尔交上朋友。

11 月 9 日：拿破仑政变。

1800 年

叔本华家去布拉格和卡尔斯巴德旅行。在魏玛会见席勒，在柏林会见伊夫兰德。

10 月 17 日：返回汉堡。

1801 年

2 月 9 日：法国和奥地利签订吕内微尔和约。

丹麦对汉堡的占领结束。

约翰·海因里希·威廉·蒂施拜因迁往汉堡。

3 月 22 日：克洛普施托克在汉堡诞生。

3 月 23 日：沙皇保尔一世被刺。亚历山大继位。

3 月 25 日：浪漫派诗人诺瓦利斯去世。

12 月 11 日：德国戏剧家克里斯蒂安·迪特里希·格拉贝在德特莫尔特诞生。

1802 年

叔本华阅读让·巴底斯特·罗范·德·高乌雷的《福布拉骑士的爱情冒险》。

2 月 26 日：维克多·雨果诞生。

3 月 26—27 日：法国和英国签订亚眠和约。

7 月 24 日：大仲马诞生。

8 月：拿破仑规定自己终身任第一执政。

8 月 13 日：奥地利诗人尼古拉斯·雷瑙诞生。

1803 年

2 月 25 日：雷根斯堡《全帝国专使会总决议》。

3 月 14 日：德国诗人弗里德里希·戈特利布·克洛普斯托克去世。

叔本华根据父亲的意愿决定不上文科学校学习，决定将来不当学者。他开始了一次长达数年的旅行，周游了荷兰、英国、法国和奥地利，并开始学习经商。

5 月 3 日：踏上旅途。

5 月 18 日：英国对法国宣战。

5 月 26 日：法国进军汉诺威。

6 月 30 日—9 月 20 日：叔本华在温布尔登的住宿学校学英语。

9 月 28 日：梅里美诞生。

12 月 18 日：约翰·戈特弗里德·冯·赫尔德去世。

1804 年

2 月 12 日：伊曼努尔·康德去世。

6 月 19 日：叔本华家在奥地利布劳瑙。

8 月 25 日：结束在国外的旅行。

9 月：叔本华在但泽住了三个月。在巨商雅各布布·卡布隆处学习，卡布隆后来创办了商业学院。

9 月 8 日：德国诗人爱德华·默里克诞生。

12 月 23 日：法国文学批评家、作家圣佩韦诞生。

1805 年

第三次反法联盟战争。

年初：叔本华在汉堡大商人马丁·约翰·耶尼施那儿学习。他还听龙格博士的神学讲演。

4 月 20 日：叔本华的父亲自杀（？）。

5 月 9 日：席勒去世。

8 月：约翰娜·叔本华将新万德拉姆街的房子出卖。全家迁往科尔霍夫街 87 号。

10 月 21 日：奈尔逊在特拉发加海角战胜法国和西班牙

的联合舰队。

10 月 23 日：奥地利诗人阿达贝特·施蒂夫塔诞生。

12 月 2 日：奥斯特里茨战役。拿破仑获胜。

12 月 15 日：申布龙条约。

12 月 26 日：普勒斯堡和约。奥地利割让属地，承认拿破仑为意大利国王。

1806 年

第四次反法联盟战争。

5 月：约翰娜·叔本华在魏玛。

阿图尔青年时代的朋友安迪墨来汉堡学习经商。

7 月 12 日：在法国领导下的莱茵同盟成立。

8 月：罗马—德意志帝国皇帝弗朗茨二世逊位。

9 月 21 日：阿德勒和约翰娜·叔本华最终迁居魏玛。

约翰娜·叔本华和歌德交好。

10 月 14 日：耶拿和奥尔斯塔特之战。法军获胜。

1807 年

5 月底：叔本华离汉堡经魏玛去哥达。和卡尔·路德维希·费尔瑙交上朋友。

6 月：开始在哥达文科中学跟弗里德里希·雅各布兄弟学习。叔本华住在卡尔·戈特霍德·棱茨教授家里。

7 月 7—9 日：法、俄、普提尔西特和谈。威斯特法伦王国和华沙大公国建立。

12 月：叔本华写作并在同学中朗读一首嘲笑克里斯蒂安·费迪南德·舒尔茨的讽刺诗，使他离开文科中学，迁居魏玛。和作家约翰内斯·丹尼尔·法尔克，剧作家扎哈里亚斯·维尔纳相识。

费希特：《告德意志公民书》。

1808—1814 年

拿破仑对西班牙和葡萄牙的战争。

1808 年

9 月：叔本华和丹尼尔·法尔克亲见了沙皇亚历山大和拿破仑在爱尔富特的会见。

12 月 4 日：卡尔·路德维希·费尔瑙去世。

法国浪漫帕特诗人德·尼瓦尔诞生。

德国诗人海因里希·克莱斯特主办的杂志《菲比斯》（太阳神阿波罗的别名）出版。

1809 年

2 月 3 日：叔本华和卡罗娜·雅格曼同时在魏玛参加一次化装舞会。

2 月 22 日：叔本华成年。

5 月 31 日：约瑟夫·海顿去世。

奥地利反法战争。

5月：拿破仑在阿斯本战败。

7月5—6日：瓦格拉姆战役。拿破仑打败奥军。

10月：申布龙和约。

10月7日：叔本华去哥廷根，并于10月9日开始在那儿学医。和后来任普鲁士驻梵蒂冈、驻伦敦大使克里斯蒂安·卡尔·约西亚斯·冯·邦森，以及威廉亚姆·巴克豪泽·阿斯泰尔结识。叔本华的哲学老师是弗里德里希·博特韦克和戈特洛布·恩斯特·舒尔茨，在舒尔茨的指导下，他研读了柏拉图和康德的著作。柏林大学开办。

歌德：《亲和力》。

1810 年

3月1日：波兰音乐家肖邦诞生。

6月8日：德国音乐家罗伯特·舒曼诞生。

6月17日：德国诗人费迪南德·弗赖里格拉特诞生。

约翰娜·叔本华所著的《C. L. 费瑙传》出版。

1811 年

复活节：叔本华和克里斯蒂安·邦森在魏玛。

9月：叔本华开始在柏林大学学习两年，约翰·戈特里布·费希特当选校长。叔本华研究费希特哲学。

和动物学教授马丁·海因里希·利希腾施泰因结下友谊。

10 月 22 日：匈牙利音乐家弗朗茨·李斯特诞生。

11 月 21 日：海因里希·冯·克莱斯特去世。

1812 年

3 月 28 日：法军进驻柏林。

夏季学期：叔本华和德国哲学家、神学家弗里德里希·恩斯特·丹尼尔·施莱尔马赫发生争论。

6 月 24 日：法军开始进兵俄国。

夏季：叔本华经魏玛和德累斯顿去坦普立兹旅行。

9 月 17 日：莫斯科大火。

10 月 17 日：阿达贝特·冯·沙米索（后来成为诗人和自然科学家）被柏林大学录取。

10—11 月：拿破仑军从俄国撤回。

1813—1814 年

德国解放战争。

1813 年

1 月 20 日：德国诗人克里斯托弗·马丁·维兰特去世。

3 月 18 日：诗人弗里德里希·黑贝尔诞生。

5 月 2 日：吕策和格罗斯戈森战役时，叔本华逃出柏林。

5 月 5 日：丹麦神学家和哲学家克尔凯郭尔诞生。

5 月 11 日：拿破仑在德累斯顿。

5 月 22 日：叔本华在德累斯顿。

5 月 22 日：德国音乐家里理查德·瓦格纳诞生。

6 月：叔本华在魏玛撰写博士论文。

10 月 16—19 日：莱比锡大会战，拿破仑失败。

10 月 17 日：德国诗人、戏剧家格奥尔格·毕希纳诞生。

10 月 31 日：莱茵同盟解体。

11 月 5 日：叔本华回到魏玛他母亲家里。

11 月底：歌德赞赏叔本华的成就。他们进行了长谈，专门讨论了歌德的颜色理论。

1814 年

1 月 19 日：约翰·戈特利希·费希特去世。

3 月 31 日：联军攻入巴黎。

4 月 6 日：拿破仑退位，被囚在地中海厄尔巴岛。

4 月 10 日：路易十八即位，波旁王朝复辟。

4 月：叔本华和他母亲的争吵达到顶点。

4 月 30 日：《哥廷根学报》发表了对叔本华哲学著作的第一篇评论。

5 月：叔本华和他母亲彻底决裂。叔本华离开魏玛，后在德累斯顿住了四年。和泛神论者卡尔·克里斯蒂安·弗里德利希·克劳泽，画家路德维希·西吉斯蒙德·鲁尔，作家赫尔曼·冯·皮克勒—穆斯卡乌、费迪南德·弗赫尔·冯·比登费尔特认识。

5 月 30 日：联军和法国签订第一次巴黎条约。

11 月：维也纳会议开幕。

1815 年

撰写《论视觉和颜色》（1816 年印刷）。

1 月 21 日：德国诗人马蒂亚斯·克劳提乌斯去世。

3 月 1 日：拿破仑在法国登陆。"百日政变"开怡。

4 月 1 日：奥托·冯·俾斯麦诞生。

6 月 8 日：维也纳会议和"德意志同盟"组成。

6 月 18 日：滑铁卢之役。

6 月 22 日：拿破仑第二次退位。

9 月 26 日："神圣同盟"建立。

11 月 20 日：第二次巴黎和约。

1816 年

叔本华住在德累斯顿郊区的奥斯特拉大街。

1818 年

3 月：完成《作为意志和表象的世界》的初稿。

5 月 5 日：卡尔·马克思诞生。

5 月 31 日：德国诗人格奥尔格·赫尔韦格诞生。

8 月：叔本华为他的主要著作《作为意志和表象的世界》撰写前言。

亚琛会议。占领军提前从法国撤出。

9 月 14 日：德国作家特奥多尔·斯托姆诞生。

10 月 22 日：德国教育家、作家约阿希姆·海因里希·卡姆佩去世。

秋季：叔本华去意大利旅行。

10—11 月：在威尼斯。

12 月：在佛罗伦萨。

1819 年

年初：《作为意志和表象的世界》由 F. A. 布罗克豪斯出版。

1—2 月：叔本华在罗马。

2—4 月：叔本华去庞培等地旅行。

3 月 23 日：德国戏剧家奥古斯特·冯·柯采布埃被大学生 K. L. 赞特谋杀。

叔本华从罗马经意大利北部（佛罗伦萨、威尼斯和维罗那）回到瑞士。

7 月 19 日：瑞士诗人戈特弗里德·克勒尔诞生。

8 月 25 日：叔本华重返德累斯顿。

但泽亚伯拉罕·路德维希·穆尔商号倒闭，叔本华家因而发生财政危机。

10 月：维也纳《文学年鉴》和魏玛《文学周刊》发表了第一批对《作为意志和表象的世界》的否定性评论。

12 月 30 日：德国诗人和戏剧评论家特奥多尔·冯塔纳诞生。

12 月 31 日：叔本华申请在柏林大学当哲学讲师。

1820 年

1 月 29 日：英王乔治三世去世。其子乔治四世继位。

叔本华和黑格尔发生争执。叔本华第一个，也是唯一的一个讲座《整个哲学就是关于世界的本质和人的精神的学说》失败。

5 月 15 日：维也纳会议决议。德意志联邦建立。

11 月 28 日：弗里德里希·恩格斯诞生。

柏林新剧院开幕。

西班牙、葡萄牙革命爆发。

1821—1829 年

希腊独立战争。

1821 年

韦伯的《自由射手》在柏林首演。

1 月：神圣同盟莱巴赫会议。

4 月 7 日：法国诗人卡勒斯·波德莱尔诞生。

5 月 5 日：拿破仑死于圣海伦拿岛。

12 月 12 日：法国作家古斯塔夫·福楼拜诞生。

黑格尔发表《法哲学原理或自然法和国家学纲要》。

1822 年

1 月 6 日：德国考古学家海因里希·谢里曼诞生。

5 月 27 日：叔本华经瑞士去米兰和佛罗伦萨旅行。

6 月 26 日：德国诗人、音乐家 E. T. A. 霍夫曼去世。

1823

1 月 17 日：德国戏剧家扎哈里亚斯·维尔纳去世。

5 月 3 日：叔本华在特里恩特。后经慕尼黑返回。

7 月 5 日：约翰娜·叔本华剥夺叔本华的继承权。

12 月 2 日：美国发表《门罗宣言》。不准欧洲国家干涉美洲事务。

1824 年

5 月 26 日—6 月 19 日：叔本华在加施泰因浴场治病。

9 月：叔本华在德累斯顿。

9 月 4 日：奥地利作曲家安东·布鲁克纳诞生。

9 月 16 日：路易十八去世。查理十世继位。

1825 年

4 月 11 日：费迪南德·拉萨尔诞生。

5 月 19 日：圣西门去世。

11 月 14 日：德国诗人让·保尔去世。

12 月 1 日：沙皇亚历山大一世去世，由其弟尼古拉继位。

1826 年

2 月 14 日：德国作家约翰内斯·丹尼尔·法尔克诞生。

3 月 29 日：威廉·李卜克内西诞生。

夏季学期：叔本华最后尝试举行讲座。

1827 年

2 月 17 日：瑞士教育学家约翰·海因里希·裴斯泰洛齐去世。

3 月 26 日：贝多芬去世。

1828 年

9 月 9 日：列夫·托尔斯泰诞生。

11 月 19 日：舒伯特去世。

1829 年

叔本华翻译西班牙哲学家巴尔塔扎尔·格拉西恩的《处世预言》。出版商布罗克豪斯拒绝接受出版。

1 月 12 日：德国浪漫派作家弗里德利希·冯·施莱格尔去世。

7 月 26 日：名画《歌德在加姆班格》的作者约翰·海因里希·威廉·蒂施本去世。

歌德完成《威廉·迈斯特的漫游年代》。

1830—1831 年

波兰革命。

1830 年

6月25日：英王乔治四世去世，其弟威廉四世继位。

7月26日：法国七月革命。查理十世退位，并逃往英国，路易·菲力普继位，建立"七月王朝"。

1831 年

1月21日：德国浪漫派诗人阿兴姆·冯·阿尔尼姆去世。

8月25日：叔本华因惧怕霍乱病而离开柏林。

9月8日：德国诗人威廉·拉贝诞生。

11月14日：格奥尔格·W. Fr. 黑格尔因霍乱死于柏林。

年底：叔本华在法兰克福。

1832 年

3月22日：约翰·沃尔夫冈·歌德去世。

5月27日：汉巴哈大会，号召为建立统一的德意志共和国而斗争。

从7月起，叔本华在曼海姆。

9 月 21 日：苏格兰诗人瓦尔特·司各特爵士去世。

1833 年

5 月 7 日：约翰内斯·勃拉姆斯诞生。

7 月 6 日：叔本华定居在美茵河畔法兰克福，在那儿度过了他余生的二十八年。

1834—1839 年

西班牙卡罗斯党人战争。

1834 年

"德意志关税同盟"建立。

2 月 12 日：德国哲学家和神学家弗里德里希·施莱尔马赫去世。

1835 年

叔本华撰写《论自然界中的意志》。

3 月 2 日：奥地利皇帝弗朗茨一世去世，费迪南德一世继位。

4 月 8 日：威廉·冯·洪堡去世。

1836 年

9 月 12 日：德国戏剧家克里斯蒂安·迪特里希·格拉贝去世。

1837 年

撰写《致建立歌德纪念碑委员会》一文。

2 月 10 日：亚历克赛·普希金在决斗中丧生。

2 月 12 日：德国作家路德维希·别尔内去世。

2 月 16 日：德国戏剧家格奥尔格·毕希纳去世。

4 月 3 日：德国神学家弗里德希·海因里希·克里斯蒂安·施瓦茨去世。

6 月 20 日：威廉四世去世。维多利亚女皇继位。

1838 年

2 月：德国戏剧家格斯滕贝格诞生。

4 月 17 日：约翰娜·叔本华去世。

8 月 21 日：德国诗人和自然科学家阿德尔贝特·冯·沙米索去世。

12 月：费尔巴哈的《实证哲学的批判》出版。

1839 年

叔本华撰写征文《论意志自由》。

3 月 21 日：俄国作曲家莫德斯特·莫索尔斯基诞生。

1840 年

叔本华撰写征文《论道德的基础》。

1 月 7 日：奥地利国王弗里德利希·威廉三世去世，其子威廉四世继位。

2 月 22 日：奥古斯特·倍倍尔诞生。

4 月 2 日：爱米尔·佐拉诞生。

5 月 7 日：柴可夫斯基诞生。

8 月 25 日：德国诗人卡尔·伊默曼去世。

1841 年

博士尤利乌斯·弗劳恩施塔特成为阿图尔·叔本华的学生。

1842 年

阿德勒·叔本华看望她的哥哥。

3 月 18 日：法国诗人斯丹枫·马拉美诞生。

3 月 23 日：法国作家司汤达（斯丹达尔）去世。

7 月 28 日：德国诗人克莱门斯·布伦塔诺去世。

1843 年

3 月 1 日：叔本华迁往法兰克福好希望街 17 号。

6 月 7 日：德国诗人弗里德利希·荷尔德林去世。

弗里德里希·多尔古特发表《唯心主义的错误根源》一

书，叔本华的学说在这部著作中得到了承认。

1844 年

F. A. 布罗克豪斯出版《作为意志和表象的世界》的第二版。

3 月 30 日：法国诗人保尔·魏尔伦诞生。

4 月 16 日：法朗士诞生。

10 月 15 日：尼采诞生。

西里西亚织工起义。

海涅：《德国，一个冬天的童话》。

1845 年

3 月 12 日：德国诗人、文艺理论家奥古斯特·冯·施莱格尔去世。

多尔古特：《叔本华及其真理》。

1847 年

叔本华的博士论文再版。

1848 年

2 月：卡尔·马克思和弗里德里希·恩格斯发表《共产党宣言》。

2 月 22—24 日：法国二月革命。法兰西第二共和国成立。

3月—5月：柏林、维也纳、慕尼黑起义。

5月18日：全德国民议会在美茵河畔法兰克福保尔教堂开幕。

5月24日：德国女诗人安内特·冯·德罗斯特·许尔霍夫去世。

6月23—26日：巴黎工人六月起义。

12月2日：奥皇费迪南德一世退位，弗朗茨·约瑟夫一世继位。

1849 年

3月28日：德意志帝国宪法在法兰克福被通过。普鲁士弗里德希·威廉四世被选为德国皇帝。

4月28日：威廉四世拒绝登位。

5月：德累斯顿和巴登起义。

8月25日：阿德勒·叔本华去世。

10月17日：肖邦去世。

1850 年

1月31日：普鲁士国王强令宪法生效。

3—4月：爱尔福特议会。

7月2日：普鲁士和丹麦签订柏林和约。

8月5日：莫泊桑诞生。

8月18日：巴尔扎克去世。

8 月 22 日：奥地利诗人尼古拉斯·莱瑙去世。

11 月 30 日：重建德意志联盟。

普鲁士和奥地利签订奥尔谬茨条约。

1851 年

11 月：《附录和补遗》在柏林由 A. W. 海因出版。此书获得好评。

第一届世界博览会在伦敦举行。

1852 年

3 月 4 日：果戈理去世。

12 月 2 日：路易·波拿巴即帝位，称拿破仑三世。

1853 年

4 月 28 日：德国浪漫派诗人路德维希·蒂克去世。

1854 年

《论自然界中的意志》第二版出版。

8 月 20 日：弗里德里希·冯·谢林去世。

10 月 22 日：瑞士作家耶雷米亚斯·高特黑尔夫去世。

弗劳恩斯丹特：《论叔本华哲学的书信》。

1855 年

11 月 11 日：丹麦神学家、哲学家克尔凯郭尔去世。

世界博览会在巴黎举行。

1856 年

2 月 17 日：海因里希·海涅在巴黎去世。

5 月 6 日：精神分析学家西格蒙特·弗洛伊德诞生。

7 月 9 日：罗伯特·舒曼去世。

1857 年

5 月 2 日：法国诗人阿尔弗雷德·德·缪塞去世。

5 月 4 日：弗里德里希·黑贝尔和威廉·约尔丹访问法兰克福。

波恩大学讲授叔本华的哲学。

10 月初：克里斯蒂安·卡尔·冯·本森访问叔本华。

法国哲学家和社会学家奥古斯特·孔德去世。

1858 年

2 月 22 日：叔本华七十寿辰。

叔本华拒绝提任柏林皇家科学院院士。

德·桑克蒂斯：《叔本华和利奥波特》。

1859 年

《作为意志和表象的世界》第三版出版。

7 月：叔本华迁进好希望街 16 号。

10 月：伊丽莎白·奈完成叔本华的雕像。

1860 年

1 月 29 日：契诃夫诞生。

8 月：叔本华突然窒息。

9 月 9 日：叔本华得肺炎。

9 月 21 日：叔本华去世。

9 月 26 日：葬于法兰克福市公墓。